大学生体质与健康

第二版

■ 主编

朱卫雄　郭　晶　吴立新

■ 编委

孔　军　宁颂东　成慧君　谢天赋
郑　策　陈文英　冉启明　邱闻勇

WUHAN UNIVERSITY PRESS
武汉大学出版社

图书在版编目(CIP)数据

大学生体质与健康/朱卫雄,郭晶,吴立新主编.—2版.—武汉:武汉大学出版社,2015.8(2020.7重印)
ISBN 978-7-307-16211-2

Ⅰ.大…　Ⅱ.①朱…　②郭…　③吴…　Ⅲ.大学生—身体素质—健康教育　Ⅳ.G807.4

中国版本图书馆CIP数据核字(2015)第140058号

封面图片为上海富昱特授权使用(ⓒ IMAGEMORE Co., Ltd.)

责任编辑:黄汉平　　责任校对:李孟潇　　版式设计:马　佳

出版发行:**武汉大学出版社**　(430072　武昌　珞珈山)
(电子邮箱:cbs22@whu.edu.cn　网址:www.wdp.com.cn)
印刷:武汉图物印刷有限公司
开本:787×1092　1/16　印张:10.25　字数:240千字　插页:1
版次:2007年9月第1版　　2015年8月第2版
2020年7月第2版第6次印刷
ISBN 978-7-307-16211-2　　定价:21.00元

目　　录

第一章　体质与健康概述

"科学的基础是健康的身体"，居里夫人的这句名言道出：有了健康就有了希望，失去健康就失去一切。

随着人类文明的进步、科学技术的飞速发展，人类对健康的认识和评价从医学和生物学的范畴逐渐延伸到心理和社会的领域，并逐渐认识到：健康和生命实际上是掌握在每个人自己手中的。

第一节　健康的定义

世界卫生组织原总干事马勒博士曾指出："必须让人们认识到，健康并不代表一切，但失去了健康，便丧失了一切。"健康的重要性不言而喻。那么"健康"究竟意味着什么？是不是"没病就等于健康"？

一、对健康的误解

许多人认为"健康就是没有疾病"，这实际上是对健康的一种消极定义。健康与没有感染疾病不是同义语，因为尽管宿主的外表看起来很健康，但可能常常有病原体的潜在感染或有其他潜在的有害健康的因素。例如，癌细胞可以在某些人的身上处于沉静状态好几个月甚至好几年，而没有任何感觉和症状。又比如一个人的身体非常强壮，对各种传染病有较强的抵抗力，但他却终日忧心忡忡，抑郁不安，甚至有自杀的企图，这恐怕很难说他是"健康"的。

有些人认为经过全面的健康体检，结果都正常就说明自己非常健康，这种看法显然是不全面的。一个人在主观上感觉良好或暂时未被医生检查出有什么疾病，并不能表明他就处于健康的状态，有资料表明，在非致命性的原发性心衰患者中，有1/4是自己未觉察到或是未被医生检查出来的，有的甚至完全没有痛苦的感觉或未引起任何注意，但在5年内有1/3可复发，其中有一半是致命性的。同时，一般体检都难以检测心理和社会因素对健康的影响。

还有一些人将体格健壮与健康画等号，认为身强力壮就是健康。如果真如此，那些获得世界冠军的运动员，大多具有十分强健的体魄，应该说是够健康的了，可他们却可能因受到流感病毒的侵袭而患病，处于不健康的状态，更有一些运动员会在运动场上猝然死去（如美国女排的著名运动员海曼以及我国男排队员陈钢等），使我们对健康的定义重新进行思考。因此，健康不仅是生物及医学上的概念，而且还是心理学、社会学甚至哲学上的概念。所以，对健康的一些误解不能适应现代健康学的发展，我们应当接受和采纳世界卫生组织（WHO）提出的健康定义。

二、健康的积极定义

"健康"（Health）一词在几百年前的古代英语中有"强壮（Hale）"、"结实（Sound）"和"完整（Whole）"的意思。也就是说，健康历来就被人们看做一种强健、完满的状态。世界卫生组织于1948年在其宪章序言中指出："健康不仅是没有疾病，而且是个体在身体上、精神上、社会上的完满状态。"1978年9月，国际初级卫生保健大会所发表的《阿拉木图宣言》又对健康的定义作了重申，提出"健康不仅是没有疾病及体质虚弱，而且是身心健康、社会幸福的完满状态"的概念。这一定义的积极意义就在于，把健康看成不仅是没有疾病和身体虚弱，而且还包括心理和社会生活的良好状态。最近，世界卫生组织还进一步提出有关健康的10条标志，即：

1. 精力充沛，对所担负的繁重工作和日常生活不感到过分紧张疲劳。
2. 乐观、积极，勇于承担责任。
3. 善于休息，睡眠好。
4. 应变能力强，适应环境能力良好。
5. 能抵抗一般性感冒等传染病。
6. 体重适当，身体匀称。
7. 反应敏锐，眼睛明亮。
8. 牙齿清洁，无龋齿，不疼痛，牙龈颜色正常，无出血现象。
9. 头发有光泽，无头屑。
10. 肌肉丰满，皮肤富有弹性。

世界卫生组织还提出了人类新的健康标准。这一标准包括肌体和精神健康两部分，具体可用"五快"（肌体健康）和"三良好"（精神健康）来衡量。

"五快"是指：

1. 吃得快：进餐时，有良好的食欲，不挑剔食物，并能很快吃完一顿饭。
2. 便得快：一旦有便意，能很快排泄完大小便，而且感觉良好。
3. 睡得快：有睡意，上床后能很快入睡，且睡得好，醒后头脑清醒，精神饱满。
4. 说得快：思维敏捷，口齿伶俐。
5. 走得快：行走自如，步履轻盈。

"三良好"是指：

1. 良好的个性人格。情绪稳定，性格温和；意志坚强，感情丰富；胸怀坦荡，豁达乐观。
2. 良好的处世能力。观察问题客观、现实的能力，能适应复杂的社会环境。
3. 良好的人际关系。助人为乐，与人为善，对人际关系充满热情。

还有一些学者认为健康就是适应。他们认为："健康是一种人类对其生活中面临的所有生物的、生理的、心理的和社会刺激因素的一系列连续的适应。"总之，健康的概念及定义是由不同历史阶段的科学发展和社会进步所决定的，而随着现代科学的发展、社会的进步，人们对健康的认识必将更为确切，更符合其内在规律。

第二节 体质与健康的关系

一、体质的概念

体质，简单概念就是指人体的质量。它是人的有机体在遗传变异和后天获得性的基础上所表现出来的机能和形态上相对稳定的特征。也就是说，人的体质受遗传变异和后天的营养、劳动、生活环境、体育锻炼等条件的影响，因而是可变的。

体质包括体格、体能和适应能力以及精神状态等几个方面。

体格是指人体的形态结构方面，包括人体生长发育的水平、身体的整体指数与比例(体型) 以及身体的姿态。

体能是指人体各器官系统的机能在肌肉活动中表现出来的能力。它包括身体素质(力量、速度、灵敏、柔韧、耐力等) 和身体基本活动能力（走、跑、跳、投、攀登、爬越、举起重物等能力)。

适应能力是指人体在适应外界环境中所表现的机能能力。它包括了对外界环境的适应力和对疾病的抵抗力。

身体和精神是密不可分的。列宁说："健全的精神寓于健全的身体。"体质强壮、精力充沛、生命力旺盛，对一个人的精神状态具有重大影响。

以上几个方面相互依存、相互影响、相互制约，构成人的不同水平的体质。遗传是人的体质发展变化的先天条件，物质生活条件是决定体质强弱的基本因素，而体育锻炼是增强体质最积极、最有效的途径。

二、体质与健康的关系

健康是指人体与外界环境关系协调和统一的程度，即人体各器官系统对外界环境适应能力的大小。狭义的健康是指人体各器官系统发育正常、功能完好、无疾病；广义的健康则还应该包括强壮的体格、充沛的精力、健全的心理和高度的社会适应能力等项内容。

因此，健康与体质属于两个不同的概念。它们之间既有区别，又有联系，它们反映身体状况两个不同的水准。所以，评价一个人的体质时，首先要考虑其健康状况，然后再从形态、功能、身体素质、运动能力、心理状态等方面进行综合评价。身体健康是体质好最起码的条件，但同是健康人，其体质状况也千差万别。

三、体能与体质的区别

体能主要是指人体各器官系统在肌肉活动中表现出来的机能能力、身体素质和运动能力。它包括速度、力量、耐力、灵敏、协调、柔韧等身体素质及走、跑、跳跃、投掷、攀爬等运动能力。

体能与体质有着密切的关系。有人研究表明，体能和体质的相关程度最高，其相关系统，男生高达 0.911 9，女生可达 0.826 3。可见，体能是衡量一个人体质水平的重要因素。体能是体质的一个重要组成部分，但不是全部，所以不能等同，也不能相互代替。

四、体格与体质的联系

体格是指人体的形态结构，包括生长发育水平、人体各部位的比例，身体姿势和组成成分等。如身高、体重、胸围等指标的生长发育水平，体重与身高，胸围与身高，坐高与身高的比例关系等。

体格与体质也有密切的联系。它是体质的外在表现，是人体机能和适应能力的物质基础。研究表明：人体的形态结构与体质强弱的相关系数，男生为 0.781 4，女生为 0.641 2。可见，体格也是衡量体质的一个重要因素。但体格和体质属于两个不同概念。

第三节　当代大学生的体质健康状况

综合国内一些高校有关大学生健康的调查资料的健康状况概述如下：

一、大学生的身体健康状况

据调查，大学生在校学习期间（4~5 年）所患各科疾病的构成比如下：心血管疾病占 25.7%（包括高血压、病毒性心肌炎、心律失常等）；传染病和寄生虫病占 19.5%（包括细菌性痢疾、病毒性肝炎、疟疾、麻疹、肺结核、钩虫病等）；消化系统疾病占 12.5%（包括消化性溃疡、慢性胃炎、慢性结肠炎等）；外科疾病占 11.1%（包括阑尾炎、各种外伤及骨折等）；妇科疾病占 9.7%（主要是月经异常）；泌尿系统疾病占 6.9%（包括尿路结石、肾下垂、肾炎等）；呼吸系统疾病占 6.9%（包括肺炎、急慢性支气管炎、哮喘、支气管扩张等）；神经精神系统疾病占 4.9%（包括精神病、神经衰弱及神经性疾病等）；其他疾病占 2.8%。

此外，大学生中常见的身体健康问题还有：视力不良，高达 51.7%；贫血，男生为 25.9%，女生为 51.4%；维生素缺乏症，男生为 12.5%，女生为 34.4%；齿龈肿胀及出血，男女生分别为 12.7%和 18.0%。

另据调查，大学生年平均患感冒的次数为 3.5 次，而感冒又是世界卫生组织作为衡量一个人健康状况的指标之一；大学生年平均看病次数为 2.7 次，并有随年级升高而增高的趋势；在近一年中因各种疾病而住院治疗的大学生约占总数的 4.1%，且也有随年级升高而增加的趋势。由此可见，大学生身体健康方面存在的问题较多。

二、大学生的心理健康状况

近年来，国内已就大学生的心理健康问题进行了多次调查和多项研究，结果都提示在大学生中心理问题的发生率较高，情况不容乐观。

1. 据调查，大学生中有各种心理问题及障碍的人数比例较高，占总数的 20%左右。他们中常见的心理问题主要有：适应不良、神经衰弱、抑郁、焦虑、强迫、人际敏感及敌意等。

2. 影响大学生心理健康的主要因素为：学习压力过大、考试成绩不理想、家庭问题、经济问题、人际关系、恋爱及性问题、身体患病及生理缺陷等。研究还表明，大学生所承受的心理压力水平明显高于其他各职业人群。

3. 导致大学生因健康不良而休、退学的主要原因是精神及心理疾患。据北京市16所高校统计，从1983年开始，因精神及心理疾患而休学的大学生在所有休学大学生中所占的比例已取代了过去的传染病而跃居第一位。

4. 大学生中严重心理失控及自杀的发生也有逐步上升的趋势。据了解，某医学院因精神分裂症而退学的人数已占因病退学总数的44.4%，居第一位。另在某校大学生近五年的死因调查中，自杀仅次于意外死亡而排在第二位，明显高于因癌症及其他疾病所造成的死亡。

三、大学生的生活方式和行为问题

最近的调查资料表明，大学生的生活方式和行为问题主要有如下几类：

1. 饮食与营养：约有3/4的大学生经常或有时吃快餐类食品；有15%的大学生经常或有时不吃早餐；有77.4%的大学生经常或有时吃零食，尤其是女生。

2. 烟酒嗜好：大学生中吸烟者占30.3%，其中每天都吸烟者约占半数，主要为男生；经常或有时喝酒者占调查总数的66%，尤以男生居多。

3. 体育锻炼：经常参加体育锻炼的大学生仅约1/4，而经常参加较为剧烈的体育运动者就更少，只有7.5%，女生则更少。

总之，大学生由于缺乏足够的自我保健意识和卫生防病知识，健康状况欠佳。如不及时采取有效措施，则不利于其德智体美的全面发展及合格人才的培养。

第二章　国家学生体质健康标准测试与调研

第一节　《国家学生体质健康标准》

一、《国家学生体质健康标准》的定义

《国家学生体质健康标准》是测量学生体质健康状况和锻炼效果的评价标准，是国家对不同年龄段学生体质健康方面的基本要求，是学生体质健康的个体评价标准。健康的概念包括身体健康、心理健康和社会适应。《国家学生体质健康标准》涵盖的是与学校体育密切相关的学生身体健康范畴。为了界定它的内涵，又避免与三维的健康概念混淆，故将“体质”作为“健康”的定语以示其内涵。

二、《国家学生体质健康标准》的内容

为建立健全国家学生体质健康监测评价机制，激励学生积极参加身体锻炼，教育部印发了《国家学生体质健康标准》(2014 版)，要求各学校每学年开展覆盖本校各年级学生的标准测试工作，并根据学生学年总分评定等级。只有达到良好及以上的学生，方可参加评优与评奖。

为建立健全国家学生体质健康监测评价机制，激励学生积极参加身体锻炼，引导学校深化体育教学改革，推动各地加强学校体育工作，促进青少年身心健康、体魄强健、全面发展，在认真总结各地实施现行《国家学生体质健康标准》的基础上，结合新时期青少年体质健康状况和学校体育工作实际，在 2014 年 7 月，教育部组织对现行《国家学生体质健康标准》进行了修订。

新修订的《国家学生体质健康标准》适用于全日制普通小学、初中、普通高中、中等职业学校、普通高等学校的学生，将学生按照年级划分为不同组别，身体形态类中的身高、体重，身体机能类中的肺活量，以及身体素质类中的 50 米跑、坐位体前屈为各年级学生共性指标。

1.《国家学生体质健康标准》(以下简称《标准》)是国家学校教育工作的基础性指导文件和教育质量基本标准，是评价学生综合素质、评估学校工作和衡量各地教育发展的重要依据，是《国家体育锻炼标准》在学校的具体实施，适用于全日制普通小学、初中、普通高中、中等职业学校、普通高等学校的学生。

2. 本标准的修订坚持健康第一，落实《国家中长期教育改革和发展规划纲要(2010—2020 年)》、《国务院办公厅转发教育部等部门关于进一步加强学校体育工作若干意见的通知》(国办发〔2012〕53 号)和《教育部关于印发〈学生体质健康监测评价办法〉等三个文件的

通知》(教体艺〔2014〕3号)有关要求，着重提高《标准》应用的信度、效度和区分度，着重强化其教育激励、反馈调整和引导锻炼的功能，着重提高其教育监测和绩效评价的支撑能力。

3. 本标准从身体形态、身体机能和身体素质等方面综合评定学生的体质健康水平，是促进学生体质健康发展、激励学生积极进行身体锻炼的教育手段，是国家学生发展核心素养体系和学业质量标准的重要组成部分，是学生体质健康的个体评价标准。

4. 本标准将适用对象划分为以下组别：小学、初中、高中按每个年级为一组，其中小学为6组、初中为3组、高中为3组。大学一、二年级为一组，三、四年级为一组。

5. 小学、初中、高中、大学各组别的测试指标均为必测指标。其中，身体形态类中的身高、体重，身体机能类中的肺活量，以及身体素质类中的50米跑、坐位体前屈为各年级学生共性指标。

6. 本标准的学年总分由标准分与附加分之和构成，满分为120分。标准分由各单项指标得分与权重乘积之和组成，满分为100分。附加分根据实测成绩确定，即对成绩超过100分的加分指标进行加分，满分为20分；小学的加分指标为1分钟跳绳，加分幅度为20分；初中、高中和大学的加分指标为男生引体向上和1000米跑，女生1分钟仰卧起坐和800米跑，各指标加分幅度均为10分。

7. 根据学生学年总分评定等级：90.0分及以上为优秀，80.0~89.9分为良好，60.0~79.9分为及格，59.9分及以下为不及格。

8. 每个学生每学年评定一次，记入《〈国家学生体质健康标准〉登记卡》(附表1~6)。特殊学制的学校，在填写登记卡时可以按规定和需求相应地增减栏目。学生毕业时的成绩和等级，按毕业当年学年总分的50%与其他学年总分平均得分的50%之和进行评定。

9. 学生测试成绩评定达到良好及以上者，方可参加评优与评奖；成绩达到优秀者，方可获体育奖学分。测试成绩评定不及格者，在本学年度准予补测一次，补测仍不及格，则学年成绩评定为不及格。普通高中、中等职业学校和普通高等学校学生毕业时，《标准》测试的成绩达不到50分者按结业或肄业处理。

10. 学生因病或残疾可向学校提交暂缓或免予执行《标准》的申请，经医疗单位证明，体育教学部门核准，可暂缓或免予执行《标准》，并填写《免予执行〈国家学生体质健康标准〉申请表》(附表7)，存入学生档案。确实丧失运动能力、被免予执行《标准》的残疾学生，仍可参加评优与评奖，毕业时《标准》成绩需注明免测。

11. 各学校每学年开展覆盖本校各年级学生的《标准》测试工作，《标准》测试数据经当地教育行政部门按要求审核后，通过"中国学生体质健康网"上传至"国家学生体质健康标准数据管理系统"。测试和数据上传时间由教育行政部门确定。

12. 本标准由教育部负责解释。

三、《国家学生体质健康标准》的功能

《国家学生体质健康标准》从名称的外延以及在教育激励、反馈调整和引导锻炼等功能上都具有鲜明的特点。

(一)教育激励

《国家学生体质健康标准》是促进学生体质健康发展、激励学生积极进行身体锻炼的

教育手段。所选用的指标可以反映与身体健康关系密切的身体成分、心血管系统功能、肌肉的力量和耐力，以及关节和肌肉的柔韧性等要素的基本状况。《国家学生体质健康标准》的实施将使学生和社会能够对影响身体健康的主要因素有一个更加明确的认识和理解，引导人们去积极追求身体的健康状态，实现学校体育的目标。《国家学生体质健康标准》实施办法还规定，对达到合格以上等级的学生颁发证章，以激励学生对体育锻炼的内在积极性。

（二）反馈调整

《国家学生体质健康标准》是学生体质健康的个体评价标准，并规定了各校应将每年测试的数据按时上报至国家学生体质健康标准数据管理系统，该系统具有按各种要求进行统计、分析、检索的功能，并定期向社会公告。该系统为学生及其家长提供了在线查询和在线评估服务，向学生提供了个性化的身体健康诊断，使学生能够在准确了解自己体质健康状况的基础上进行锻炼；该系统还可为各级政府机关、教育行政部门、学校提供翔实的统计和分析数据，使之了解学生的体质健康状况，及时采取科学的干预措施。

（三）引导锻炼

新的《国家学生体质健康标准》增加了一些简便易行、锻炼效果较好的项目，并提高了部分锻炼项目指标的权重，对引导学生进行体育锻炼具有较强的实效性；同时通过国家学生体质健康标准数据管理系统，学生还可以查询到针对性较强的运动处方，用于自身因地制宜地进行科学的体育锻炼，提高身体健康水平。

（四）评价指标

《国家学生体质健康标准》（2014 版）评价指标体系结构包括三个部分：身体形态、身体机能和身体素质指标。突出《标准》（2014 版）评价目的是了解不同年级学生体质健康状况的基本水平，并通过检测与评价各年级学生体质健康状况，来实现该标准的功能（表 2-1）。

表 2-1 **评价指标体系构成**

指标类别	测量对象	评价指标	评价意义
身体形态	全体学生	体重指数（BMI）	体型
身体机能	全体学生	肺活量	心肺功能
身体素质	全体学生	50 米跑	速度素质（移动速度）
		坐位体前屈	柔韧素质
	全体小学生	1 分钟跳绳	协调性、灵敏性素质
	小学三至六年级	1 分钟仰卧起坐	力量素质（肌肉耐力）
	小学五、六年级	50×8 往返跑	耐力素质
	初中、高中、大学各年级	立定跳远	力量素质（爆发力）
		引体向上（男）	力量耐力（肌肉耐力）
		1 分钟仰卧起坐（女）	
		1000 米（男）	耐力素质
		800 米（女）	

（五）测试项目及权重（表 2-2）

表 2-2　　**单项指标与权重**

测试对象	单项指标	权重（%）
小学一年级至大学四年级	体重指数（BMI）	15
	肺活量	15
初中、高中、大学各年级	50 米跑	20
	坐位体前屈	10
	立定跳远	10
	引体向上（男）/1 分钟仰卧起坐（女）	10
	1000 米跑（男）/800 米跑（女）	20
体重指数（BMI）= 体重（千克）/身高^2（米^2）		

（六）计算公式及评分表

1. 计算公式。

总分 = 标准分 + 附加分 = 体重指数（BMI）×15% + 肺活量×15% + 50 米×20% + 坐位体前屈×10% + 立定跳远×10% + 引体向上（男）/1 分钟仰卧起坐（女）×10% + 长跑（男 1000 米/女 800 米）×20% + 附加分

2. 评分表（表 2-3～表 2-18）。

表 2-3　　**男生体重指数（BMI）单项评分表（单位：千克/米^2）**

等级	单项得分	一年级	二年级	三年级	四年级	五年级	六年级	初一	初二	初三	高一	高二	高三	大学
正常	100	13.5～18.1	13.7～18.4	13.9～19.4	14.2～20.1	14.4～21.4	14.7～21.8	15.5～22.1	15.7～22.5	15.8～22.8	16.5～23.2	16.8～23.7	17.3～23.8	17.9～23.9
低体重	80	≤13.4	≤13.6	≤13.8	≤14.1	≤14.3	≤14.6	≤15.4	≤15.6	≤15.7	≤16.4	≤16.7	≤17.2	≤17.8
超重		18.2～20.3	18.5～20.4	19.5～22.1	20.2～22.6	21.5～24.1	21.9～24.5	22.2～24.9	22.6～25.2	22.9～26.0	23.3～26.3	23.8～26.5	23.9～27.3	24.0～27.9
肥胖	60	≥20.4	≥20.5	≥22.2	≥22.7	≥24.2	≥24.6	≥25.0	≥25.3	≥26.1	≥26.4	≥26.6	≥27.4	≥28.0

表 2-4　　**女生体重指数（BMI）单项评分表（单位：千克/米^2）**

等级	单项得分	一年级	二年级	三年级	四年级	五年级	六年级	初一	初二	初三	高一	高二	高三	大学
正常	100	13.3～17.3	13.5～17.8	13.6～18.6	13.7～19.4	13.8～20.5	14.2～20.8	14.8～21.7	15.3～22.2	16.0～22.6	16.5～22.7	16.9～23.2	17.1～23.3	17.2～23.9
低体重	80	≤13.2	≤13.4	≤13.5	≤13.6	≤13.7	≤14.1	≤14.7	≤15.2	≤15.9	≤16.4	≤16.8	≤17.0	≤17.1
超重		17.4～19.2	17.9～20.2	18.7～21.1	19.5～22.0	20.6～22.9	20.9～23.6	21.8～24.4	22.3～24.8	22.7～25.1	22.8～25.2	23.3～25.4	23.4～25.7	24.0～27.9
肥胖	60	≥19.3	≥20.3	≥21.2	≥22.1	≥23.0	≥23.7	≥24.5	≥24.9	≥25.2	≥25.3	≥25.5	≥25.8	≥28.0

表 2-5　　　　男生肺活量单项评分表(单位：毫升)

等级	单项得分	一年级	二年级	三年级	四年级	五年级	六年级	初一	初二	初三	高一	高二	高三	大一大二	大三大四
优秀	100	1700	2000	2300	2600	2900	3200	3640	3940	4240	4540	4740	4940	5040	5140
	95	1600	1900	2200	2500	2800	3100	3520	3820	4120	4420	4620	4820	4920	5020
	90	1500	1800	2100	2400	2700	3000	3400	3700	4000	4300	4500	4700	4800	4900
良好	85	1400	1650	1900	2150	2450	2750	3150	3450	3750	4050	4250	4450	4550	4650
	80	1300	1500	1700	1900	2200	2500	2900	3200	3500	3800	4000	4200	4300	4400
及格	78	1240	1430	1620	1820	2110	2400	2780	3080	3380	3680	3880	4080	4180	4280
	76	1180	1360	1540	1740	2020	2300	2660	2960	3260	3560	3760	3960	4060	4160
	74	1120	1290	1460	1660	1930	2200	2540	2840	3140	3440	3640	3840	3940	4040
	72	1060	1220	1380	1580	1840	2100	2420	2720	3020	3320	3520	3720	3820	3920
	70	1000	1150	1300	1500	1750	2000	2300	2600	2900	3200	3400	3600	3700	3800
	68	940	1080	1220	1420	1660	1900	2180	2480	2780	3080	3280	3480	3580	3680
	66	880	1010	1140	1340	1570	1800	2060	2360	2660	2960	3160	3360	3460	3560
	64	820	940	1060	1260	1480	1700	1940	2240	2540	2840	3040	3240	3340	3440
	62	760	870	980	1180	1390	1600	1820	2120	2420	2720	2920	3120	3220	3320
	60	700	800	900	1100	1300	1500	1700	2000	2300	2600	2800	3000	3100	3200
不及格	50	660	750	840	1030	1220	1410	1600	1890	2180	2470	2660	2850	2940	3030
	40	620	700	780	960	1140	1320	1500	1780	2060	2340	2520	2700	2780	2860
	30	580	650	720	890	1060	1230	1400	1670	1940	2210	2380	2550	2620	2690
	20	540	600	660	820	980	1140	1300	1560	1820	2080	2240	2400	2460	2520
	10	500	550	600	750	900	1050	1200	1450	1700	1950	2100	2250	2300	2350

表 2-6　　　　女生肺活量单项评分表(单位：毫升)

等级	单项得分	一年级	二年级	三年级	四年级	五年级	六年级	初一	初二	初三	高一	高二	高三	大一大二	大三大四
优秀	100	1400	1600	1800	2000	2250	2500	2750	2900	3050	3150	3250	3350	3400	3450
	95	1300	1500	1700	1900	2150	2400	2650	2850	3000	3100	3200	3300	3350	3400
	90	1200	1400	1600	1800	2050	2300	2550	2800	2950	3050	3150	3250	3300	3350
良好	85	1100	1300	1500	1700	1950	2200	2450	2650	2800	2900	3000	3100	3150	3200
	80	1000	1200	1400	1600	1850	2100	2350	2500	2650	2750	2850	2950	3000	3050

续表

等级	单项得分	一年级	二年级	三年级	四年级	五年级	六年级	初一	初二	初三	高一	高二	高三	大一大二	大三大四
及格	78	960	1150	1340	1530	1770	2010	2250	2400	2550	2650	2750	2850	2900	2950
	76	920	1100	1280	1460	1690	1920	2150	2300	2450	2550	2650	2750	2800	2850
	74	880	1050	1220	1390	1610	1830	2050	2200	2350	2450	2550	2650	2700	2750
	72	840	1000	1160	1320	1530	1740	1950	2100	2250	2350	2450	2550	2600	2650
	70	800	950	1100	1250	1450	1650	1850	2000	2150	2250	2350	2450	2500	2550
	68	760	900	1040	1180	1370	1560	1750	1900	2050	2150	2250	2350	2400	2450
	66	720	850	980	1110	1290	1470	1650	1800	1950	2050	2150	2250	2300	2350
	64	680	800	920	1040	1210	1380	1550	1700	1850	1950	2050	2150	2200	2250
	62	640	750	860	970	1130	1290	1450	1600	1750	1850	1950	2050	2100	2150
	60	600	700	800	900	1050	1200	1350	1500	1650	1750	1850	1950	2000	2050
不及格	50	580	680	780	880	1020	1170	1310	1460	1610	1710	1810	1910	1960	2010
	40	560	660	760	860	990	1140	1270	1420	1570	1670	1770	1870	1920	1970
	30	540	640	740	840	960	1110	1230	1380	1530	1630	1730	1830	1880	1930
	20	520	620	720	820	930	1080	1190	1340	1490	1590	1690	1790	1840	1890
	10	500	600	700	800	900	1050	1150	1300	1450	1550	1650	1750	1800	1850

表 2-7 **男生 50 米跑单项评分表(单位：秒)**

等级	单项得分	一年级	二年级	三年级	四年级	五年级	六年级	初一	初二	初三	高一	高二	高三	大一大二	大三大四
优秀	100	10.2	9.6	9.1	8.7	8.4	8.2	7.8	7.5	7.3	7.1	7.0	6.8	6.7	6.6
	95	10.3	9.7	9.2	8.8	8.5	8.3	7.9	7.6	7.4	7.2	7.1	6.9	6.8	6.7
	90	10.4	9.8	9.3	8.9	8.6	8.4	8.0	7.7	7.5	7.3	7.2	7.0	6.9	6.8
良好	85	10.5	9.9	9.4	9.0	8.7	8.5	8.1	7.8	7.6	7.4	7.3	7.1	7.0	6.9
	80	10.6	10.0	9.5	9.1	8.8	8.6	8.2	7.9	7.7	7.5	7.4	7.2	7.1	7.0
及格	78	10.8	10.2	9.7	9.3	9.0	8.8	8.4	8.1	7.9	7.7	7.6	7.4	7.3	7.2
	76	11.0	10.4	9.9	9.5	9.2	9.0	8.6	8.3	8.1	7.9	7.8	7.6	7.5	7.4
	74	11.2	10.6	10.1	9.7	9.4	9.2	8.8	8.5	8.3	8.1	8.0	7.8	7.7	7.6
	72	11.4	10.8	10.3	9.9	9.6	9.4	9.0	8.7	8.5	8.3	8.2	8.0	7.9	7.8
	70	11.6	11.0	10.5	10.1	9.8	9.6	9.2	8.9	8.7	8.5	8.4	8.2	8.1	8.0
	68	11.8	11.2	10.7	10.3	10.0	9.8	9.4	9.1	8.9	8.7	8.6	8.4	8.3	8.2
	66	12.0	11.4	10.9	10.5	10.2	10.0	9.6	9.3	9.1	8.9	8.8	8.6	8.5	8.4
	64	12.2	11.6	11.1	10.7	10.4	10.2	9.8	9.5	9.3	9.1	9.0	8.8	8.7	8.6
	62	12.4	11.8	11.3	10.9	10.6	10.4	10.0	9.7	9.5	9.3	9.2	9.0	8.9	8.8
	60	12.6	12.0	11.5	11.1	10.8	10.6	10.2	9.9	9.7	9.5	9.4	9.2	9.1	9.0

续表

等级	单项得分	一年级	二年级	三年级	四年级	五年级	六年级	初一	初二	初三	高一	高二	高三	大一大二	大三大四
不及格	50	12.8	12.2	11.7	11.3	11.0	10.8	10.4	10.1	9.9	9.7	9.6	9.4	9.3	9.2
	40	13.0	12.4	11.9	11.5	11.2	11.0	10.6	10.3	10.1	9.9	9.8	9.6	9.5	9.4
	30	13.2	12.6	12.1	11.7	11.4	11.2	10.8	10.5	10.3	10.1	10.0	9.8	9.7	9.6
	20	13.4	12.8	12.3	11.9	11.6	11.4	11.0	10.7	10.5	10.3	10.2	10.0	9.9	9.8
	10	13.6	13.0	12.5	12.1	11.8	11.6	11.2	10.9	10.7	10.5	10.4	10.2	10.1	10.0

表 2-8　**女生 50 米跑单项评分表(单位：秒)**

等级	单项得分	一年级	二年级	三年级	四年级	五年级	六年级	初一	初二	初三	高一	高二	高三	大一大二	大三大四
优秀	100	11.0	10.0	9.2	8.7	8.3	8.2	8.1	8.0	7.9	7.8	7.7	7.6	7.5	7.4
	95	11.1	10.1	9.3	8.8	8.4	8.3	8.2	8.1	8.0	7.9	7.8	7.7	7.6	7.5
	90	11.2	10.2	9.4	8.9	8.5	8.4	8.3	8.2	8.1	8.0	7.9	7.8	7.7	7.6
良好	85	11.5	10.5	9.7	9.2	8.8	8.7	8.6	8.5	8.4	8.3	8.2	8.1	8.0	7.9
	80	11.8	10.8	10.0	9.5	9.1	9.0	8.9	8.8	8.7	8.6	8.5	8.4	8.3	8.2
及格	78	12.0	11.0	10.2	9.7	9.3	9.2	9.1	9.0	8.9	8.8	8.7	8.6	8.5	8.4
	76	12.2	11.2	10.4	9.9	9.5	9.4	9.3	9.2	9.1	9.0	8.9	8.8	8.7	8.6
	74	12.4	11.4	10.6	10.1	9.7	9.6	9.5	9.4	9.3	9.2	9.1	9.0	8.9	8.8
	72	12.6	11.6	10.8	10.3	9.9	9.8	9.7	9.6	9.5	9.4	9.3	9.2	9.1	9.0
	70	12.8	11.8	11.0	10.5	10.1	10.0	9.9	9.8	9.7	9.6	9.5	9.4	9.3	9.2
	68	13.0	12.0	11.2	10.7	10.3	10.2	10.1	10.0	9.9	9.8	9.7	9.6	9.5	9.4
	66	13.2	12.2	11.4	10.9	10.5	10.4	10.3	10.2	10.1	10.0	9.9	9.8	9.7	9.6
	64	13.4	12.4	11.6	11.1	10.7	10.6	10.5	10.4	10.3	10.2	10.1	10.0	9.9	9.8
	62	13.6	12.6	11.8	11.3	10.9	10.8	10.7	10.6	10.5	10.4	10.3	10.2	10.1	10.0
	60	13.8	12.8	12.0	11.5	11.1	11.0	10.9	10.8	10.7	10.6	10.5	10.4	10.3	10.2
不及格	50	14.0	13.0	12.2	11.7	11.3	11.2	11.1	11.0	10.9	10.8	10.7	10.6	10.5	10.4
	40	14.2	13.2	12.4	11.9	11.5	11.4	11.3	11.2	11.1	11.0	10.9	10.8	10.7	10.6
	30	14.4	13.4	12.6	12.1	11.7	11.6	11.5	11.4	11.3	11.2	11.1	11.0	10.9	10.8
	20	14.6	13.6	12.8	12.3	11.9	11.8	11.7	11.6	11.5	11.4	11.3	11.2	11.1	11.0
	10	14.8	13.8	13.0	12.5	12.1	12.0	11.9	11.8	11.7	11.6	11.5	11.4	11.3	11.2

表 2-9　　　　**男生坐位体前屈单项评分表(单位：厘米)**

等级	单项得分	一年级	二年级	三年级	四年级	五年级	六年级	初一	初二	初三	高一	高二	高三	大一大二	大三大四
优秀	100	16.1	16.2	16.3	16.4	16.5	16.6	17.6	19.6	21.6	23.6	24.3	24.6	24.9	25.1
	95	14.6	14.7	14.9	15.0	15.2	15.3	15.9	17.7	19.7	21.5	22.4	22.8	23.1	23.3
	90	13.0	13.2	13.4	13.6	13.8	14.0	14.2	15.8	17.8	19.4	20.5	21.0	21.3	21.5
良好	85	12.0	11.9	11.8	11.7	11.6	11.5	12.3	13.7	15.8	17.2	18.3	19.1	19.5	19.9
	80	11.0	10.6	10.2	9.8	9.4	9.0	10.4	11.6	13.8	15.0	16.1	17.2	17.7	18.2
及格	78	9.9	9.5	9.1	8.6	8.2	7.7	9.1	10.3	12.4	13.6	14.7	15.8	16.3	16.8
	76	8.8	8.4	8.0	7.4	7.0	6.4	7.8	9.0	11.0	12.2	13.3	14.4	14.9	15.4
	74	7.7	7.3	6.9	6.2	5.8	5.1	6.5	7.7	9.6	10.8	11.9	13.0	13.5	14.0
	72	6.6	6.2	5.8	5.0	4.6	3.8	5.2	6.4	8.2	9.4	10.5	11.6	12.1	12.6
	70	5.5	5.1	4.7	3.8	3.4	2.5	3.9	5.1	6.8	8.0	9.1	10.2	10.7	11.2
	68	4.4	4.0	3.6	2.6	2.2	1.2	2.6	3.8	5.4	6.6	7.7	8.8	9.3	9.8
	66	3.3	2.9	2.5	1.4	1.0	−0.1	1.3	2.5	4.0	5.2	6.3	7.4	7.9	8.4
	64	2.2	1.8	1.4	0.2	−0.2	−1.4	0.0	1.2	2.6	3.8	4.9	6.0	6.5	7.0
	62	1.1	0.7	0.3	−1.0	−1.4	−2.7	−1.3	−0.1	1.2	2.4	3.5	4.6	5.1	5.6
	60	0.0	−0.4	−0.8	−2.2	−2.6	−4.0	−2.6	−1.4	−0.2	1.0	2.1	3.2	3.7	4.2
不及格	50	−0.8	−1.2	−1.6	−3.2	−3.6	−5.0	−3.8	−2.6	−1.4	0.0	1.1	2.2	2.7	3.2
	40	−1.6	−2.0	−2.4	−4.2	−4.6	−6.0	−5.0	−3.8	−2.6	−1.0	0.1	1.2	1.7	2.2
	30	−2.4	−2.8	−3.2	−5.2	−5.6	−7.0	−6.2	−5.0	−3.8	−2.0	−0.9	0.2	0.7	1.2
	20	−3.2	−3.6	−4.0	−6.2	−6.6	−8.0	−7.4	−6.2	−5.0	−3.0	−1.9	−0.8	−0.3	0.2
	10	−4.0	−4.4	−4.8	−7.2	−7.6	−9.0	−8.6	−7.4	−6.2	−4.0	−2.9	−1.8	−1.3	−0.8

表 2-10　　　　**女生坐位体前屈单项评分表(单位：厘米)**

等级	单项得分	一年级	二年级	三年级	四年级	五年级	六年级	初一	初二	初三	高一	高二	高三	大一大二	大三大四
优秀	100	18.6	18.9	19.2	19.5	19.8	19.9	21.8	22.7	23.5	24.2	24.8	25.3	25.8	26.3
	95	17.3	17.6	17.9	18.1	18.5	18.7	20.1	21.0	21.8	22.5	23.1	23.6	24.0	24.4
	90	16.0	16.3	16.6	16.9	17.2	17.5	18.4	19.3	20.1	20.8	21.4	21.9	22.2	22.4
良好	85	14.7	14.8	14.9	15.0	15.1	15.2	16.7	17.6	18.4	19.1	19.7	20.2	20.6	21.0
	80	13.4	13.3	13.2	13.1	13.0	12.9	15.0	15.9	16.7	17.4	18.0	18.5	19.0	19.5

续表

等级	单项得分	一年级	二年级	三年级	四年级	五年级	六年级	初一	初二	初三	高一	高二	高三	大一大二	大三大四
及格	78	12.3	12.2	12.1	12.0	11.9	11.8	13.7	14.6	15.4	16.1	16.7	17.2	17.7	18.2
	76	11.2	11.1	11.0	10.9	10.8	10.7	12.4	13.3	14.1	14.8	15.4	15.9	16.4	16.9
	74	10.1	10.0	9.9	9.8	9.7	9.6	11.1	12.0	12.8	13.5	14.1	14.6	15.1	15.6
	72	9.0	8.9	8.8	8.7	8.6	8.5	9.8	10.7	11.5	12.2	12.8	13.3	13.8	14.3
	70	7.9	7.8	7.7	7.6	7.5	7.4	8.5	9.4	10.2	10.9	11.5	12.0	12.5	13.0
	68	6.8	6.7	6.6	6.5	6.4	6.3	7.2	8.1	8.9	9.6	10.2	10.7	11.2	11.7
	66	5.7	5.6	5.5	5.4	5.3	5.2	5.9	6.8	7.6	8.3	8.9	9.4	9.9	10.4
	64	4.6	4.5	4.4	4.3	4.2	4.1	4.6	5.5	6.3	7.0	7.6	8.1	8.6	9.1
	62	3.5	3.4	3.3	3.2	3.1	3.0	3.3	4.2	5.0	5.7	6.3	6.8	7.3	7.8
	60	2.4	2.3	2.2	2.1	2.0	1.9	2.0	2.9	3.7	4.4	5.0	5.5	6.0	6.5
不及格	50	1.6	1.5	1.4	1.3	1.2	1.1	1.2	2.1	2.9	3.6	4.2	4.7	5.2	5.7
	40	0.8	0.7	0.6	0.5	0.4	0.3	0.4	1.3	2.1	2.8	3.4	3.9	4.4	4.9
	30	0.0	-0.1	-0.2	-0.3	-0.4	-0.5	-0.4	0.5	1.3	2.0	2.6	3.1	3.6	4.1
	20	-0.8	-0.9	-1.0	-1.1	-1.2	-1.3	-1.2	-0.3	0.5	1.2	1.8	2.3	2.8	3.3
	10	-1.6	-1.7	-1.8	-1.9	-2.0	-2.1	-2.0	-1.1	-0.3	0.4	1.0	1.5	2.0	2.5

表 2-11　**男生一分钟跳绳单项评分表(单位：次)**

等级	单项得分	一年级	二年级	三年级	四年级	五年级	六年级
优秀	100	109	117	126	137	148	157
	95	104	112	121	132	143	152
	90	99	107	116	127	138	147
良好	85	93	101	110	121	132	141
	80	87	95	104	115	126	135
及格	78	80	88	97	108	119	128
	76	73	81	90	101	112	121
	74	66	74	83	94	105	114
	72	59	67	76	87	98	107
	70	52	60	69	80	91	100
	68	45	53	62	73	84	93
	66	38	46	55	66	77	86
	64	31	39	48	59	70	79
	62	24	32	41	52	63	72
	60	17	25	34	45	56	65

续表

等级	单项得分	一年级	二年级	三年级	四年级	五年级	六年级
不及格	50	14	22	31	42	53	62
	40	11	19	28	39	50	59
	30	8	16	25	36	47	56
	20	5	13	22	33	44	53
	10	2	10	19	30	41	50

表 2-12　**女生一分钟跳绳单项评分表(单位：次)**

等级	单项得分	一年级	二年级	三年级	四年级	五年级	六年级
优秀	100	117	127	139	149	158	166
	95	110	120	132	142	151	159
	90	103	113	125	135	144	152
良好	85	95	105	117	127	136	144
	80	87	97	109	119	128	136
及格	78	80	90	102	112	121	129
	76	73	83	95	105	114	122
	74	66	76	88	98	107	115
	72	59	69	81	91	100	108
	70	52	62	74	84	93	101
	68	45	55	67	77	86	94
	66	38	48	60	70	79	87
	64	31	41	53	63	72	80
	62	24	34	46	56	65	73
	60	17	27	39	49	58	66
不及格	50	14	24	36	46	55	63
	40	11	21	33	43	52	60
	30	8	18	30	40	49	57
	20	5	15	27	37	46	54
	10	2	12	24	34	43	51

表 2-13　　男生立定跳远单项评分表(单位：厘米)

等级	单项得分	初一	初二	初三	高一	高二	高三	大一大二	大三大四
优秀	100	225	240	250	260	265	270	273	275
	95	218	233	245	255	260	265	268	270
	90	211	226	240	250	255	260	263	265
良好	85	203	218	233	243	248	253	256	258
	80	195	210	225	235	240	245	248	250
及格	78	191	206	221	231	236	241	244	246
	76	187	202	217	227	232	237	240	242
	74	183	198	213	223	228	233	236	238
	72	179	194	209	219	224	229	232	234
	70	175	190	205	215	220	225	228	230
	68	171	186	201	211	216	221	224	226
	66	167	182	197	207	212	217	220	222
	64	163	178	193	203	208	213	216	218
	62	159	174	189	199	204	209	212	214
	60	155	170	185	195	200	205	208	210
不及格	50	150	165	180	190	195	200	203	205
	40	145	160	175	185	190	195	198	200
	30	140	155	170	180	185	190	193	195
	20	135	150	165	175	180	185	188	190
	10	130	145	160	170	175	180	183	185

表 2-14　　女生立定跳远单项评分表(单位：厘米)

等级	单项得分	初一	初二	初三	高一	高二	高三	大一大二	大三大四
优秀	100	196	200	202	204	205	206	207	208
	95	190	194	196	198	199	200	201	202
	90	184	188	190	192	193	194	195	196
良好	85	177	181	183	185	186	187	188	189
	80	170	174	176	178	179	180	181	182

续表

等级	单项得分	初一	初二	初三	高一	高二	高三	大一大二	大三大四
及格	78	167	171	173	175	176	177	178	179
	76	164	168	170	172	173	174	175	176
	74	161	165	167	169	170	171	172	173
	72	158	162	164	166	167	168	169	170
	70	155	159	161	163	164	165	166	167
	68	152	156	158	160	161	162	163	164
	66	149	153	155	157	158	159	160	161
	64	146	150	152	154	155	156	157	158
	62	143	147	149	151	152	153	154	155
	60	140	144	146	148	149	150	151	152
不及格	50	135	139	141	143	144	145	146	147
	40	130	134	136	138	139	140	141	142
	30	125	129	131	133	134	135	136	137
	20	120	124	126	128	129	130	131	132
	10	115	119	121	123	124	125	126	127

表 2-15 **男生一分钟仰卧起坐、引体向上单项评分表(单位：次)**

等级	单项得分	三年级	四年级	五年级	六年级	初一	初二	初三	高一	高二	高三	大一大二	大三大四
优秀	100	48	49	50	51	13	14	15	16	17	18	19	20
	95	45	46	47	48	12	13	14	15	16	17	18	19
	90	42	43	44	45	11	12	13	14	15	16	17	18
良好	85	39	40	41	42	10	11	12	13	14	15	16	17
	80	36	37	38	39	9	10	11	12	13	14	15	16
及格	78	34	35	36	37								
	76	32	33	34	35	8	9	10	11	12	13	14	15
	74	30	31	32	33								
	72	28	29	30	31	7	8	9	10	11	12	13	14
	70	26	27	28	29								
	68	24	25	26	27	6	7	8	9	10	11	12	13
	66	22	23	24	25								
	64	20	21	22	23	5	6	7	8	9	10	11	12
	62	18	19	20	21								
	60	16	17	18	19	4	5	6	7	8	9	10	11

续表

等级	单项得分	三年级	四年级	五年级	六年级	初一	初二	初三	高一	高二	高三	大一大二	大三大四
不及格	50	14	15	16	17	3	4	5	6	7	8	9	10
	40	12	13	14	15	2	3	4	5	6	7	8	9
	30	10	11	12	13	1	2	3	4	5	6	7	8
	20	8	9	10	11		1	2	3	4	5	6	7
	10	6	7	8	9			1	2	3	4	5	6

注：小学三年级~六年级：一分钟仰卧起坐；初中、高中、大学：引体向上。

表 2-16　**女生一分钟仰卧起坐单项评分表(单位：次)**

等级	单项得分	三年级	四年级	五年级	六年级	初一	初二	初三	高一	高二	高三	大一大二	大三大四
优秀	100	46	47	48	49	50	51	52	53	54	55	56	57
	95	44	45	46	47	48	49	50	51	52	53	54	55
	90	42	43	44	45	46	47	48	49	50	51	52	53
良好	85	39	40	41	42	43	44	45	46	47	48	49	50
	80	36	37	38	39	40	41	42	43	44	45	46	47
及格	78	34	35	36	37	38	39	40	41	42	43	44	45
	76	32	33	34	35	36	37	38	39	40	41	42	43
	74	30	31	32	33	34	35	36	37	38	39	40	41
	72	28	29	30	31	32	33	34	35	36	37	38	39
	70	26	27	28	29	30	31	32	33	34	35	36	37
	68	24	25	26	27	28	29	30	31	32	33	34	35
	66	22	23	24	25	26	27	28	29	30	31	32	33
	64	20	21	22	23	24	25	26	27	28	29	30	31
	62	18	19	20	21	22	23	24	25	26	27	28	29
	60	16	17	18	19	20	21	22	23	24	25	26	27
不及格	50	14	15	16	17	18	19	20	21	22	23	24	25
	40	12	13	14	15	16	17	18	19	20	21	22	23
	30	10	11	12	13	14	15	16	17	18	19	20	21
	20	8	9	10	11	12	13	14	15	16	17	18	19
	10	6	7	8	9	10	11	12	13	14	15	16	17

表 2-17　　男生耐力跑单项评分表(单位：分·秒)

等级	单项得分	五年级	六年级	初一	初二	初三	高一	高二	高三	大一大二	大三大四
优秀	100	1′36″	1′30″	3′55″	3′50″	3′40″	3′30″	3′25″	3′20″	3′17″	3′15″
	95	1′39″	1′33″	4′05″	3′55″	3′45″	3′35″	3′30″	3′25″	3′22″	3′20″
	90	1′42″	1′36″	4′15″	4′00″	3′50″	3′40″	3′35″	3′30″	3′27″	3′25″
良好	85	1′45″	1′39″	4′22″	4′07″	3′57″	3′47″	3′42″	3′37″	3′34″	3′32″
	80	1′48″	1′42″	4′30″	4′15″	4′05″	3′55″	3′50″	3′45″	3′42″	3′40″
及格	78	1′51″	1′45″	4′35″	4′20″	4′10″	4′00″	3′55″	3′50″	3′47″	3′45″
	76	1′54″	1′48″	4′40″	4′25″	4′15″	4′05″	4′00″	3′55″	3′52″	3′50″
	74	1′57″	1′51″	4′45″	4′30″	4′20″	4′10″	4′05″	4′00″	3′57″	3′55″
	72	2′00″	1′54″	4′50″	4′35″	4′25″	4′15″	4′10″	4′05″	4′02″	4′00″
	70	2′03″	1′57″	4′55″	4′40″	4′30″	4′20″	4′15″	4′10″	4′07″	4′05″
	68	2′06″	2′00″	5′00″	4′45″	4′35″	4′25″	4′20″	4′15″	4′12″	4′10″
	66	2′09″	2′03″	5′05″	4′50″	4′40″	4′30″	4′25″	4′20″	4′17″	4′15″
	64	2′12″	2′06″	5′10″	4′55″	4′45″	4′35″	4′30″	4′25″	4′22″	4′20″
	62	2′15″	2′09″	5′15″	5′00″	4′50″	4′40″	4′35″	4′30″	4′27″	4′25″
	60	2′18″	2′12″	5′20″	5′05″	4′55″	4′45″	4′40″	4′35″	4′32″	4′30″
不及格	50	2′22″	2′16″	5′40″	5′25″	5′15″	5′05″	5′00″	4′55″	4′52″	4′50″
	40	2′26″	2′20″	6′00″	5′45″	5′35″	5′25″	5′20″	5′15″	5′12″	5′10″
	30	2′30″	2′24″	6′20″	6′05″	5′55″	5′45″	5′40″	5′35″	5′32″	5′30″
	20	2′34″	2′28″	6′40″	6′25″	6′15″	6′05″	6′00″	5′55″	5′52″	5′50″
	10	2′38″	2′32″	7′00″	6′45″	6′35″	6′25″	6′20″	6′15″	6′12″	6′10″

注：小学五年级~六年级：50 米×8 往返跑；初中、高中、大学：1000 米跑。

表 2-18　　女生耐力跑单项评分表(单位：分·秒)

等级	单项得分	五年级	六年级	初一	初二	初三	高一	高二	高三	大一大二	大三大四
优秀	100	1′41″	1′37″	3′35″	3′30″	3′25″	3′24″	3′22″	3′20″	3′18″	3′16″
	95	1′44″	1′40″	3′42″	3′37″	3′32″	3′30″	3′28″	3′26″	3′24″	3′22″
	90	1′47″	1′43″	3′49″	3′44″	3′39″	3′36″	3′34″	3′32″	3′30″	3′28″
良好	85	1′50″	1′46″	3′57″	3′52″	3′47″	3′43″	3′41″	3′39″	3′37″	3′35″
	80	1′53″	1′49″	4′05″	4′00″	3′55″	3′50″	3′48″	3′46″	3′44″	3′42″

续表

等级	单项得分	五年级	六年级	初一	初二	初三	高一	高二	高三	大一大二	大三大四
及格	78	1′56″	1′52″	4′10″	4′05″	4′00″	3′55″	3′53″	3′51″	3′49″	3′47″
	76	1′59″	1′55″	4′15″	4′10″	4′05″	4′00″	3′58″	3′56″	3′54″	3′52″
	74	2′02″	1′58″	4′20″	4′15″	4′10″	4′05″	4′03″	4′01″	3′59″	3′57″
	72	2′05″	2′01″	4′25″	4′20″	4′15″	4′10″	4′08″	4′06″	4′04″	4′02″
	70	2′08″	2′04″	4′30″	4′25″	4′20″	4′15″	4′13″	4′11″	4′09″	4′07″
	68	2′11″	2′07″	4′35″	4′30″	4′25″	4′20″	4′18″	4′16″	4′14″	4′12″
	66	2′14″	2′10″	4′40″	4′35″	4′30″	4′25″	4′23″	4′21″	4′19″	4′17″
	64	2′17″	2′13″	4′45″	4′40″	4′35″	4′30″	4′28″	4′26″	4′24″	4′22″
	62	2′20″	2′16″	4′50″	4′45″	4′40″	4′35″	4′33″	4′31″	4′29″	4′27″
	60	2′23″	2′19″	4′55″	4′50″	4′45″	4′40″	4′38″	4′36″	4′34″	4′32″
不及格	50	2′27″	2′23″	5′05″	5′00″	4′55″	4′50″	4′48″	4′46″	4′44″	4′42″
	40	2′31″	2′27″	5′15″	5′10″	5′05″	5′00″	4′58″	4′56″	4′54″	4′52″
	30	2′35″	2′31″	5′25″	5′20″	5′15″	5′10″	5′08″	5′06″	5′04″	5′02″
	20	2′39″	2′35″	5′35″	5′30″	5′25″	5′20″	5′18″	5′16″	5′14″	5′12″
	10	2′43″	2′39″	5′45″	5′40″	5′35″	5′30″	5′28″	5′26″	5′24″	5′22″

注：小学五年级~六年级：50米×8往返跑；初中、高中、大学：800米跑。

3. 加分指标评分表(表2-19~表2-24)。

表2-19 **男生一分钟跳绳评分表(单位：次)**

加分	一年级	二年级	三年级	四年级	五年级	六年级
20	40	40	40	40	40	40
19	38	38	38	38	38	38
18	36	36	36	36	36	36
17	34	34	34	34	34	34
16	32	32	32	32	32	32
15	30	30	30	30	30	30
14	28	28	28	28	28	28
13	26	26	26	26	26	26
12	24	24	24	24	24	24
11	22	22	22	22	22	22

续表

加分	一年级	二年级	三年级	四年级	五年级	六年级
10	20	20	20	20	20	20
9	18	18	18	18	18	18
8	16	16	16	16	16	16
7	14	14	14	14	14	14
6	12	12	12	12	12	12
5	10	10	10	10	10	10
4	8	8	8	8	8	8
3	6	6	6	6	6	6
2	4	4	4	4	4	4
1	2	2	2	2	2	2

注：一分钟跳绳为高优指标，学生成绩超过单项评分100分后，以超过的次数所对应的分数进行加分。

表2-20 **女生一分钟跳绳评分表(单位：次)**

加分	一年级	二年级	三年级	四年级	五年级	六年级
20	40	40	40	40	40	40
19	38	38	38	38	38	38
18	36	36	36	36	36	36
17	34	34	34	34	34	34
16	32	32	32	32	32	32
15	30	30	30	30	30	30
14	28	28	28	28	28	28
13	26	26	26	26	26	26
12	24	24	24	24	24	24
11	22	22	22	22	22	22
10	20	20	20	20	20	20
9	18	18	18	18	18	18
8	16	16	16	16	16	16
7	14	14	14	14	14	14
6	12	12	12	12	12	12
5	10	10	10	10	10	10
4	8	8	8	8	8	8
3	6	6	6	6	6	6
2	4	4	4	4	4	4
1	2	2	2	2	2	2

注：一分钟跳绳为高优指标，学生成绩超过单项评分100分后，以超过的次数所对应的分数进行加分。

表 2-21　　男生引体向上评分表(单位：次)

加分	初一	初二	初三	高一	高二	高三	大一大二	大三大四
10	10	10	10	10	10	10	10	10
9	9	9	9	9	9	9	9	9
8	8	8	8	8	8	8	8	8
7	7	7	7	7	7	7	7	7
6	6	6	6	6	6	6	6	6
5	5	5	5	5	5	5	5	5
4	4	4	4	4	4	4	4	4
3	3	3	3	3	3	3	3	3
2	2	2	2	2	2	2	2	2
1	1	1	1	1	1	1	1	1

表 2-22　　女生一分钟仰卧起坐评分表(单位：次)

加分	初一	初二	初三	高一	高二	高三	大一大二	大三大四
10	13	13	13	13	13	13	13	13
9	12	12	12	12	12	12	12	12
8	11	11	11	11	11	11	11	11
7	10	10	10	10	10	10	10	10
6	9	9	9	9	9	9	9	9
5	8	8	8	8	8	8	8	8
4	7	7	7	7	7	7	7	7
3	6	6	6	6	6	6	6	6
2	4	4	4	4	4	4	4	4
1	2	2	2	2	2	2	2	2

注：引体向上、一分钟仰卧起坐均为高优指标，学生成绩超过单项评分 100 分后，以超过的次数所对应的分数进行加分。

表 2-23　　男生 1000 米跑评分表(单位：分·秒)

加分	初一	初二	初三	高一	高二	高三	大一大二	大三大四
10	−35″	−35″	−35″	−35″	−35″	−35″	−35″	−35″
9	−32″	−32″	−32″	−32″	−32″	−32″	−32″	−32″
8	−29″	−29″	−29″	−29″	−29″	−29″	−29″	−29″
7	−26″	−26″	−26″	−26″	−26″	−26″	−26″	−26″

续表

加分	初一	初二	初三	高一	高二	高三	大一大二	大三大四
6	−23″	−23″	−23″	−23″	−23″	−23″	−23″	−23″
5	−20″	−20″	−20″	−20″	−20″	−20″	−20″	−20″
4	−16″	−16″	−16″	−16″	−16″	−16″	−16″	−16″
3	−12″	−12″	−12″	−12″	−12″	−12″	−12″	−12″
2	−8″	−8″	−8″	−8″	−8″	−8″	−8″	−8″
1	−4″	−4″	−4″	−4″	−4″	−4″	−4″	−4″

表 2-24　　**女生 800 米跑评分表(单位：分·秒)**

加分	初一	初二	初三	高一	高二	高三	大一大二	大三大四
10	−50″	−50″	−50″	−50″	−50″	−50″	−50″	−50″
9	−45″	−45″	−45″	−45″	−45″	−45″	−45″	−45″
8	−40″	−40″	−40″	−40″	−40″	−40″	−40″	−40″
7	−35″	−35″	−35″	−35″	−35″	−35″	−35″	−35″
6	−30″	−30″	−30″	−30″	−30″	−30″	−30″	−30″
5	−25″	−25″	−25″	−25″	−25″	−25″	−25″	−25″
4	−20″	−20″	−20″	−20″	−20″	−20″	−20″	−20″
3	−15″	−15″	−15″	−15″	−15″	−15″	−15″	−15″
2	−10″	−10″	−10″	−10″	−10″	−10″	−10″	−10″
1	−5″	−5″	−5″	−5″	−5″	−5″	−5″	−5″

注：1000 米跑、800 米跑均为低优指标，学生成绩低于单项评分 100 分后，以减少的秒数所对应的分数进行加分。

四、《国家学生体质健康标准》的演变和发展

新中国成立六十多年来，党和国家一直十分关心和重视广大学生的身体健康，原国家教委、原国家体委等有关部门从鼓励和推动学生积极参加体育锻炼，增强学生体质的目的出发，在不同时期先后制定了《劳卫制》、《国家体育锻炼标准》、《大学生体育合格标准》、《中学生体育合格标准》、《小学生体育合格标准》及初中毕业生升学体育考试办法等一系列制度，并于 2002 年开始在全国试行《学生体质健康标准》。这些制度的制定和实施，对于增强学生体质，促进我国学校体育工作具有积极作用。

我国学生体质健康测量与评价制度的演变和发展，是与我国不同时期社会、经济、科

技、文化和教育的发展水平相适应的；是与全国提高青少年的身体健康素质、满足国家对受教育者的全面发展和培养人才战略的基本要求相一致的。新的《国家学生体质健康标准》是在新的历史条件下，根据社会发展的变化要求，面对新的情况、新的问题所采取的积极措施。新中国成立以来，从《劳卫制》、《国家体育锻炼标准》、《学生体质健康标准(试行方案)》到《国家学生体质健康标准》的制定、颁布和实施，促进了学生体质健康测量与评价制度的发展和完善，为新的《标准》积累了丰富的经验，了解这些标准的演变和发展以及当时的社会背景，将有利于正确认识并实施新的《国家学生体质健康标准》(2014版)。

(一)《劳卫制》

新中国的成立揭开了中国学校体育的新篇章。1950 年 8 月，中国体育访问团赴前苏联，全面考察和学习了前苏联体育(包括学校体育)的经验，引进了《劳卫制》，从 1951 年开始在部分地区试行。1954 年，在借鉴前苏联经验的基础上，根据在部分地区试行的情况，政务院批准并发布了《劳卫制》暂行条例，经过试行和反复修改于 1958 年由国务院正式公布实施《劳动卫国体育制度条例》及相关项目标准和测验规则，其第一条明确指出：劳卫制是国家根据社会主义建设事业需要，对人民在体育锻炼上的基本要求而制定的，其目的在于鼓励人民积极参加体育锻炼，促进体育运动的广泛开展，提高运动技术水平，使人民身强力壮，意志坚强，更好地为社会主义建设和保卫祖国服务。《劳卫制》由预备级(少年级)、第一级和第二级三个级别组成，在第一级和第二级中还按照性别差异根据某一年龄段中体能的发展设置了男女若干个年龄组。在项目设置上，除了提高身体素质和机能的锻炼项目以外，《劳卫制》还设置了诸如射击、手榴弹掷远、行军、国防知识等内容，反映了当时巩固国家政权和建设祖国的社会需要。当时，学生的体质健康状况受到国家经济比较落后、学校卫生条件比较差以及营养不足等因素的影响，亟待提高。因此为改善学生的体质健康状况，在锻炼身体、建设和保卫祖国的热潮推动下，我国的《劳卫制》产生和发展起来了，并对学校体育教学工作产生了深刻的影响，促进了包括学生在内的群众体育运动的开展，对广大学生和成年人的体质健康起到了积极的作用。

但在实施的过程中也受到了多种不利因素的影响，例如部分学校和地区受浮夸风的影响，在实施过程中急于求成，搞反复测试，突击达标，违反体育锻炼的客观规律，并冲击了正常的体育课教学；此外，连续三年的严重自然灾害导致了国家的财政经济困难，广大学生出现了营养不良，体质健康水平下降，这些使得《劳卫制》的推行受到影响，被迫中断。此后，在 1964 年《劳卫制》改名为《青少年体育锻炼标准》。

虽然《劳卫制》的实施经历了轰轰烈烈、坎坷与挫折，但它在特定的历史条件下，为改善和提高少年儿童的体质健康状况作出了不可磨灭的巨大贡献，开创了中华人民共和国成立以来国民体质健康促进事业的新纪元，也开创了学生体质健康评价工作的先河。

(二)《国家体育锻炼标准》

结束了“文化大革命”的 10 年动乱，重新确立了体育在学校教育中的地位和作用。1975 年五月，经国务院批准，国家体委公布了《国家体育锻炼标准》，要求在学校广泛实施，此后，在 1982 年、1990 年又进行了修改，一直沿用至今。1995 年开始施行的《中华人民共和国体育法》规定：学校必须实施国家体育锻炼标准，对学生在校期间每天用于体育活动的时间给予了保证。

在这一时期，我国国民经济和各项事业都进入了良性发展的轨道，特别是1978年党的第十一届三中全会做出了把工作中心转移到社会主义现代化建设上来和实行改革开放的战略决策，带来了国民经济的快速增长，同时特别重视受教育者应掌握充足的知识和技能，强调全面发展。在科学技术转化为生产力，提高劳动效率，使人民群众的生活水平得到了稳步的改善与提高的同时，也使人们从事体力劳动的机会不断减少，电视机、视盘机（VCD机和DVD机）、计算机等的普及也导致学生身体活动时间不断减少，生活水平提高与体质健康水平下降的矛盾逐渐显现。社会对于学生的体质健康更加重视，从1985年开始，教育部、国家体育总局、卫生部、国家民族事务委员会、科学技术部等五部委（局）共同组织、开展了全国性的学生体质健康调研，到2005年已经进行了五次，以全面了解我国学生的体质与健康状况及其变化趋势。

国务院于2001年召开了全国基础教育工作会议，并做出了《国务院关于基础教育改革与发展的决定》，其中提出要“制定并实施学生体质健康标准”。教育部和国家体育总局共同组织专家学者研制了《学生体质健康标准》。从2002年新学年开始，作为国家体育锻炼标准的组成部分，在全国大中小学开始实施，这对于我国提高学生整体健康水平发挥了重要的作用，产生了深远的影响。

实施《国家体育锻炼标准》的目的：鼓励和推动人民群众，特别是青少年、儿童积极参加体育锻炼，以增强体质，提高运动技术水平，培养共产主义道德品质，更好地为社会主义现代化建设和保卫祖国服务。《国家体育锻炼标准》面对全体人群，分四个组进行测验，分别是儿童组，9~12岁，相当于小学3~6年级；少年乙组，13~15岁，相当于初中；少年甲组，16~18岁，相当于高中；成年组，19岁以上，相当于大学。其测试内容主要是对身体素质项目进行测验，共分五大类，与《劳卫制》相比删除了射击、手榴弹掷远、行军、听一般国防知识等内容。所选项目强调增强体质效果好，少而精，既能促进身体全面发展，又简便易行，便于测试记录成绩，并适当兼顾为提高运动技术水平打基础。主要由体育行政部门主管，具体实施时会同教育等有关部门进行，同时强调学校应当把体育锻炼标准的施行工作同体育课、课外体育活动紧密结合，并纳入学校工作计划。它的推行对促进全社会关注学校体育，督促学生积极参加体育锻炼，保证身体正常发育，增强体质都起到了重要的作用。

（三）《国家学生体质健康标准》

2007年7月由教育部、国家体育总局联合颁布了《国家学生体质健康标准》及其实施办法。这是积极贯彻中共中央、国务院“关于加强青少年体育，增强青少年体质的意见”，全面推行“全国亿万学生阳光体育活动”，落实“学校教育要树立健康第一的指导思想，切实加强学校体育工作”的具体措施。

《国家学生体质健康标准》的实施，是为了贯彻实施《体育法》的精神。实施国家体育锻炼标准，对学生在校期间每天用于体育活动的时间给予保证，以鼓励广大青少年自觉积极地锻炼身体，促使身体的正常发育和全面发展，增强体质，为全面建设社会主义现代化国家，为培养德、智、体、美全面发展的建设人才服务。

《国家学生体质健康标准》的实施，是为了贯彻落实“健康第一”的指导思想和全国学校体育工作会议的精神。学校教育，特别是学校体育直接肩负着“增强学生体质”和“促进学生健康”的使命。《国家学生体质健康标准》是积极贯彻落实《中共中央国务院关于深化教育改革全面推进素质教育的决定》所提出的“健康体魄是青少年为祖国和人民服务的基本前提，是中华民族旺盛生命力的体现，学校教育要树立健康第一的指导思想，切实加强体育工作”这一思想的重大举措，也是深化学校体育教学改革、推进素质教育的重要步骤。《标准》是学生体质健康的个体评价标准和学生是否能够毕业的基本条件之一，是激励学生积极参加体育锻炼、促进学生体质健康发展的一种教育手段，引导广大青少年学生努力拥有健康的体魄和健全人格，将“健康第一”的指导思想落到实处，充分发挥学校体育在素质教育中的作用。

《国家学生体质健康标准》的实施，是为了满足社会发展对人体健康的需要。现代文明在带给人们充分物质享受的同时，也给人类的健康带来了新的威胁。由于精神紧张、营养过剩、运动不足、环境污染等因素所引发的非传染性疾病在全球不断蔓延，处于“亚健康状态”的人群不断扩大。关爱生命，追求健康是现代人渴望的目标。实施《标准》对于唤起学生的健康意识、改变学生不良的生活习惯和生活方式、促进学生健康成长必将起到积极的作用。《标准》是激励学生积极进行身体锻炼的教育手段，而不是为了甄别和选拔优秀体育运动员。《标准》采用的是个体评价标准，针对身体形态、身体机能、身体素质和运动能力设置了专门的测评项目，有些项目还具有简便易行，锻炼身体实效性较强等特点，能够帮助学生发现自身的不足或个体差异，并通过测评促进学生积极参加体育锻炼，通过锻炼改善体质健康状况，促进身体全面发展，成为具有正确的体育意识和健康的生活方式的高素质的建设者，使学校体育在促进国民健康素质方面起到应有的作用。

《国家学生体质健康标准》的实施，是为了发展和完善学生体质健康评价体系。学生体质健康评价是学校体育工作中的重要环节，也是学校教育评价体系中的重要组成部分。正确、合理地对学生进行体质健康评价，对于促进学校体育和教育工作有着重要的意义。《标准》是在继承了《劳卫制》、《国家体育锻炼标准》的成功经验，认真总结《学生体质健康标准》试行工作的基础上，根据当前学校体育工作中的有关问题，特别是学生体质调研发现的肺活量水平继续呈下降趋势，速度、爆发力、力量耐力、耐力素质水平进一步下降，肥胖检出率继续上升等问题，参考国际上有关研究的成功经验和先进做法，对《学生体质健康标准》进行了修改和完善，定名为《国家学生体质健康标准》并正式颁布实施。《标准》对于评价学生的体质健康状况，引导学生积极锻炼都有了新的发展。《标准》从建立和完善我国学校教育评价体系的目标出发，体现了学校体育的价值，回答了学校体育为什么要以“体质健康”为本和怎样以“体质健康”为本的问题，明确了“体质健康”不仅应是学校教育和学校体育追求的目标，而且还是学校体育课程存在的根本理由。《标准》的实施将对我国深化学校体育改革，完善体质健康评价体系，促进全体学生综合素质的提高，具有深刻的影响和深远的历史意义。

第二节 全国学生体质与健康调研

1979年我国对16个省市近20万汉族大、中、小学生进行了体质调查研究。为了进一步了解我国大、中、小学生的健康状况和体质发展变化状况以及少数民族学生的体质与健康状况，自1985年开始，每5~6年开展一次全国学生体质健康调研，至今已进行7次，分别在1985年、1991年、1995年、2000年、2005年、2010年、2014年。全国学生体质健康调研覆盖31个省、自治区、直辖市6~22岁在校大、中、小学生，还包括20多个少数民族的学生。调查采用整群抽样，即首先确定调研点校，再以年级分层，以班为单位随机整群抽样。历年调研点校原则上要求保持一致。检测指标包括形态、机能、素质、健康状况(视力、龋齿、血红蛋白、粪蛔虫卵)以及青春期发育指标(男生首次遗精、女生月经初潮)等共27项指标。

国家从2000年开始建立国民体质监测系统，每5年对3~69岁的中国公民进行一次体质监测，青少年学生的体质与健康调研工作是国民体质监测的重要组成部分，也是贯彻落实《中共中央国务院关于加强青少年体育增强青少年体质的意见》的具体要求。

以2014年全国学生体质与健康调研实施方案及2010年全国学生体质与健康调研结果为例，介绍全国学生体质与健康调研工作的有关内容。

一、关于开展2014年全国学生体质与健康调研工作的通知

教育部等六部门关于开展2014年全国学生体质与健康调研工作的通知

教体艺[2014]2号

各省、自治区、直辖市教育厅(教委)、体育局、卫生计生委(卫生厅局)、民(宗)委、科技厅(局)、财政厅(局)：

根据国家2014年开展第四次全国国民体质监测工作的要求，学生体质与健康调研作为国民体质监测的重要组成部分也将同步开展。为确保2014年全国学生体质与健康调研工作的实施，现将《2014年全国学生体质与健康调研实施方案》以及学生调查问卷等印发给你们，请尽快予以部署和安排。

附件：1. 2014年全国学生体质与健康调研实施方案

2. 2014年全国学生体质与健康调研学生调查问卷

3. 2014年开展少数民族学生体质与健康调研省、自治区名单

教育部　国家体育总局　国家卫生计生委

国家民委　科技部　财政部

附件1　2014年全国学生体质与健康调研实施方案

根据《全民健身条例》、《全民健身计划(2011—2015年)》和《国民体质监测工作规定》，有关部门决定于2014年开展第四次全国国民体质监测工作。学生体质与健康调研是

国民体质监测的重要组成部分，是学校体育卫生的重要基础工作。为做好此项工作，特制定本实施方案。

一、目的

1. 掌握我国学生体质与健康现状和发展变化趋势，为制定学校体育卫生工作发展规划、科学开展学校体育卫生工作提供科学依据。

2. 深入推进《国务院办公厅转发教育部等部门关于进一步加强学校体育工作若干意见的通知》(国办发[2012]53号)及其相关配套文件的贯彻落实，促进青少年体质与健康水平提高。

3. 配合完成《全民健身计划(2011—2015年)》实施效果评估任务，为制定新周期《全民健身计划》提供科学依据。

二、调查对象

本次调查在31个省、自治区、直辖市的普通高校和中、小学进行。调查对象为汉族7~22岁学生，少数民族7~18岁学生。

汉族学生7~18岁年龄组学生的体质与健康调查原则上在2010年各省、自治区、直辖市确定的好、中、差三片("片"即地市)进行。19~22岁年龄组不分片。

在部分省、自治区对蒙古族、回族、藏族、维吾尔族、壮族、朝鲜族、苗族、彝族、布依族、侗族、水族、瑶族、白族、土家族、哈尼族、哈萨克族、傣族、黎族、傈僳族、佤族、东乡族、纳西族、柯尔克孜族、土族、羌族、撒拉族的学生进行体质与健康调查(见《2014年开展少数民族学生体质与健康调研省、自治区名单》)。其他少数民族的学生是否进行调查，由各省、自治区自行决定。

三、调研点校的确定与样本的构成

(一)调研点校的确定

2014年调研点校原则上延用2010年调研点校，因学校合并等原因需要调整时，必须在原调研点校附近选择同类学校。如果原为农业户口所在地的调研点校，现已经整体转为城镇居民户口，调研点校学生的类别与性质不变，即仍按照农村调研点校统计。

更换调研点校需报全国学生体质与健康调研协调小组办公室备案。

(二)抽样方法

本次调查延用分层随机整群抽样调查方法，即首先确定调研点校，再以年级分层，以教学班为单位随机整群抽样构成调研样本。

随机整群抽样时，所抽取的班级数以能满足最低调研样本数为限。

(三)样本构成、分组与样本含量

调研样本分为检测样本和问卷调查样本。

1. 检测样本。

(1)检测样本分为体检样本和体测样本。

体检样本：由随机整群抽取的教学班全体学生构成。

体测样本：由体检样本中筛选的正常学生构成(正常学生指能从事各项体育锻炼活动，发育健全、身体健康的学生。凡心、肝、脾、肾等主要脏器有病者，身体残疾、畸形者，急性病患者或一月内患过高烧、腹泻等急性病，体力尚未恢复者及正处于月经期间的女生均不得参加素质项目的测试）。

(2)样本分组。

汉族学生：7~22岁汉族学生按城、乡、男、女分为四类，每岁一组，共64个年龄组。

少数民族学生：7~18岁的蒙古族、回族、维吾尔族、壮族、朝鲜族学生按城、乡、男、女分为四类，每岁一组，共48个年龄组。其他少数民族7~18岁学生按男、女分为两类，每岁一组，共24个年龄组。

(3)样本含量。

汉族学生：7~18岁学生每片每类每个年龄组样本含量为50人；19~22岁学生每类每个年龄组样本含量为100人。

少数民族学生：7~18岁学生每类每个年龄组样本含量为100人。

12岁样本量不足时，可从附近小学或中学的学生中补足，但必须按小学检测项目要求进行检测。18岁样本量不足时，可从附近中学、中等职业学校、高校的学生中补足，但必须按中学检测项目要求进行检测。上述样本均需选择本地户籍的学生。

鉴于各地小学生入学年龄不一，6岁年龄组学生样本数量不作具体规定。

2. 问卷调查样本。

对体检样本中的小学四至六年级、初中、高中和高校的男女学生进行问卷调查，体检样本数即为问卷调查样本。

四、调研项目

调研项目包括检测项目和问卷调查。

检测项目分必测项目和选测项目(见附表1)。必测项目为各省、自治区、直辖市必须按规定要求完成的项目；选测项目为各省、自治区、直辖市根据当地实际情况自行选择的项目，不做统一要求。

问卷调查项目见《2014年全国学生体质与健康调研学生调查问卷》。

五、调研管理

(一)组织领导

由教育部牵头，会同国家体育总局、国家卫生计生委、国家民委、科技部、财政部共同组成"全国学生体质与健康调研协调小组"及其办事机构"协调小组办公室"，负责领导、协调全国学生体质与健康调研工作。聘请有关专家组成"全国学生体质与健康调研组"，负责全国学生体质与健康调研的具体业务工作，并对各省、自治区、直辖市调研工作进行业务指导。

各省、自治区、直辖市参照以上办法建立相应组织机构，并负责组建检测队，开展本地区调研工作。

调研点校由主管校长及有关部门人员组成学生体质与健康调研工作组，配合检测队完成本校的调研任务。

(二)组织实施

调研工作应与学生体质健康标准测试、体育考试、学生体检等工作有机结合起来，做到工作安排有序、检测数据共享。

（三）检测队组建

检测队应尽可能依托现有的学校体育卫生专业机构，在历次全国学生体质与健康调研检测队伍的基础上组建，检测人员必须是体育卫生专业技术人员，新充实的人员必须接受岗前培训，熟练掌握检测方法，考核合格后方能上岗。

（四）调研工作应有机结合学生体质健康标准测试

数据运用：本次调研检测数据，可作为调研点校学生体质健康标准的上报数据。各监测点学校及县（区）教育主管部门要制定相应的实施办法并使之落到实处。

抽查复核：本次调研点校不再进行 2014 年全国学生体质健康标准抽查复核。

时间安排：体检样本（形态、机能、健康项目）测试和体测样本（素质项目）测试尽量同步进行，实在难以安排的，可以在规定的时限内分段进行，但体检时间应先于素质项目测试时间。

各省、自治区、直辖市应按照上述原则，认真做好本地 2014 年调研工作和全国学生体质健康标准抽查复核工作的对接安排，确保工作有序完成。

（五）主要工作安排

各省、自治区、直辖市应从即日起开始各项调研准备工作。

2014 年 5 月底前，各省、自治区、直辖市制定本地区的学生体质与健康调研工作方案，并报全国学生体质与健康调研协调小组办公室备案。

2014 年 6 月底前，举办全国学生体质与健康调研人员培训班，对各省、自治区、直辖市有关人员进行体质与健康现场检测及数据录入的培训。

2014 年 8 月底前，各省、自治区、直辖市对检测队伍进行强化培训。

2014 年 9—11 月底，各省、自治区、直辖市进行现场检测工作。《全国学生体质与健康调研检测卡片》（见附表 2）由各地按统一式样自行印制，学生调查问卷印在检测卡片的反面或与检测卡片装订在一起。

2014 年 12 月 20 日前，各省、自治区、直辖市按照"全国学生体质与健康调研组"提供的统一软件完成数据录入，并将数据录入软盘或通过电子邮件上报"全国学生体质与健康调研协调小组办公室"进行统一的检查验收。

六、经费

全国学生体质与健康调研经费由中央财政专项和中央集中彩票公益金支持体育事业发展专项资金共同解决，各省、自治区、直辖市学生体质与健康调研经费由地方财政统筹解决。

七、检测器材与数据录入

1. 按照 2010 年全国学生体质与健康调研统一规定的要求选择和使用检测器材，凡符合 2010 年全国学生体质与健康调研器材规定要求的检测器材在校正后可继续使用，不足部分可根据调研器材的规定要求和此次调研的需要适当补充。

2. 为保证检测质量，本次调研数据统一采用手工录入，不得使用 IC 卡记录和录入数据。

附表：1. 全国学生体质与健康调研项目表

2. 全国学生体质与健康调研检测卡片（一）（二）

附表 1　　全国学生体质与健康调研项目表

调研项目		小学(6~12 岁)	中学(13~18 岁)	大学(19~22 岁)
必测项目	身　高	△	△	△
	坐　高	△	△	△
	体　重	△	△	△
	胸　围	△	△	△
	上臂部皮褶厚度	△	△	△
	肩胛部皮褶厚度	△	△	△
	腹部皮褶厚度	△	△	△
	脉　搏	△	△	△
	血　压	△	△	△
	肺活量	△	△	△
	50 米跑	△	△	△
	立定跳远	△	△	△
	斜身引体	△		
	引体向上(男)		△	△
	一分钟仰卧起坐(女)	△	△	△
	握　力	△	△	△
	50 米×8 往返跑	△		
	800 米跑(女)		△	△
	1000 米跑(男)		△	△
	坐位体前屈	△	△	△
	内科检查	△	△	△
	视　力	△	△	△
	龋　齿	7、9、12、14 岁检查该项		
	血红蛋白	7、9、12、14 岁检查该项		
	粪蛔虫卵	7、9 岁农村学生检查此项		
	月经初潮	女生		
	首次遗精	男生		
	问卷调查	小学四至六年级、初中、高中、大学的学生		
选测	腰围、臀围			

注：1. 填△的表示有此检测项目；

2. 注明年龄组(段)者只有该年龄组(段)有此检测项目。

附表 2

全国学生体质与健康调研检测卡片(一)

校名__________班级__________

是否能参加素质项目测试　是　否

姓名________________________

月经初潮、首次遗精 □

已=1　未=0

省名________________________ □□

片名________________________ □

省会=1　其他=2　差片=3　高校=4

点校代码 □□

检测序号 □□□

民族 □

城乡　城=1　乡=2 □

性别　男=1　女=2 □

出生日期______年______月______日

检测日期______年______月______日

实足年龄 □□

班主任签名__________

裸眼视力　左 □□

右 □□

串镜校正　左　正片____负片____

右　正片____负片____

屈光不正　左 □

右 □

正常=0　近视=1　远视=2　其他=3

龋齿

d □　D □

m □　M □

f □　F □

身高(厘米) □□□□

坐高(厘米) □□□□

体重(公斤) □□□□

胸围(厘米) □□□□

上臂部皮褶厚度(厘米) □□□

肩胛部皮褶厚度(厘米) □□□

腹　部皮褶厚度(厘米) □□□

脉搏(次/分) □□□

收缩压(毫米/汞柱) □□□

舒张压(毫米/汞柱) □□□

肺活量(毫升) □□□□

握力(公斤) □□□

50 米跑(秒) □□□

立定跳远(厘米) □□□

仰卧起坐(次/分) □□□

斜身引体(次) □□□

引体向上(次) □□

50 米×8 往返跑____分____秒____

800 米跑____分____秒____

1000 米跑____分____秒____

折算秒 □□□□

坐位体前屈(厘米) □□□□

血红蛋白(克/升) □□□

粪蛔虫卵　阳性=1　阴性=2

主测签名__________

全国学生体质与健康调研检测卡片(二)

简要病史：____

____

____

外　科

皮肤____________________

淋巴____________________

内　科

心脏：心率______/分　心律______

杂音：部位______　时期______

颈____________________
甲状腺________________
其他：
耳左__________________
右__________________
鼻__________________
咽__________________

响度______ 性质______
传导______
肝脏：剑下______ 性质______
肋下______ 性质______
脾脏：____________________ 性质______
胸透（必要时做）：
心电图（必要时做）：
B 超（必要时做）：

体检小结：
主检医师签名：

附件 2 2014 年全国学生体质与健康调研学生调查问卷

同学们：你们好！

本调查不记名，只作为我们全面了解你们参加体育锻炼的情况用，请如实填写。

本问卷由单选题和多选题组成，同学们在填写问卷时，请在你们认可、同意或符合实情的备选答案前画“√”或在横线上作简单填写。请同学们不要在方格内填写任何信息。

谢谢合作！

全国学生体质与健康调研组

一、你的个人情况

校名： 年级： 班级：

性别：（1）男；（2）女

出生日期： 年 月 日

二、请你根据自己的实情，回答下列问题

（一）单选题

1. 过去一年内，你每天平均睡眠时间为：（注：“6~7 小时”是指等于或超过 6 小时，但是不足 7 小时，其余时间段相同。）

（1）不足 6 小时 （2）6~7 小时 （3）7~8 小时
（4）8~9 小时 （5）9~10 小时 （6）10 小时及以上

2. 你每天吃早餐吗？

（1）从来不吃 （2）每周吃 1~2 次
（3）每周吃 3~5 次 （4）每天都吃

3. 你经常喝牛奶吗？（一袋是指 250~500 毫升）

（1）从来不喝 （2）有时喝 （3）每天一袋牛奶 （4）每天二袋牛奶

4. 你经常吃鸡蛋吗？

（1）从来不吃 （2）每周吃 1~2 次 （3）每周吃 3~5 次 （4）每天都吃

5. 最近一学期，你每周上几节体育课？

（1）0 次 （2）1 次 （3）2 次 （4）3 次

(5)4 次及以上

6. 你喜欢上体育课吗?

(1)非常喜欢　(2)喜欢　(3)一般　(4)不喜欢

(5)非常不喜欢

7. 你们学校是否存在“挤占”或“不上”体育课的现象?

(1)经常存在　(2)偶尔存在　(3)不存在

8. 你上体育课时，经常会感觉到:

(1)不出汗、很轻松　(2)出汗、有点累

(3)出汗、比较累　(4)大汗淋漓、很累

9. 你平均每天上几次课间操?

(1)0 次　(2)1 次　(3)2 次　(4)3 次

(5)4 次及以上

10. 最近一学年，学校共组织了几次运动会?

(1)0 次　(2)1 次　(3)2 次　(4)3 次及以上

11. 你认真做课间操吗?

(1)经常缺席　(2)偶尔参加　(3)每次都去，认真锻炼

(4)每次都去，但随便应付

12. 你愿意参加学校组织的课外体育活动吗?

(1)非常愿意　(2)愿意　(3)一般　(4)不愿意

(5)非常不愿意

13. 你每天平均用于体育锻炼的时间是?(体育锻炼是指学生在校期间参加的所有体育活动，主要包括课间操、体育课和课外体育活动)

(1)不足 30 分钟　(2)30 分钟~1 小时

(3)1~2 小时　(4)2 小时及以上

14. 你的父母支持你在课余时间内参加体育活动吗?

(1)非常支持　(2)支持　(3)不太支持　(4)非常不支持

15. 你的父母亲在业余时间里喜欢参加体育活动吗?

(1)父母都不喜欢　(2)父亲喜欢　(3)母亲喜欢　(4)父母都喜欢

16. 你愿意参加长跑锻炼吗?

(1)非常愿意　(2)愿意　(3)一般　(4)不愿意

(5)非常不愿意

17. 你认为目前的课业负担如何?

(1) 很重，应付不过来　(2)比较重，很吃力

(3)一般，应付得了　(4) 不重，轻松应付

18. 你放学后平均每天用于做家庭作业的时间是:

(1)0.5 小时以内　(2)0.5~1 小时　(3)1~2 小时

(4)2~3 小时　(5)3 小时及以上

19. 你平均每天看电视、玩电子游戏和电脑的时间是:

(1)0 小时　(2)0.5 小时以内　(3)0.5~1 小时

(4)1~2 小时　　(5)2~3 小时　　(6)3 小时及以上

(二)多选题

20. 你喜欢参加的体育项目主要是:(限选 3 项,按照喜欢程度排序)

(1)篮球、足球、排球等球类活动

(2)乒乓球、羽毛球等球类活动

(3)游泳

(4)轮滑(溜冰)等

(5)游戏类(如跳绳、跳皮筋、踢毽子等)

(6)短跑类(如 50 米跑等)

(7)长距离跑(如 800 米/1000 米等)

(8)跳跃类(如跳高、跳远等)

(9)投掷类(如掷实心球、沙包等)

(10)体操类(单、双杠,垫上运动等)

(11)健身操类(广播体操、艺术体操、健美操等)

21. 你认为你的一些同学不积极参加体育活动的原因可能有哪些?(限选 3 项,按照重要程度排序)

(1)怕累、怕吃苦

(2)没有学生喜欢的体育项目

(3)没有养成参加体育锻炼的习惯

(4)课业负担重,没有时间

(5)缺乏必要的体育场地和器材

(6)怕受伤

(7)家长不支持

(8)认为没有必要

22. 你认为你的一些同学不喜欢参加长跑锻炼的原因是:(限选 3 项,按照重要程度排序)

(1)太累,怕吃苦

(2)不喜欢、枯燥无味

(3)身体不好,不能参加

(4)缺乏场地

(5)害怕受伤

(6)没有时间

(7)家长不支持

23. 一般情况下,你的周末是怎样安排的?(限选 3 项,按照实际情况排序)

(1)以学习为主(完成课内和课外作业、参加补习班)

(2)以户外活动为主(运动、郊游等)

(3)以看电视为主

(4)以玩电脑为主

(5)以参加兴趣班为主(如学习类兴趣班)

附件3　2014年开展少数民族学生体质与健康调研省、自治区名单

1. 吉林省：朝鲜族
2. 内蒙古自治区：蒙古族
3. 海南省：黎族
4. 湖南省：土家族
5. 广西壮族自治区：壮族、瑶族
6. 四川省：彝族、羌族
7. 贵州省：苗族、布依族、侗族、水族
8. 云南省：白族、哈尼族、傣族、傈僳族、佤族、纳西族
9. 宁夏回族自治区：回族
10. 甘肃省：东乡族
11. 新疆维吾尔自治区：维吾尔族、哈萨克族、柯尔克孜族
12. 青海省：土族、撒拉族
13. 西藏自治区：藏族

二、教育部关于2010年全国学生体质与健康调研结果

本次调研是由教育部、国家体育总局、卫生部、国家民族事务委员会、科学技术部、财政部共同组织的第6次全国多民族大规模的学生体质与健康调研，涉及31个省、自治区、直辖市，27个民族，995所学校。调研统计人数为348495人，其中汉族7~22岁大、中、小学生262878人，回族、藏族、蒙古族、朝鲜族、壮族、维吾尔族、瑶族、土家族、黎族、彝族、羌族、布依族、侗族、水族、苗族、傣族、哈尼族、傈僳族、佤族、纳西族、白族、东乡族、土族、撒拉族、柯尔克孜族、哈萨克族等26个少数民族学生85617人。检测项目包括身体形态、生理机能、身体素质、健康状况等4个方面的24项指标。

全国学生体质与健康调研结果：

(一)学生体质与健康状况总体有所改善

1. 形态发育水平继续提高。

调研结果显示，我国城乡学生的身高、体重和胸围等生长发育水平继续呈现增长趋势。例如：与2005年相比，城市男生、城市女生、乡村男生、乡村女生7~18岁年龄组身高分别平均增长1.01、0.79、1.55、1.12厘米，体重分别平均增长1.35、0.80、2.02、1.15千克，胸围分别平均增长0.71、0.59、1.26、0.94厘米；19~22岁年龄组身高分别平均增长0.84、0.55、1.34、0.64厘米，体重分别平均增长1.52、0.27、2.07、0.34千克，胸围分别平均增长0.63、0.29、0.97、0.43厘米。

2. 肺活量水平出现上升拐点。

调研结果显示，反映人体生理机能水平的重要指标——肺活量，在连续20年下降的情况下，出现上升拐点。例如，与2005年相比，城市男生、城市女生、乡村男生、乡村女生7~18岁年龄组分别平均提高89、84、94、81毫升；19~22岁年龄组分别平均提高

137、102、185、123 毫升。

3. 营养状况继续改善。

调研结果显示，学生的营养状况继续得到改善，低体重及营养不良检出率进一步下降，且基本没有重中度营养不良。例如，城市男生、城市女生、乡村男生、乡村女生 7~22 岁年龄组轻度营养不良检出率分别为 2. 87%、5. 81%、2. 69%、5. 45%，比 2005 年分别降低 0. 02、0. 21、0. 27、0. 27 个百分点；低体重检出率分别为 17. 32%、25. 94%、20. 03%、27. 08%，比 2005 年分别降低 1. 40、0. 78、2. 80、1. 35 个百分点。另外，乡村学生低血红蛋白检出率也继续下降，例如 7 岁年龄组乡村男生、乡村女生低血红蛋白检出率分别为 16. 85%、20. 50%，比 2005 年分别下降 3. 19、3. 86 个百分点；12 岁年龄组分别为 10. 64%、13. 82%，比 2005 年分别下降 1. 97、0. 10 个百分点。

4. 乡村小学生蛔虫感染率持续降低。

调研结果显示，与 2005 年相比，我国乡村小学生蛔虫感染率继续下降。例如乡村男生、乡村女生 7 岁年龄组的粪蛔虫卵检出率分别为 3. 66%、3. 14%，比 2005 年分别下降 4. 48、5. 24 个百分点；9 岁年龄组分别为 2. 71%、2. 42%，比 2005 年分别下降 3. 86、4. 87 个百分点。

5. 中小学生身体素质下滑趋势开始得到遏制。

调研结果显示，7~18 岁中小学生爆发力、柔韧性、力量、耐力等身体素质指标持续下滑趋势开始得到遏制，与 2005 年相比，有了不同程度提高。

(1)爆发力素质(立定跳远)出现好转。

调研结果显示，与 2005 年相比，反映下肢爆发力的立定跳远成绩有所提高，7~18 岁城市男生、城市女生、乡村男生分别平均增长 1. 12、1. 03、0. 76 厘米。乡村女生立定跳远成绩与 2005 年基本持平。

(2)柔韧素质(坐位体前屈)出现好转。

调研结果显示，与 2005 年相比，反映身体柔韧度的坐位体前屈成绩有所提高，7~18 岁城市女生、乡村男生、乡村女生分别平均增长 0. 49、0. 04、0. 53 厘米。城市男生坐位体前屈成绩与 2005 年基本持平。

(3)耐力素质显现止“跌”。代表耐力素质的测试指标视不同年龄、性别组而有所不同。7~12 岁男女学生测试 50 米×8 往返跑，13~22 岁男生测试 1000 米跑、女生测试 800 米跑。

本次调研结果显示，中小学生的耐力素质指标持续下滑趋势已经得到遏制：

与 2005 年相比，7~12 岁小学城乡男生 50 米×8 往返跑成绩基本持平；城市女生、乡村女生 50 米×8 往返跑成绩分别平均提高 0. 05、0. 20 秒。

与 2005 年相比，13~15 岁初中城市男生、城市女生耐力跑成绩分别平均提高 3. 03、3. 58 秒；乡村男女生耐力跑成绩与 2005 年基本持平。

与 2005 年相比，16~18 岁高中城市男生、城市女生、乡村男生、乡村女生耐力跑成绩分别平均提高 0. 48、0. 46、0. 34、0. 91 秒。

(4)力量素质(握力)继续提高。

调研结果显示，与 2005 年相比，7~18 岁城市男生、城市女生、乡村男生、乡村女生的握力分别平均提高 0. 43、0. 42、0. 36、0. 16 千克。

（二）学生体质与健康存在的主要问题

1. 大学生身体素质继续呈现缓慢下降，但下降幅度明显减小。

调研结果显示，19~22岁年龄组除坐位体前屈指标外，爆发力、力量、耐力等身体素质水平进一步下降，但与前一个五年相比（2000—2005年），下降幅度明显减小。

与2005年相比，19~22岁城市男生、乡村男生立定跳远成绩分别平均下降1.29、0.23厘米，引体向上成绩分别平均下降1.44、1.45次，1000米跑成绩分别平均下降3.37、3.09秒；城市女生、乡村女生立定跳远成绩分别平均下降2.72、0.92厘米，仰卧起坐成绩分别平均下降3.02、2.48次/分，800米跑成绩分别平均下降3.17、1.87秒。另外，城市男生、城市女生握力分别平均下降0.18、0.35千克；城市男生、城市女生、乡村女生50米跑成绩分别平均下降0.06、0.10、0.05秒。

2. 视力不良检出率继续上升，并出现低龄化倾向。

调研结果显示，各学段学生视力不良率仍然居高不下。7~12岁小学生为40.89%（其中城市为48.81%，农村为32.98%），比2005年增加9.22个百分点；13~15岁初中生为67.33%（其中城市为75.94%，农村为58.74%），比2005年增加9.26个百分点；16~18岁高中生为79.20%（其中城市为83.84%，农村为74.59%），比2005年增加3.18个百分点；19~22岁大学生为84.72%（其中城市为84.14%，农村为85.30%），比2005年增加2.04个百分点。

值得注意的是：低年龄组视力不良检出率增长明显，如：7岁城市男生、城市女生、乡村男生、乡村女生视力不良检出率分别为32.17%、36.43%、24.12%、26.95%，比2005年分别增加8.71、8.76、10.56、10.32个百分点。

3. 肥胖检出率继续增加。

调研结果显示，学生肥胖和超重检出率继续增加。7~22岁城市男生、城市女生、乡村男生、乡村女生肥胖检出率分别为13.33%、5.64%、7.83%、3.78%，比2005年分别增加1.94、0.63、2.76、1.15个百分点；超重检出率分别为14.81%、9.92%、10.79%、8.03%，比2005年分别增加1.56、1.20、2.59、3.42个百分点。

4. 龋齿患病率出现反弹。

调研结果显示，与2005年相比，多数年龄组学生乳牙龋齿患病率、恒牙龋齿患病率出现反弹。例如，城市男生、城市女生、乡村男生、乡村女生7岁年龄组乳牙龋齿患病率分别为55.84%、57.48%、62.10%、62.55%，比2005年分别上升8.04、8.78、3.70、3.95个百分点；12岁年龄组恒牙龋齿患病率分别为19.80%、18.64%、18.64%、23.85%，比2005年分别上升8.90、3.94、6.64、8.05个百分点。

第三节　关于提高学生体质健康水平的相关文件

一、全民健身计划

国务院关于印发全民健身计划（2011—2015年）的通知

国发〔2011〕5号

各省、自治区、直辖市人民政府，国务院各部委、各直属机构：

现将《全民健身计划(2011—2015 年)》印发给你们，请认真贯彻执行。

国务院

二〇一一年二月十五日

附件：全民健身计划(2011—2015 年)

全民健身关系人民群众的身体健康和生活幸福，是综合国力和社会文明进步的重要标志，是社会主义精神文明建设的重要内容，是全面建设小康社会的重要组成部分。为进一步发展全民健身事业，广泛开展全民健身运动，加快体育强国建设进程，制定本计划。

一、指导思想

深入贯彻落实科学发展观，坚持体育事业公益性，逐步完善符合国情、比较完整、覆盖城乡、可持续的全民健身公共服务体系，保障公民参加体育健身活动的合法权益，促进全民健身与竞技体育协调发展，扩大竞技体育群众基础，丰富人民群众精神文化生活，形成健康文明的生活方式，提高全民族身体素质、健康水平和生活质量，促进人的全面发展，促进社会和谐和文明进步，努力奠定建设体育强国的坚实基础。

二、目标任务

到 2015 年，城乡居民体育健身意识进一步增强，参加体育锻炼的人数显著增加，身体素质明显提高，形成覆盖城乡比较健全的全民健身公共服务体系。

(一)经常参加体育锻炼人数进一步增加。城乡居民体育健身意识和科学健身素养普遍增强，体育健身成为更多人的基本生活方式。每周参加体育锻炼活动不少于 3 次、每次不少于 30 分钟、锻炼强度中等以上的人数比例达到 32%以上，比 2007 年提高 3.8 个百分点；其中 16 岁以上(不含在校学生)的城市居民达到 18%以上，农村居民达到 7%以上，分别比 2007 年提高 4.9 和 2.9 个百分点。学生在校期间每天至少参加 1 小时的体育锻炼活动。提高老年人、残疾人参加体育锻炼人数比例。

(二)城乡居民身体素质进一步提高。城乡居民达到《国民体质测定标准》合格以上的人数比例明显增加。在校学生普遍达到《国家学生体质健康标准》基本要求，其中达到优秀标准的人数比例超过 20%，耐力、力量、速度等体能素质明显提高。

(三)体育健身设施有较大发展。全国各类体育场地达到 120 万个以上，人均体育场地面积达到 1.5 平方米以上。市(地)、县(区)、街道(乡镇)、社区(行政村)普遍建有体育场地，配有体育健身设施。50%以上的市(地)、县(区)建有“全民健身活动中心”。50%以上的街道(乡镇)、社区(行政村)建有便捷、实用的体育健身设施。有条件的公园、绿地、广场建有体育健身设施。改善各类公共体育设施的无障碍条件，各类体育设施的开放率和利用率有较大提高。形成各级各类体育设施布局合理、互为补充、覆盖面广、普惠性强的网络化格局。

(四)全民健身活动内容更加丰富。大力开展田径、游泳、乒乓球、羽毛球、足球、篮球、排球、网球等竞技性强、普及面广的体育运动项目，广泛组织健身操(舞)、传统武术、健身气功、太极拳(剑)、骑车、登山、跳绳、踢毽、门球等群众喜闻乐见、简便易行的健身活动。

(五)全民健身组织网络更加健全。市(地)、县(区)普遍建有体育总会、单项体育协会、行业体育协会及老年人、残疾人、少数民族、农民、学生等体育协会。社区体育俱乐部、青少年体育俱乐部、妇女健身站(点)有较大发展。80%以上的城市街道、60%以上的农村乡镇建有体育组织。城市社区普遍建有体育健身站(点)，50%以上的农村社区建有体育健身站(点)。形成遍布城乡、规范有序、富有活力的社会化全民健身组织网络。

(六)全民健身指导和志愿服务队伍进一步发展。获得社会体育指导员技术等级证书的人数达到100万人以上，获得社会体育指导员国家职业资格证书的人数达到10万人以上。社会体育指导员综合素质和服务水平显著提高。广泛组织优秀运动员、教练员、学校体育教师开展义务健身辅导，培育全民健身骨干，形成组织落实、结构合理、覆盖城乡、服务到位的全民健身志愿服务队伍。

(七)科学健身指导服务不断完善。大力宣传推广科学健身方法，积极开展体质测定、运动能力评估。通过对公民进行日常体质测试，依据个人体质状况提供有针对性的科学健身指导服务，增强全民健身的吸引力，提高全民健身质量和水平。

(八)全民健身服务业发展壮大。形成规范有序的体育健身休闲市场，城乡居民体育健身消费意愿明显增强，体育健身服务从业人员较大增加，培育和形成一批实力雄厚、技术力量强的体育健身服务企业和品牌。研发推广适宜青少年、老年人、残疾人健身的便于进入家庭的健身设备器材。

三、工作措施

(一)深入开展全民健身宣传教育。充分利用广播电视、平面媒体及互联网等新兴媒体，开办专栏，举办讲座，播发公益广告、宣传片、宣传画，出版科普图书、音像制品，普及知识，提高公民科学健身素养。借助“全民健身日”、重大体育赛事及各种体育活动加强宣传，倡导健康生活方式，开展“终身体育”教育，在全社会形成崇尚和参加体育健身的社会风气。中央电视台、中央人民广播电台要安排专门时段播放广播体操、健身操(舞)、传统武术、太极拳(剑)等普及健身活动的节目。

(二)大力发展城市社区体育。地方各级人民政府将城市社区体育工作作为社区建设的基本内容，统筹规划，加大投入，以城市街道和居住社区公共体育设施建设为重点，不断改善社区居民体育健身环境和条件，提供基本公共服务。街道办事处要发挥组织协调作用，建立体育健身指导站、体育俱乐部等体育组织，培育发展基层体育社团、民办非企业单位等社区体育类社会组织；推进社区体育健身站(点)规范化建设，扶持社区居民委员会提高体育服务能力，组织开展形式多样、广泛经常的社区体育健身活动。整合街道辖区单位、学校的体育设施、体育人才资源，做到优势互补、资源共享，推动社区体育与单位职工体育、学校体育共同发展。

(三)加快发展农村体育。地方各级人民政府将发展农村体育纳入当地全面建设小康社会和社会主义新农村建设规划，统筹城乡全民健身事业发展，促进城乡体育资源和公共体育服务均衡配置，逐步建成城乡一体化的全民健身公共服务体系，增强农村基层体育公共服务能力。充分发挥包括乡镇综合文化站在内的社区综合服务设施作用，利用好农村学校、企事业单位的体育设施和体育人才资源，在传统节日和农闲季节广泛组织农民体育活动，开展“体育下乡活动”，办好基层农民运动会。

(四)积极发展少数民族体育。建立健全基层少数民族体育协会。重视培养少数民族体育教师、社会体育指导员和高水平体育人才。在少数民族地区开展以民族优秀体育项目为主要内容的体育竞赛和活动，在学校体育课和课外活动中设置与优秀民族体育项目相关的教学内容。建立少数民族传统体育项目培训基地，发展“少数民族传统体育项目之乡”。办好少数民族传统体育运动会。

(五)切实加强青少年体育。坚持健康第一的指导思想，把增强学生体质作为学校教育的基本目标和重要评价内容。健全学校体育工作机制和督导制度，提高体育教育、教学质量。全面实施《国家学生体质健康标准》，广泛深入开展“全国亿万学生阳光体育运动”，保证学生在校期间每天至少参加1小时的体育锻炼活动。积极开展课余体育训练，倡导科学、健康的体育健身和生活理念。办好各级各类体育学校、体育传统项目学校。加强青少年体育俱乐部、青少年校外体育活动中心和营地建设。建立和完善学校、社区、家庭相结合的青少年体育网络和联动机制。

(六)重视发展老年人体育。建立健全老年人体育协会、体育健身俱乐部、体育健身团队。广泛开展经常性的老年人体育健身活动，办好老年人体育健身大会。不断创新适合老年人特点的体育健身项目和方法。公共体育设施对老年人参加体育活动提供便利和优惠。老年人教育机构开设体育课程，老年人活动中心设置适合老年人体育活动的设施，社区服务兼顾老年人体育健身服务。鼓励、支持社会组织和个人兴办老年人体育服务机构和体育健身设施。

(七)大力推进残疾人体育。建立健全残疾人体育组织，培养为残疾人服务的体育教师和社会体育指导员，组织开展残疾人体育健身活动。实施“助残健身工程”，为残疾人建设就近方便的体育健身设施。公共体育设施进行必要的无障碍改造，为残疾人参加体育活动提供便利。研究开发适合残疾人身心特点的体育健身康复手段。特殊教育机构和普通学校要重视做好残疾学生体育工作，提供适合残疾学生特点的体育健身与体育康复项目。办好残疾人运动会和健身展示活动。

(八)着力推动职工体育。充分发挥行业体育协会、机关企事业单位工会、职工体育协会的作用，广泛建立职工体育俱乐部和体育健身团队，开展符合单位特点和职工喜闻乐见的体育健身和竞赛活动。鼓励企业制订针对职工的体育健身指导方案，为职工参与体育健身提供必要的时间保障。坚持工间(前)操制度，开展国家体育锻炼标准达标测验和体质测试活动。有条件的单位可每年举办全民健身运动会。积极开展进城务工人员体育活动。创新职工体育发展模式和基层职工体育组织形式和活动方式，完善社区体育与职工体育互补机制。

(九)继续推行体育锻炼标准和体质测定标准。修订完善《国家体育锻炼标准》，采取多种形式广泛开展达标活动。研制国家残疾人体质测定标准，深入实施《国民体质测定标准》。积极推行各体育项目《业余运动员技术等级标准》。建立证书证章激励制度，引导和鼓励城乡居民经常、持久地参加体育健身活动，不断提高体质健康水平和体育技能水平。

(十)传承发展民族民间传统体育。重视民族民间传统体育项目的发掘整理和传播推广工作，弘扬民族传统体育文化。将优秀民族民间传统体育项目纳入“非物质文化遗产”名录，加以传承和保护。广泛开展民族传统体育教育活动，举办民族民间传统体育项目展示和竞赛活动，促进各民族、地区间交流，扩大民族民间传统体育的国际影响力。

(十一)广泛开展全民健身活动。遵循“因地制宜、业余自愿、小型多样、就近就便”的原则，组织开展以传统武术运动、冰雪运动、户外运动、群众登山、江河横渡、元旦登高、春节长跑、健身大拜年、妇女健身展示等具有品牌特色、形式多样、丰富多彩的全民健身活动，不断创新活动形式和内容，提高活动普遍化、经常化、科学化、社会化水平。

（十二）组织举办全民健身运动会。以深化体育大会改革为突破口，创新办赛模式，提倡勤俭办赛，减少重复建设，简化大型活动，坚持淡化锦标，重在参与、重在交流、重在健身、重在快乐；定期组织举办大中学生运动会、农民运动会、少数民族传统体育运动会等，充分调动和保护全民参与体育竞赛的积极性。

四、保障措施

（一）加大各级财政全民健身事业投入。县级以上地方人民政府要按照《全民健身条例》规定，将全民健身事业纳入本级国民经济和社会发展规划，将全民健身工作所需经费列入本级财政预算。留归各级体育主管部门使用的彩票公益金，应当根据国家有关规定主要用于全民健身事业，并加强监督管理。加强基础建设和重大全民健身活动的经费投入，对公益性全民健身事业单位和服务机构给予必要的经费保障。中央财政通过加大转移支付，支持农村、贫困地区和民族地区发展全民健身事业。有条件的地区可建立个人缴费和政府资助相结合的筹资机制，加大对全民健身事业的投入。

（二）鼓励社会兴办全民健身事业。充分调动全社会兴办全民健身事业的积极性，扩大社会资源进入全民健身事业的途径，多渠道增加全民健身投入。完善财政、税收、金融和土地等优惠政策，鼓励和引导社会力量捐资、出资兴办全民健身事业。体育行政部门要会同有关方面加强对经营性体育健身场所的监管。对社会力量兴办体育类民办非企业单位，要在注册登记、工作指导等方面提供支持和保障。社会力量通过公益性社会团体或县级以上人民政府及其部门用于全民健身事业的公益性捐赠，符合税法有关规定的部分，可在计算企业所得税和个人所得税时从其应纳税额中扣除。

（三）有计划地建设公共体育设施。国务院有关部门制定实施公共体育设施建设规划，引导和支持基层公共体育设施建设。县级以上地方人民政府要加强农村地区和城市社区等基层公共体育设施建设，特别要大力加强农村基础体育设施建设。按照国家有关公共体育设施用地定额指标规定，城乡规划和土地利用总体规划应保证城乡公共体育设施建设的用地需求。新建居住区要按照国家有关居住区规划设计规范标准，设计建设公共体育设施。设计和建设公共体育设施要严格执行国家有关无障碍设计建设规范标准。基层政府要监督落实。加大“全民健身活动中心”建设力度，拓展服务功能，规范管理建设“全民健身路径”，继续实施“农民体育健身工程”、“雪炭工程”。充分利用公园、绿地、广场等公共场所和山水等自然条件，建设公共体育设施以及健身步道、登山道等户外运动设施。

（四）提高体育设施利用率。公共体育设施应当根据其功能、特点向公众开放，并在一定时间和范围内，对学生、老年人和残疾人优惠或者免费开放。学校在课余时间和节假日要向学生开放体育设施，并在保证校园安全的前提下，积极创造条件向公众开放体育设施。县级以上各级人民政府对向公众开放体育设施的学校给予经费补贴，为学校办理有关责任保险。新建和改建学校体育设施，要便于向公众开放。维修改造各类体校体育设施，使其成为全民健身活动场所。公园每天安排固定时段免费向公众体育健身开放。要积极创造条件将机关、企事业单位的体育设施向社会开放。对露天体育场，要创造条件免费开放；已经开放的，不得改为收费经营。公共体育设施管理单位要建立岗位责任制和工作目标管理责任制，加强对体育设施的维护更新，完善综合服务功能，提高使用效率。防止公共体育设施闲置浪费或被挤占、挪用。

（五）加强社会体育指导员队伍建设。建立健全社会体育指导员组织体系。充分发挥各级社会体育指导员协会的作用，做好对社会体育指导员培训、管理和服务工作。完善社会体育指导员技术等级制度，建立投入和激励机制，不断发展壮大社会体育指导员队伍，优化结构、增强活力。各级体育行政部门要提供培训经费，完善培训体系，创新培训方式，提高培训质量，为社会体育指导员开展工作提供必要条件和便利。积极发展职业社会体育指导员，完善社会体育指导员国家职业技能标准，严格按照有关规定开展职业技能培训和鉴定工作。以对高危险性体育项目进行健身指导为职业的社会体育指导人员，必须获得社会体育指导员职业资格证书并持证上岗。鼓励和支持退役运动员通过职业技能培训和鉴定，拓宽就业渠道，为全民健身服务。

（六）广泛开展全民健身志愿服务活动。动员社会力量积极开展全民健身志愿服务活动。形成以社会体育指导员为主体，优秀运动员、教练员、体育科技工作者、体育教师、体育专业学生和社会热心人士广泛参与的全民健身志愿服务队伍，丰富全民健身的内容，扩大竞技体育的群众基础。建立全民健身志愿服务工作体系和组织体系，健全注册管理和培训制度，普及相关知识，提高全民健身志愿服务队伍的专业化水平和服务质量。立足基层，示范推广活动与日常健身指导服务活动有效结合，推广实施多元化服务项目，形成全民健身志愿服务长效化机制，树立崇尚互助、强健体魄的良好社会风尚。

（七）不断加大科学健身指导的力度。健全体质测定服务机构，开展城乡居民日常体质测定和科学技术健身指导。依托全民健身活动中心和各类综合性体育中心，建立国家、省、市三级"体质测定与运动健身指导站"网络，为群众进行体质测定、运动能力评定，提供运动健身指导。宣讲科学健身知识，赠送运动健身书籍，教授运动健身方法，普及运动健身科学知识，并对群众体质水平和运动健身状况进行跟踪调查和科学研究。

（八）做好信息、科研和法制建设工作。加快全民健身公共信息服务网络建设，提高全民健身公共信息服务能力。建立全民健身基础数据统计体系，继续开展国民体质监测和全民健身活动状况调查。充分发挥体育科研机构和院校的作用，加强全民健身科研工作，组织对重大理论和实践问题的科研攻关，研制推广体育健身新项目、新方法，提高全民健身科学化水平。加快制定《全民健身条例》配套实施方案和政策措施，完善全民健身法规体系，加强执法监督检查。

五、组织实施

（一）加强组织领导。本计划在国务院领导下，由体育总局会同有关部门、群众组织和社会团体共同推行，县级以上地方人民政府要依照本计划，结合当地实际制定本行政区域的《全民健身实施计划》，并责成体育主管部门会同有关部门和组织共同组织实施。

各级体育主管部门要切实提高认识，认真履行职责，积极探索全民健身工作的新思路、新办法，加强组织领导，落实政策保障、人员配备、资金投入、监督奖励等措施，并建立目标责任制，签订责任书，实行目标考核。

（二）加强成效评估。县级以上体育主管部门要会同有关部门不定期对《全民健身计划（2011—2015 年）》和《全民健身实施计划》实施情况进行检查指导，并在 2014 年对实施成效进行全面评估，将评估报告报本级人民政府。地方各级人民政府要把全民健身工作列入重要议事日程，定期听取汇报，及时研究解决工作中的困难和问题。对为全民健身事业作出突出贡献的单位和个人进行表彰奖励。

中国人民解放军和中国人民武装警察部队可根据本计划，结合部队实际参照执行。

二、关于加强青少年体育增强青少年体质的意见

中共中央、国务院关于加强青少年体育增强青少年体质的意见

中发[2007] 7号 2007年5月7日

增强青少年体质、促进青少年健康成长，是关系国家和民族未来的大事。以迎接2008年北京奥运会为契机，进一步加强青少年体育、增强青少年体质，对于全面落实科学发展观，深入贯彻党的教育方针，大力推进素质教育，培养中国特色社会主义事业的合格建设者和接班人，具有重要意义。为此，提出如下意见。

一、高度重视青少年体育工作

1. 广大青少年身心健康、体魄强健、意志坚强、充满活力，是一个民族旺盛生命力的体现，是社会文明进步的标志，是国家综合实力的重要方面。党中央、国务院历来高度重视青少年的健康成长。改革开放以来，我国青少年体育事业蓬勃发展，学校体育工作取得很大成绩，青少年营养水平和形态发育水平不断提高，极大地提升了全民健康素质。但是，必须清醒地看到，一方面由于片面追求升学率的影响，社会和学校存在重智育、轻体育的倾向，学生课业负担过重，休息和锻炼时间严重不足；另一方面由于体育设施和条件不足，学生体育课和体育活动难以保证。近期体质健康监测表明，青少年耐力、力量、速度等体能指标持续下降，视力不良率居高不下，城市超重和肥胖青少年的比例明显增加，部分农村青少年营养状况亟待改善。这些问题如不切实加以解决，将严重影响青少年的健康成长，乃至影响国家和民族的未来。

2. 青少年时期是身心健康和各项身体素质发展的关键时期。青少年的体质健康水平不仅关系个人健康成长和幸福生活，而且关系整个民族健康素质，关系我国人才培养的质量。体育锻炼和体育运动，是加强爱国主义和集体主义教育、磨炼坚强意志、培养良好品德的重要途径，是促进青少年全面发展的重要方式，对青少年思想品德、智力发育、审美素养的形成都有不可替代的重要作用。各地和各级各类学校必须全面贯彻党的教育方针，高度重视青少年体育工作，使广大青少年在增长知识、培养品德的同时，锻炼和发展身体的各项素质和能力，成长为中国特色社会主义事业的合格建设者和接班人。

3. 当前和今后一个时期，加强青少年体育工作的总体要求是：认真落实健康第一的指导思想，把增强学生体质作为学校教育的基本目标之一，建立健全学校体育工作机制，充分保证学校体育课和学生体育活动，广泛开展群众性青少年体育活动和竞赛，加强体育卫生设施和师资队伍建设，全面完善学校、社区、家庭相结合的青少年体育网络，培养青少年良好的体育锻炼习惯和健康的生活方式，形成青少年热爱体育、崇尚运动、健康向上的良好风气和全社会珍视健康、重视体育的浓厚氛围。通过5年左右的时间，使我国青少年普遍达到国家体质健康的基本要求，耐力、力量、速度等体能素质明显提高，营养不良、肥胖和近视的发生率明显下降。通过全党全社会的共同努力，坚持不懈地推动青少年体育运动的发展，不断提高青少年乃至全民族的健康素质。

二、认真落实加强青少年体育、增强青少年体质各项措施

4. 全面实施《国家学生体质健康标准》，把健康素质作为评价学生全面健康发展的重

要指标。加快建立符合素质教育要求的考试评价制度，发挥其对增强青少年体质的积极导向作用。全面组织实施初中毕业升学体育考试，并逐步加大体育成绩在学生综合素质评价和中考成绩中的分量；积极推行在高中阶段学校毕业学业考试中增加体育考试的做法。普遍推行《国家学生体质健康标准》测试报告书制度、公告制度和新生入学体质健康测试制度。认真贯彻《学校体育工作条例》，建立和完善学校体育工作规章制度。

5. 广泛开展“全国亿万学生阳光体育运动”。鼓励学生走向操场、走进大自然、走到阳光下，形成青少年体育锻炼的热潮。要根据学生的年龄、性别和体质状况，积极探索适应青少年特点的体育教学与活动形式，指导学生开展有计划、有目的、有规律的体育锻炼，努力改善学生的身体形态和机能，提高运动能力，达到体质健康标准。对达到合格等级的学生颁发“阳光体育证章”，优秀等级的颁发“阳光体育奖章”，增强学生参加体育锻炼的荣誉感和自觉性。

6. 切实减轻学生过重的课业负担。各级各类学校要进一步端正办学思想，加强素质教育，努力促进青少年学生生动活泼、积极主动地发展。中小学要切实纠正片面追求升学率的倾向，减轻学生过重的课业负担。深入推进基础教育课程改革，提高课堂教学的质量和效率，使学生有更多的时间参加体育锻炼。

7. 确保学生每天锻炼一小时。中小学要认真执行国家课程标准，保质保量上好体育课，其中小学1~2年级每周4课时，小学3~6年级和初中每周3课时，高中每周2课时；没有体育课的当天，学校必须在下午课后组织学生进行一小时集体体育锻炼并将其列入教学计划；全面实行大课间体育活动制度，每天上午统一安排25~30分钟的大课间体育活动，认真组织学生做好广播体操、开展集体体育活动；寄宿制学校要坚持每天出早操。高等学校要加强体育课程管理，把课外体育活动纳入学校日常教学计划，使每个学生每周至少参加三次课外体育锻炼。各级教育行政部门要提出每天锻炼一小时的具体要求并抓好落实。因地制宜地组织广大农村学生开展体育锻炼。有针对性地指导和支持残疾青少年的体育锻炼活动。要切实加强体育教师队伍建设，按照开设体育课和开展课外体育活动的需要，配齐配强体育教师。

8. 举办多层次、多形式的学生体育运动会，积极开展竞技性和群众性体育活动。各级政府要定期组织综合性或专项性的学生体育运动会。学校每年要召开春、秋季运动会，因地制宜地经常开展以班级为单位的学生体育活动和竞赛，做到人人有体育项目、班班有体育活动、校校有体育特色。进一步办好体育传统项目学校和高等学校高水平运动队，充分发挥其对群众性体育的示范带动作用。完善高等学校和高中阶段学生军训制度，丰富军训内容，开展“少年军校”活动，发挥学生军训在增强体质、磨炼意志等方面的作用。注重发展学生的体育运动兴趣和特长，使每个学生都能掌握两项以上体育运动技能。

9. 帮助青少年掌握科学用眼知识和方法，降低青少年近视率。中小学教师和家长都要关注学生的用眼状况，坚持每天上下午组织学生做眼保健操，及时纠正不正确的阅读、写字姿势，控制近距离用眼时间。学校每学期要对学生视力状况进行两次监测。各级政府要进一步改善农村学校的办学条件，确保照明、课桌椅达到基本标准，改善学生用眼卫生条件。

10. 确保青少年休息睡眠时间，加强对卫生、保健、营养等方面的指导和保障。制定并落实科学规范的学生作息制度，保证小学生每天睡眠10小时，初中学生9小时，高中学生8小时。积极开展疾病预防、科学营养、卫生安全、禁毒控烟等青少年健康教育，并保证必要的健康教育时间。建立和完善学生健康体检制度，使青少年学生每年都能进行一次健康检查。建立和完善青少年营养干预机制，对城乡青少年及其家庭加强营养指导；通过财政资助、勤工俭学、社会捐助等方式提高农村寄宿制学校家庭经济困难学生伙食补贴标准，保证必要的营养需要。建立青少年营养状况监测机制，加强青少年食品卫生专项监督检查。根据新时期青少年青春期特征和成长过程中的心理特点，有针对性地加强心理健康教育，逐步建立健全青少年心理健康教育、指导和服务网络。

11. 加强学校体育设施建设。各级政府要认真落实《公共文化体育设施条例》，统筹协调、因地制宜，加强学校体育设施特别是体育场地建设。城市和社区的建设规划要充分考虑青少年体育锻炼设施的需要，为他们提供基本的设施和条件。公共体育设施建设要与学校体育设施建设统筹考虑、综合利用。把“农民体育健身工程”与农村中小学体育设施建设结合起来，改善农村学校体育条件。公共体育场馆和运动设施应免费或优惠向周边学校和学生开放，学校体育场馆在课余和节假日应向学生开放。

12. 加强体育安全管理，指导青少年科学锻炼。学校要对体育教师进行安全知识和技能培训，对学生加强安全意识教育。加强体育场馆、设施的维护管理，确保安全运行。完善学校体育和青少年校外体育活动的安全管理制度，明确安全责任，完善安全措施。针对青少年的特点，加强对大型体育活动的管理，做好应急预案，防止发生群体性安全事件。所有学校都要建立校园意外伤害事件的应急管理机制。建立和完善青少年意外伤害保险制度，推行由政府购买意外伤害校方责任险的办法，具体实施细则由财政部、保监会、教育部研究制定。要加强体育科学研究，积极开发适合青少年特点的锻炼项目和健身方法，加强社会体育指导员队伍建设，为青少年体育锻炼提供科学指导。

三、加强领导、齐抓共管，形成全社会支持青少年体育工作的合力

13. 各级党委和政府要把加强青少年体育工作摆上重要议事日程，纳入经济社会发展规划。加大对体育事业尤其是中小学体育设施的投入，正确评价学校的教育质量，为学校实施素质教育、促进学生全面发展创造良好条件。建立在党委和政府领导下，教育、体育、卫生部门和共青团组织等共同参加的联席会议制度，统筹协调解决青少年体育工作中的重要问题。

14. 各级政府和教育部门要加强对学校体育的督导检查。建立对学校体育的专项督导制度，实行督导结果公告制度。健全学生体质健康监测制度，定期监测并公告学生体质健康状况。加大体育工作和学生体质健康状况在教育督导、评估指标体系中的权重，并作为评价地方和学校工作的重要依据。对成绩突出的地方、部门、学校和个人进行表彰奖励。对青少年体质健康水平持续下降的地区和学校，实行合格性评估和评优评先一票否决。

15. 制定国家学校体育卫生条件基本标准，加大执法监督力度。通过制定国家学校体育卫生条件基本标准，进一步明确国家对各级各类学校体育场地、器材设施、卫生条件和师资的基本要求。各级政府要认真贯彻执行义务教育法和学校体育卫生工作法律法规，并加强督促检查。对学校体育卫生基本条件不达标的，要限期整改。

16. 充分发挥共青团、少先队、妇联组织的优势和特色，开展多种形式的课外体育锻炼活动。青少年活动中心、少年宫、妇女儿童中心和其他校外教育机构要把开展青少年体育活动作为重要职能。积极倡导和鼓励创建青少年体育俱乐部和青少年户外体育活动营

地。通过开展丰富多彩的校外体育活动和团队活动，充实课外生活，努力把更多的青少年吸引到健康向上的体育活动中来。

17. 切实加强对学校卫生的监督与指导。学校卫生是国家公共卫生服务体系建设的重点。要把城乡中小学生作为城镇居民基本医疗保险试点和新型农村合作医疗的重点覆盖人群。各级疾病预防控制机构和相关卫生医疗机构要明确专人负责指导和协助学校的卫生工作，按照国家有关规定为行政区域内学校提供预防保健等公共卫生服务，定期对学校的食品卫生、饮用水、传染病防治等开展卫生监督、监测，依法进行免疫预防接种，所需费用纳入公共卫生经费支付范围。中小学要依据《学校卫生工作条例》规定，设立卫生室，配备校医或专(兼)职保健教师，在卫生部门指导下开展学校卫生工作。各级教育行政部门要会同卫生行政部门建立巡查制度，加强行政区域内的学校卫生管理。

18. 加强家庭和社区的青少年体育活动，形成学校、家庭和社区的合力。家庭教育对加强青少年体育、增强青少年体质起关键作用。要在广大家长中倡导健康第一的理念，树立正确的教育观、成才观，注重从小培养青少年良好的体育锻炼习惯、饮食卫生习惯和文明健康的生活方式，鼓励家长和孩子共同参加体育锻炼。学校、社区要和家庭加强沟通与合作，组织开展多种多样的青少年体育活动，促进家庭、社会形成科学正确的教育观念和方式。

19. 进一步完善加强青少年体育的政策保障措施。中央设立专项资金，实施“全国亿万学生阳光体育运动”器材支持项目，帮助义务教育阶段中西部农村学校配备体育活动器材。在农村寄宿制学校建设工程、初中校舍改造工程和卫生新校园建设工程中，切实加大对学校食堂、饮用水设施、厕所、体育场地的改造力度。把义务教育阶段学生健康体检的费用纳入义务教育经费保障机制，其他学生由省级政府制定统一的费用标准和解决办法。学校要切实保证体育卫生工作的正常开展，所需经费从公用经费中提取和安排。

20. 努力营造重视青少年体育的舆论环境。大力宣传和普及科学的教育观、人才观、健康观，加大对群众性学生体育活动的宣传报道，形成鼓励青少年积极参加体育锻炼的社会氛围。要以迎接奥运会、举办奥运会为契机，开展丰富多彩的“迎奥运、讲文明、树新风”活动，使北京奥运会成为广大青少年积极参与、推动全民健身运动迈上新台阶的奥运会，让广大青少年以实际行动与奥运同行，充分展示新时期青少年健康向上的精神风貌。

三、高等学校体育工作基本标准

教育部关于印发《高等学校体育工作基本标准》的通知

各省、自治区、直辖市教育厅(教委)，新疆生产建设兵团教育局，有关部门(单位)教育司(局)，部属各高等学校：

现将《高等学校体育工作基本标准》(以下简称《基本标准》)印发给你们，请遵照执行。

《基本标准》是对全日制普通高等学校体育工作的基本要求，也是评估、检查高等学校体育工作的重要依据，凡是达不到《基本标准》要求、学生体质健康水平连续三年下降的学校，在“高等学校本科教学工作水平评估”中不得评为合格等级，各省(区、市)不得批准其为高水平运动队建设学校。

各高等学校要充分认识加强学校体育工作的重要意义，牢固树立健康第一的指导思想，把体育工作摆上重要位置，切实加强领导和规范管理，认真落实《基本标准》。

教育部将适时组织开展面向所有高校的《基本标准》达标工作专项评估、检查，凡不达标的学校，将予以通报并限期整改，整改期间高水平运动队建设学校停止招收运动队新生。

请将此件转发至所属高校。

教育部

2014 年 6 月 11 日

附件：高等学校体育工作基本标准

为落实立德树人根本任务，加强高等学校体育工作，切实提高高校学生体质健康水平，促进学生全面发展，根据国家有关规定，制定本标准。本标准适用于普通本科学校和高等职业学校的体育工作。

一、体育工作规划与发展

1. 全面贯彻党的教育方针，服务立德树人根本任务，将学校体育纳入学校全面实施素质教育的各项工作，认真执行国家教育发展规划、规章制度及各项要求。创新人才培养模式，使学生掌握科学锻炼的基础知识、基本技能和有效方法，学会至少两项终身受益的体育锻炼项目，养成良好锻炼习惯。挖掘学校体育在学生道德教育、智力发展、身心健康、审美素养和健康生活方式形成中的多元育人功能，有计划、有制度、有保障地促进学校体育与德育、智育、美育有机融合，提高学生综合素质。

2. 统筹规划学校体育发展，把增强学生体质和促进学生健康作为学校教育的基本目标之一和重要工作内容，纳入学校总体发展规划，全面发挥体育在学校人才培养、科学研究、社会服务和文化传承中不可替代的作用。制订阳光体育运动工作方案，明确工作目标、具体任务、保障措施和责任分工，并落实各项工作。

3. 设置体育工作机构，配备专职干部、教师和工作人员，并赋予其统筹开展学校体育工作的各项管理职能。实行学校领导分管负责制(或体育工作委员会制)，每年至少召开一次体育工作专题会议，有针对性地解决实际问题。学校各有关部门积极协同配合，合理分工，明确人员，落实责任。

4. 加强学校体育工作管理，在学校体育改革发展、教育教学、教研科研、竞赛活动、社会服务等各项工作领域制订规范文件、健全管理制度、加强过程监测。建立科学规范的学校体育工作评价机制，并纳入综合办学水平和教育教学质量评价体系。

二、体育课程设置与实施

5. 严格执行《全国普通高等学校体育课程教学指导纲要》，必须为一、二年级本科学生开设不少于 144 学时(专科生不少于 108 学时)的体育必修课，每周安排体育课不少于 2 学时，每学时不少于 45 分钟。为其他年级学生和研究生开设体育选修课，选修课成绩计入学生学分。每节体育课学生人数原则上不超过 30 人。

6. 深入推进课程改革，合理安排教学内容，开设不少于 15 门的体育项目。每节体育课须保证一定的运动强度，其中提高学生心肺功能的锻炼内容不得少于30%；要将反映学生心肺功能的素质锻炼项目作为考试内容，考试分数的权重不得少于30%。

7. 创新教育教学方式，指导学生科学锻炼，增强体育教学的吸引力、特色性和实效性。建立体育教研、科研制度，形成高水平研究团队，多渠道开展以提高学生体质健康、教学质量、课余训练、体育文化水平等为目标的战略性、前瞻性、应用性项目研究，带动学校体育工作整体水平提高。

三、课外体育活动与竞赛

8. 将课外体育活动纳入学校教学计划，健全制度、完善机制、加强保障。面向全体学生设置多样化、可选择、有实效的锻炼项目，组织学生每周至少参加三次课外体育锻炼，切实保证学生每天一小时体育活动时间。

9. 学校每年组织春、秋季综合性学生运动会（或体育文化节），设置学生喜闻乐见、易于参与的竞技性、健身性和民族性体育项目，参与运动会的学生达到50%以上。经常组织校内体育比赛，支持院系、专业或班级学生开展体育竞赛和交流等活动。

10. 注重培养学生体育特长，有效发挥体育特长生和学生体育骨干的示范作用，组建学生体育运动队，科学开展课余训练，组织学生参加教育和体育部门举办的体育竞赛。

11. 加强校园体育文化建设，促进中华优秀体育文化传承创新。学校成立不少于20个学生体育社团，采取鼓励和支持措施定期开展活动，形成良好的校园体育传统和特色。开展对外体育交流与合作。通过校报、公告栏和校园网等形式，定期通报学生体育活动情况，传播健康理念。

12. 因地制宜开展社会服务。支持体育教师适度参与国内外重大体育比赛的组织、裁判等社会实践工作。鼓励体育教师指导中小学体育教学、训练和参与社区健身辅导等公益活动。支持学校师生为政府及社会举办的体育活动提供志愿服务。

四、学生体质监测与评价

13. 全面实施《国家学生体质健康标准》，建立学生体质健康测试中心，安排专门人员负责，完善工作条件，每年对所有学生进行体质健康测试，测试成绩向学生反馈，并将测试结果经教育部门审核后上报国家学生体质健康标准数据管理系统，形成本校学生体质健康年度报告。及时在校内公布学生体质健康测试总体结果。

14. 建立健全《国家学生体质健康标准》管理制度，学生测试成绩列入学生档案，作为对学生评优、评先的重要依据。毕业时，学生测试成绩达不到50分者按结业处理（因病或残疾学生，凭医院证明向学校提出申请并经审核通过后可准予毕业）。毕业年级学生测试成绩及格率须达95%以上。

15. 将学生体质健康状况作为衡量学校办学水平的重要指标。将体质健康状况、体育课成绩、参与体育活动等情况作为学生综合素质评价的重要内容。

16. 建立学生体质健康状况分析和研判机制，根据学生体质健康状况制定干预措施，视情况采取分类教学、个别辅导等必要措施，指导学生有针对性地进行体育锻炼，切实改进体育工作，提高全体学生体质健康水平。

五、基础能力建设与保障

17. 健全学校体育保障机制，学校体育工作经费纳入学校经费预算，并与学校教育事业经费同步增长。加强学校体育活动的安全教育、伤害预防和风险管理，建立健全校园体育活动意外伤害保险制度，妥善处置伤害事件。

18. 根据体育课教学、课外体育活动、课余训练竞赛和实施《国家学生体质健康标准》等工作需要，合理配备体育教师。体育教师年龄、专业、学历和职称结构合理，健全体育教师职称评定、学术评价、岗位聘任和学习进修等制度。

19. 将体育教学、课外体育活动、课余训练竞赛和实施《国家学生体质健康标准》等工作纳入教师工作量，保证体育教师与其他学科(专业)教师工作量的计算标准一致，实行同工同酬。

20. 体育场馆、设施和器材等符合国家配备、安全和质量标准，完善配备、管理、使用等规章制度，基本满足学生参加体育锻炼的需求。定时维护体育场馆、设施，及时更新、添置易耗、易损体育器材。体育场馆、设施在课余和节假日向学生免费或优惠开放。

四、学生体质健康监测评价办法

教育部关于印发《学生体质健康监测评价办法》等三个文件的通知

教体艺[2014]3 号

各省、自治区、直辖市教育厅(教委)，新疆生产建设兵团教育局：

为贯彻党的十八届三中全会精神，认真落实教育规划纲要和《国务院办公厅转发教育部等部门关于进一步加强学校体育工作若干意见的通知》(国办发〔2012〕53 号)的有关要求，现将我部制定的《学生体质健康监测评价办法》、《中小学校体育工作评估办法》、《学校体育工作年度报告办法》印发给你们，请遵照执行，并提出以下要求：

一、各地要将学生体质健康监测评价纳入教育现代化指标体系，作为考试制度建设和改革的重要内容，逐步形成科学规范、导向明确、诚信可靠、保障有力的学生体质健康监测评价制度。要加大经费投入力度。要将组织开展体质健康测试计入教师工作量。要加强测试场地、设施和器材等条件建设。要加强相关技术培训。

二、各地要将学校体育工作评估作为监测教育发展和考核学校工作的重要途径纳入教育督导检查计划，并建立学校体育工作专项督导制度和重点地区学校体育工作挂牌督导制度。要认真总结学校体育工作经验，及时发现问题，不断改进工作。

三、各地要把学校体育工作年度报告作为一项基本工作制度，通过年度报告全面、客观、真实地反映本地区学校体育工作和学生体质健康状况，系统总结、发现各地的经验和典型，深入分析、研究存在的问题与困难，及时发布年度报告，促进信息公开、共享，推动改革成果转化和深度开发利用，推动学校体育健康发展。

四、各地要通过政府主导、第三方监测、社会监督等多种渠道汇聚、分析和公布学生体质健康变化趋势、学校体育工作进展情况等信息。各地和学校要充分利用信息技术建立健全青少年阳光体育公示平台，公示工作情况、交流改革经验、接受公众监督。

五、各地要加强学校体育工作绩效评估，对学校体育工作成绩突出的地方、部门、学校和个人进行表彰宣传；对学生体质健康监测、学校体育工作评估和年度报告中弄虚作假或工作不力的单位和个人予以通报批评，对学生体质健康水平持续三年下降的地区和学校，在教育工作评估和评优评先中实行“一票否决”。

六、请各地结合本地区实际研究制订落实三个文件的工作方案或实施细则，及时报送我部体育卫生与艺术教育司。

教育部

2014年4月21日

附件1：学生体质健康监测评价办法

第一条 为提高学生体质健康监测评价的制度化、规范化和科学化水平，深化学生综合素质评价、学业水平测试和考试制度改革，完善学校体育工作评价机制，促进青少年身心健康、体魄强健，根据《学校体育工作条例》和国家有关规定，制定本办法。

第二条 本办法适用于全日制普通小学、初中、普通高中、中等职业学校、普通高等学校的学生体质健康测试以及各级教育行政部门以此为基础开展的学生体质健康监测评价工作。

第三条 学生体质健康测试是指测试人员采用规范的技术、方式和方法，组织学生参加《国家学生体质健康标准》所确定的测试项目及有关内容的实际测评，是促进学生体质健康发展、激励学生参加身体锻炼的教育、评价和反馈手段，重点监测学生的身体形态、身体机能、身体素质和运动能力等方面情况及其变化趋势。教育部根据中国青少年学生成长发育特征、全国学生体质健康变化趋势和国家学校体育工作政策，动态调整和公布学生体质健康测试项目和测试内容。

第四条 各级教育行政部门以强化体育课程和课外锻炼为基础，以《国家学生体质健康标准》为依据，在本行政区域内统筹开展面向全体学生的体质健康测试，逐步建立健全包括学校测试上报、部门逐级审查、随机抽查复核、动态分析预测、信息反馈公示、评价结果应用等相关制度和管理措施在内的学生体质健康监测评价体系。

第五条 实行全体学生测试制度。各级各类学校每学年开展覆盖本校各年级全体学生的体质健康测试工作，并将测试数据（含学生基本情况、单项指标分值、测试成绩、评定等级以及实施测试的时间、地点、方式和人员等信息）进行汇总整理，按照规定的权限、程序和方法，上报至国家学生体质健康标准数据管理系统。因病或残疾学生可依申请准予暂缓或免于体质健康测试。

第六条 完善上报数据审查制度。地方各级教育行政部门负责督促本行政区域内下级教育部门及所属学校全面开展测试工作和及时上报测试数据，并组织有关方面登录国家学生体质健康标准数据管理系统，按照管理系统设置的用户管理权限，逐级对测试上报数据的完整性、真实性和有效性进行审查，经核准后确认提交。

第七条 建立数据抽查复核制度。教育部每年委托第三方机构在各地上报测试数据基础上，综合考虑学校类型、学生性别、年级学段、区域布局等因素，随机抽取一定比例的学校作为考查样本，进行测试工作和测试数据的现场抽查复核，并将现场抽查测试数据与学校上报测试数据进行一致性比对、综合分析和反馈各地。各地要结合本地实际按要求建立学生体质健康测试抽查复核工作机制。

第八条 建立体质健康研判制度。各级教育行政部门要通过监测评价动态把握学生体质健康变化趋势，及时分析测试结果，深度查找影响因素，科学预测变动走向，开展体质健康预警，完善学生体质健康改善措施，提高学校体育工作的针对性、实效性和科学决策水平。

第九条　实行监测结果公示制度。学校要按年级、班级、性别等不同类别在校内公布学生体质健康测试总体结果，中小学校要将有关情况向学生家长通报。各级教育行政部门每年委托第三方机构分析和发布本行政区域内学生体质健康监测评价基本情况；按生源所在地统计，并以省(区、市)或地(市、州)为单位公布高等学校新生入学体质健康测试结果，并反馈至生源所在地政府有关部门。学校和各地在公示体质健康信息时不得泄露学生个体的信息和侵犯其个人隐私。

第十条　有效应用监测评价结果。学校要制作《国家学生体质健康标准登记卡》，规范记录每一名学生的体质健康测试成绩及其评定等级。小学将体质健康测试情况列入学生成长记录或素质报告书，初中以上学校列入学生档案，作为学生综合素质评价和学业水平考试的重要指标和内容。将体质健康测试情况作为高等学校学生评优评先、毕业考核或者升学的重要依据。各级教育行政部门要将学生体质健康状况作为评价学校教育质量和地方教育发展水平的重要指标。

第十一条　将学生体质健康监测评价工作纳入本级政府教育督导内容和评估指标体系，并作为对各级各类学校进行评优、表彰的基本依据。对弄虚作假、徇私舞弊者，给予通报批评，情节严重者，依法给予行政处分；对积极开展监测评价工作并成绩显著的单位以及个人给予表彰奖励。

第十二条　教育部设立国家学生体质健康监测评价工作监督电话和相关网络信息平台，接收社会咨询和反映情况。各地教育行政部门也要设立和公布监督电话。鼓励第三方机构及公民个人以适当的方式监督学生体质健康监测评价工作，并提出意见和建议。

第十三条　各地教育行政部门和有条件的学校支持设立学生体质健康监测、研究或服务机构，建设专业化的测试、服务和研究人员队伍。教育部依托第三方机构设立全国学生体质健康监测评价研究机构，开展学生体质健康监测评价的政策咨询、技术研究、质量监测、结果公示和人员培训等工作。

第十四条　各地和学校要加大经费投入，不断改善学生体质健康测试的环境、设备、场地等条件。加强学生体质健康监测评价技术培训。妥善处理雾霾、阴雨、冰雪等恶劣天气或特殊自然条件下的测试工作。合理安排测试前、测试中和测试后的医疗防护和质量保障措施。加强学生运动安全教育，依法处置测试期间学生人身伤害事故，保证学生体质健康监测评价工作的健康、安全和有序开展。

第十五条　本办法自发布之日起施行。

附件 2：中小学校体育工作评估办法

第一条　为促进学校落实立德树人根本任务，全面推进素质教育，提高学校体育工作水平，根据《学校体育工作条例》、《国家学校体育卫生条件试行基本标准》、《切实保证中小学生每天一小时校园体育活动的规定》和国家有关规定，制定本办法。

第二条　本办法适用于全日制普通小学、初中、普通高中、中等职业学校的体育工作评估。普通高等学校体育工作评估另行开展。各地和学校要把学校体育工作评估作为深化教育教学改革，全面提高办学水平和人才培养质量的重要任务。

第三条　评估内容主要包括学校体育的组织管理、教育教学、条件保障、学生体质、监督检查等，以《中小学校体育工作评估指标体系》(附表1，以下简称《指标体系》，将动态调整)为评估依据，逐项细化分解指标，全面反映学校体育工作的重要领域。

第四条　评估采用等级评定，评定结果分为优秀、良好、合格、不合格四个等级，满分为100分。其中，90分及以上为优秀；75~89分为良好；60~74分为合格；59分及以下为不合格。

第五条　体育工作有特色，深化改革有成效，教育理念、内容和方法有创新的学校，可以在评估中获得加分奖励。

第六条　凡有下列情形之一者，学校体育工作等级评定结果为不合格：

不能保证学生每天一小时校园体育活动时间的；

未按国家规定开足体育与健康课的；

学生体质健康水平连续三年下降的；

未按要求开展学生体质健康标准测试和如实上报数据的；

评估中弄虚作假的。

第七条　学校每年组织一次体育工作自评，对照《指标体系》的要求，逐项评分，并填写《中小学校体育工作评估自评结果报表》(附表2)，于每年10月31日前连同相关文件和佐证材料上报至上级教育行政部门。学校要明确机构和专人负责自评工作，确保各项内容完整、真实、准确，客观反映学校体育工作状况。

第八条　省级及以下教育行政部门对本行政区域内学校体育工作自评情况进行复核，填写《中小学校体育工作评估审核结果报表》(附表3，以下简称《审核报表》)，形成评估工作报告，逐级上报，并公布复核结果。省级教育行政部门于每年12月31日前将《审核报表》和评估工作报告报教育部。

第九条　各地教育行政部门要加强学校体育工作评估管理，评估工作要做到全面、准确、客观，保证评估过程严谨、有序，保证评估结果公正、公平，及时改进学校体育工作。各地可设置一定比例的学校体育工作评估监测点学校和示范性学校，先行先试，总结经验。

第十条　教育部动态管理学校体育工作评估，设立学校体育工作评估专家咨询组织，建立学校体育工作质量监测评价管理信息系统，设置学校体育工作评估监测点学校，每年抽查各地学校体育工作评估情况，并公布各地学校体育工作评估情况。在各省(区、市)遴选推荐基础上，教育部认定并公布学校体育工作示范学校。

第十一条　将学校体育工作纳入国务院教育督导机构和县级以上地方人民政府负责教育督导的机构的工作计划。将学校体育工作评估作为综合教育督导的重要组成部分，并建立学校体育工作专项督导制度。及时反馈学校体育工作督导评估意见，被督导单位应当根据督导意见书进行整改；督导报告按规定程序向社会公布。

第十二条　本办法自发布之日起施行。

附件3：学校体育工作年度报告办法

第一条　为推动各地依法履行加强学校体育和促进青少年身心健康的责任，深化教育领域综合改革，动态监测学校体育工作水平，促进学校体育科学发展，根据国家有关规定，制定本办法。

第二条 各地教育行政部门每年全面总结各级各类学校体育工作，组织编制和公示本地区学校体育工作年度报告，逐级上报，上级教育行政部门对所报情况进行分析、反馈，并向社会公开。

第三条 年度报告重点反映本地区学校体育开课率、教学实施总体情况、阳光体育运动开展情况、学校体育经费投入、教学条件改善、教师队伍建设和学生体质健康状况等关键指标。

第四条 各地要认真分析学校体育工作关键指标信息，按要求填写《学校体育工作年度报表》(见附表)。年度报告内容和报表数据信息的采集计算时间为本年度的1月1日至12月31日。

第五条 各省(区、市)教育行政部门于次年1月15日之前，向教育部报送本年度学校体育工作报告及报表(含纸质文件和电子文档)，请登录教育部指定网站下载有关电子表格。

第六条 教育部负责委托第三方机构编制和发布《全国学校体育工作年度报告》，研究、分析和公布全国学校体育工作基本情况、学生体质健康状况和相关信息。地方各级教育行政部门要结合本地实际组织编制和发布本地区的学校体育工作年度报告。

第七条 各级教育行政部门要充分利用互联网站等信息技术进行信息汇总和动态发布学校体育工作年度报告，持续推动各地交流体育工作经验，展示体育改革成果，共享优质信息资源。同时，通过全面总结和建立健全年度报告制度，动态监测学校体育工作，及时发现工作中存在的问题，针对性地改进工作，提高学校体育工作水平。

第八条 本办法自发布之日起施行。

填表说明：

1. 本表为学校体育工作年度报表，由省级教育行政部门汇总后完成最终填写。

2. 学校等级评估等情况一栏，请各地在学校自评、上级复核后，逐级汇总统计县、市有关数据后得出。

3. 达标标准请参照《国家学校体育卫生条件试行基本标准》(教体艺【2008】5号)。

4. 体育馆等场地标准请参照2012年住房和城乡建设部发布的《中小学体育设施技术规程》(JGT/T280—2012)。

5. 具体内容说明如下：

*体育课开足数：是指按照国家要求开足开齐体育课的学校数。

*大课间体育活动数：是指每天统一安排全校性25~30分钟的大课间体育活动学校数。

*体育教师缺额百分比：是指根据国家相关规定以及工作量计算办法，短缺的体育教师人数占国家规定教师总人数的比例，达标人数可以参照《国家学校体育卫生条件试行基本标准》的要求。

*体育教师参训人数：是指体育教师参加县级(含县级)以上培训，并获得培训证书的人数。

*体育场地经费支出：是指学校每年在体育场地建设、修缮等方面的费用支出。

*体育专用器材经费支出：是指学校用于购置并按财会制度规定纳入固定资产核算范围的体育专用器材支出及大件器材补充、添置的费用。

*体育工作经费：是指学校组织定期体育活动、课余训练、体质测试、比赛、教师培训等方面的费用以及地方财政专项用于学校体育的费用。

*体育专项督导覆盖率：是指地方教育督导中对学校体育工作督导的学校数量占地方学校数量的比例。

*职业学校、特殊教育学校包含在相应办学层次统计数据中。

第三章　大学生体质与健康的测定与评价

健康评价可能因为评价的视角不一，会有不同的评价方法和指标，从体育的角度评价健康，较常用是"体适能"这个指标。体适能是指一个人的身体适应生活、运动和环境的综合能力，包括速度、反应、爆发力、协调性、灵敏性素质和心肺耐力素质、肌肉力量素质、柔韧性素质和身体成分。这些与健康有关的体适能因素从不同角度反映了机体的健康状况，对于防止运动不足疾病的发生有重要意义。

第一节　速度素质的测定与评价

一、测定的意义

速度素质是指人体快速运动的能力，是人们生活和体育运动中的一项很重要的身体素质，是体质评价中一个重要内容，是衡量身体训练水平和竞技能力高低的客观依据。

《国家学生体质健康标准(2014 版)》中，大学生的速度素质测定方法是 50 米跑。50 米跑成绩可综合反映神经过程的灵活性、身体的协调性、关节和肌肉的柔韧性以及肌肉的力量和耐力。它既能部分地反映身体运动的综合素质，也是人体从事体育活动、学习运动技能所必须具备的身体基本素质。

二、测定的指标与评价

50 米跑道若干条。受试者至少两人一组，用站立式起跑。采用测试仪器或手动计时，以秒为单位，取 1 位小数，第 2 位小数四舍五入。

评价标准见表 3-1、表 3-2。

表 3-1　**《学生体质健康标准(2014 版)》50m 跑评价标准(男生)**

等级	优秀			良好		及格										不及格				
得分	100	95	90	85	80	78	76	74	72	70	68	66	64	62	60	50	40	30	20	10
大一、二	6.7	6.8	6.9	7	7.1	7.3	7.5	7.7	7.9	8.1	8.3	8.5	8.7	8.9	9.1	9.3	9.5	9.7	9.9	10.1
大三、四	6.6	6.7	6.8	6.9	7	7.2	7.4	7.6	7.8	8	8.2	8.4	8.6	8.8	9	9.2	9.4	9.6	9.8	10

表 3-2　　《学生体质健康标准(2014 版)》50m 跑评价标准(女生)

等级	优秀			良好		及格										不及格				
得分	100	95	90	85	80	78	76	74	72	70	68	66	64	62	60	50	40	30	20	10
大一、二	7.5	7.6	7.7	8	8.3	8.5	8.7	8.9	9.1	9.3	9.5	9.7	9.9	10.1	10.3	10.5	10.7	10.9	11.1	11.3
大三、四	7.4	7.5	7.6	7.9	8.2	8.4	8.6	8.8	9	9.2	9.4	9.6	9.8	10	10.2	10.4	10.6	10.8	11	11.2

第二节　力量素质的测定与评价

一、测定的意义

肌肉力量是人体运动机能的基本素质，是人体运动系统在工作时克服或对抗阻力的能力，是影响人体运动能力的基本要素。

《国家学生体质健康标准(2014 版)》中，大学生的力量素质测定方法是爆发力素质(立定跳远)、腹肌力(1 分钟仰卧起坐(女))。

二、测定的指标与评价

(一)立定跳远

立定跳远主要是测量向前跳跃时下肢肌肉的爆发力。受试者两脚自然开立，站在起跑线后，脚尖不得踩线。两脚原地同时起跳，不得有垫步或连跳动作。试跳三次，记录其中的最好一次。

场地器材：量尺、标志带、平地。

评价标准见表 3-3、表 3-4。

表 3-3　　《学生体质健康标准(2014 版)》立定跳远评价标准(男生)(cm)

等级	优秀			良好		及格										不及格				
得分	100	95	90	85	80	78	76	74	72	70	68	66	64	62	60	50	40	30	20	10
大一、二	273	268	263	256	248	244	240	236	232	228	224	220	216	212	208	203	198	193	188	183
大三、四	275	270	265	258	250	246	242	238	234	230	226	222	218	214	210	205	200	195	190	185

表 3-4　　《学生体质健康标准(2014 版)》立定跳远评价标准(女生)(cm)

等级	优秀			良好		及格										不及格				
得分	100	95	90	85	80	78	76	74	72	70	68	66	64	62	60	50	40	30	20	10
大一、二	207	201	195	188	181	178	175	172	169	166	163	160	157	154	151	146	141	136	131	126
大三、四	208	202	196	189	182	179	176	173	170	167	164	161	158	155	152	147	142	137	132	127

（二）1 分钟仰卧起坐（女生）

仰卧起坐测试是评价肌肉力量和耐力的方法之一。由于它能比较安全地测试肌肉的力量和耐力，同时在做仰卧起坐时主要是腹肌在起作用，髋部肌肉也参与工作，因此这种测试既评价了人腹肌的耐力，也反映了髋部肌肉的耐力。由于女生这两部分肌肉的力量和耐力与其某些生理功能有着密切的联系，因此将仰卧起坐单独列为女生的一个选测项目。

受试者仰卧于垫上，两腿稍分开，屈膝成 90°左右，两手指交叉贴于脑后。另一同伴压住其踝关节，以便固定下肢。受试者起坐时两肘触及或超过右膝为完成一次，仰卧时两肩必须触垫。记录 1 分钟内完成的次数。

使用器材：垫子、秒表。

评价标准见表 3-5。

表 3-5　**《学生体质健康标准（2014 版）》1 分钟仰卧起坐评价标准（女生）（次）**

等级	优秀			良好		及格										不及格				
得分	100	95	90	85	80	78	76	74	72	70	68	66	64	62	60	50	40	30	20	10
大一、二	56	54	52	49	46	44	42	40	38	36	34	32	30	28	26	24	22	20	18	16
大三、四	57	55	53	50	47	45	43	41	39	37	35	33	31	29	27	25	23	21	19	17

第三节　耐力素质的测定与评价

一、测定的意义

耐力素质是指人体在较长时间内保持特定强度负荷或动作质量的能力。耐力素质可分为肌肉耐力和心血管耐力。肌肉耐力又称力量耐力，可分为动力性力量耐力和静力性耐力；心血管耐力又可分为有氧耐力和无氧耐力，有氧耐力通常叫一般耐力，无氧耐力也叫速度耐力。

《国家学生体质健康标准（2014 版）》中，大学生的耐力素质测定方法是动力性耐力（引体向上（男））、一般耐力（1000 米跑（男）、800 米跑（女））。

二、测定的指标与评价

（一）引体向上（男生）

在人的成长过程中，肌肉耐力的发展至关重要，学生具备长时间进行肌肉活动的能力或者对抗身体疲劳的能力也是关乎其运动能力形成与发展的关键因素。而且，抓、握、举等是日常生活的常规动作，其完成效果如何，与肩带、上臂、前臂和背部等肌群关系密切。所以，选择引体向上作为男生上肢肌群耐力或腰腹肌群的评价指标。

受试者跳起双手正握横杠，两手与肩同宽成直手臂悬垂。静止后，两臂同时用力引体（身体不能有附加动作），上拉到下颌超过横杠上沿为完成一次。记录引体向上次数。

测试器材：高单杠。

评价标准见表 3-6。

表 3-6　《学生体质健康标准(2014 版)》引体向上评价标准(男生)(次)

等级	优秀			良好		及格										不及格				
得分	100	95	90	85	80	78	76	74	72	70	68	66	64	62	60	50	40	30	20	10
大一、二	19	18	17	16	15		14		13		12		11		10	9	8	7	6	5
大三、四	20	19	18	17	16		15		14		13		12		11	10	9	8	7	6

(二)1000 米跑(男)和 800 米跑(女)

耐力素质的发展取决于人的发育成熟度，研究发现长期从事耐力训练有助于学生肌肉、心肺、血液、免疫系统以及物质代谢调节等功能的全面提高，即耐力素质与学生的体质健康水平存在明显的关系。

测试场地必须丈量准确，地面平坦。受试者至少两人一组进行测试，站立式起跑。

测试器材：1000 米/800 米场地、秒表。

评价标准见表 3-7、表 3-8。

表 3-7　《学生体质健康标准(2014 版)》1000 米跑评价标准(男生)

等级	优秀			良好		及格										不及格				
得分	100	95	90	85	80	78	76	74	72	70	68	66	64	62	60	50	40	30	20	10
大一、二	3′17″	3′22″	3′27″	3′34″	3′42″	3′47″	3′52″	3′57″	4′02″	4′07″	4′12″	4′17″	4′22″	4′27″	4′32″	4′52″	5′12″	5′32″	5′52″	6′12″
大三、四	3′15″	3′20″	3′25″	3′32″	3′40″	3′45″	3′50″	3′55″	4′00″	4′05″	4′10″	4′15″	4′20″	4′25″	4′30″	4′50″	5′10″	5′30″	5′50″	6′10″

表 3-8　《学生体质健康标准(2014 版)》800 米跑评价标准(女生)

等级	优秀			良好		及格										不及格				
得分	100	95	90	85	80	78	76	74	72	70	68	66	64	62	60	50	40	30	20	10
大一、二	3′18″	3′24″	3′30″	3′37″	3′44″	3′49″	3′54″	3′59″	4′04″	4′09″	4′14″	4′19″	4′24″	4′29″	4′34″	4′44″	4′54″	5′04″	5′14″	5′24″
大三、四	3′16″	3′22″	3′28″	3′35″	3′42″	3′47″	3′52″	3′57″	4′02″	4′07″	4′12″	4′17″	4′22″	4′27″	4′32″	4′42″	4′52″	5′02″	5′12″	5′22″

第四节　柔韧素质的测定与评价

一、测定的意义

柔韧素质是指人体关节在不同方向上的运动能力，以及肌肉、韧带的伸展能力，对保证速度、力量素质的充分发挥，保证动作的协调性，增加动作的幅度以及防止伤害事故均有重要意义。对一般人来讲，柔韧性下降主要出现在躯干和下肢，坐位体前屈为测定柔韧性素质的主要方法。

《国家学生体质健康标准(2014 版)》中，大学生的柔韧素质测定方法是坐位体前屈。

二、测定的指标与评价

使用坐位体前屈测试仪测定。受试者两腿伸直，两腿平蹬测试纵板在平地上，两腿分开 10~15cm，上体前屈，两臂伸直向前，用两手中指指尖逐渐向前推动游标，直到不能前推为止。测试两次，取最好成绩。测试时两腿不能弯曲。

测试器材：坐位体前屈测量仪、薄垫子。

评价标准见表 3-9、表 3-10。

表 3-9　**《学生体质健康标准(2014 版)》坐位体前屈评价标准(男生)**

等级	优秀			良好		及格										不及格				
得分	100	95	90	85	80	78	76	74	72	70	68	66	64	62	60	50	40	30	20	10
大一、二	24.9	23.1	21.3	19.5	17.7	16.3	14.9	13.5	12.1	10.7	9.3	7.9	6.5	5.1	3.7	2.7	1.7	0.7	-0.3	-1.3
大三、四	25.1	23.3	21.5	19.9	18.2	16.8	15.4	14	12.6	11.2	9.8	8.4	7	5.6	4.2	3.2	2.2	1.2	0.2	-0.8

表 3-10　**《学生体质健康标准(2014 版)》坐位体前屈评价标准(女生)**

等级	优秀			良好		及格										不及格				
得分	100	95	90	85	80	78	76	74	72	70	68	66	64	62	60	50	40	30	20	10
大一、二	25.8	24	22.2	20.6	19	17.7	16.4	15.1	13.8	12.5	11.2	9.9	8.6	7.3	6	5.2	4.4	3.6	2.8	2
大三、四	26.3	24.4	22.4	21	19.5	18.2	16.9	15.6	14.3	13	11.7	10.4	9.1	7.8	6.5	5.7	4.9	4.1	3.3	2.5

第五节　身体机能的测定与评价

一、测定的意义

身体机能是指人的整体及其组成的各器官、系统所表现的生命活动。身体机能得到发展，可以使呼吸肌的力量增强，胸廓运动的幅度加大，从而改善呼吸机能；使心肌力量增强，血管壁弹性增大，从而改善心血管机能。

《学生体质健康标准(2014 版)》选择肺活量替代肺活量体重指数。

二、测定的指标与评价

肺活量是评价人体呼吸系统机能状况的一个重要指标。科学家指出：肺活量低的人难以与肺活量高的人一样同享高寿。

测试器材：肺活量测量仪。

评价标准见表 3-11、表 3-12。

表 3-11　　《学生体质健康标准（2014 版）》肺活量评价标准（男生）（ml）

等级	优秀			良好		及格										不及格				
得分	100	95	90	85	80	78	76	74	72	70	68	66	64	62	60	50	40	30	20	10
大一、二	5040	4920	4800	4550	4300	4180	4060	3940	3820	3700	3580	3460	3340	3220	3100	2940	2780	2620	2460	2300
大三、四	5140	5020	4900	4650	4400	4280	4160	4040	3920	3800	3680	3560	3440	3320	3200	3030	2860	2690	2520	2350

表 3-12　　《学生体质健康标准（2014 版）》肺活量评价标准（女生）（ml）

等级	优秀			良好		及格										不及格				
得分	100	95	90	85	80	78	76	74	72	70	68	66	64	62	60	50	40	30	20	10
大一、二	3400	3350	3300	3150	3000	2900	2800	2700	2600	2500	2400	2300	2200	2100	2000	1960	1920	1880	1840	1800
大三、四	3450	3400	3350	3200	3050	2950	2850	2750	2650	2550	2450	2350	2250	2150	2050	2010	1970	1930	1890	1850

第六节　身体质量指数（BMI）的测定与评价

一、测定的意义

BMI 是以相对于身高的体重，来衡量体重是否超重的常用指标。身高标准体重是指身高与体重两者的比例应在正常的范围。它通过身高与体重一定的比例关系，反映人体的围度、宽度和厚度以及密度。身高标准体重是评价人体形态发育水平和营养状况及身体匀称度的重要指标。它可以间接反映人体的身体成分，其测量方法简便易行。如果你所测得的身高标准体重数值小于或大于同年龄段的身高标准体重的范围，就说明你身体的匀称度欠佳，需要通过调整饮食结构或积极参加体育运动来增加肌肉组织或减少体内多余的脂肪。

BMI＝体重（kg）/身高^2（m²）

《学生体质健康标准（2014 版）》通过测定大学生的身体质量指数（BMI），对大学生身体形态进行评定。

评价标准见表 3-13。

表 3-13　　体重指数（BMI）单项评分表（单位：千克/米 2）

等级	单项得分	男生	女生
正常	100	17.9～23.9	17.2～23.9
低体重	80	≤17.8	≤17.1
超重		24.0～27.9	24.0～27.9
肥胖	60	≥28.0	≥28.0

第七节 身体指数在体质健康评价中的应用

人体是一个整体。身体各部分的发育是按一定的比例关系发展的，将两个或两个以上的指标通过一定的公式联系起来构成某种指数，用以评价身体形态、生理功能和运动能力的发展状况。采用这种评价体质水平的方法称为指数法。

一、用于评价体型的指数

（一）身高胸围指数[胸围(cm)×100]

该指数反映胸廓发育状况，借以说明人的体型。1917 年 Brugsch 以该指数中位数为基准，把体型分为窄胸型(小于中位数)、中等胸型(约等于 50%)和广胸型(大于中位数)。全国学生体质健康调查研究结果显示，当前城市儿童一般呈窄胸型，农村儿童多趋于广胸型。

（二）艾里斯曼指数[胸围(cm)-1/2 身高(cm)]

这是前苏联学者提出的一种更简便的体型指数。通过胸围和身高的关系(即横径与纵径之间的关系)，反映其胸廓发育良好，等于零者为中等，小于零者为胸廓狭窄。

（三）身高坐高指数[坐高(cm)/身高(cm)×100]

该指数通过坐高与身高的比值来反映人体躯干与下肢的比例关系，借以说明其体型特点。该指数的均值曲线随年龄的变化与身高胸围指数相类似。根据该数值的大小可将儿童体型分为长躯型、中躯型和短躯型。据报道，亚洲儿童该指数值大于欧洲儿童，反映出欧亚儿童具有不同的体型特点。

（四）肩盆宽指数[骨盆宽(cm)/肩宽(cm)×100]

该指数均值男性随年龄增长而逐渐下降，女性则随年龄增长而上升，从而反映男女性不同的体型特征。在同性别、同年龄中比较，该指数值越小越体现出粗壮魁梧的体型，在与力量有关的许多体育运动项目上易于发挥其优势。

二、用于评价营养状况的指数

（一）克托莱指数

即身高体重指数[体重(g)/身高(cm)或者体重(kg)/身高(cm)×1000]。这是克托莱提出而被命名的指数。

该指数表示每 1cm 身高的体重(g)，作为一个相对体重或等长体重来反映人体的围度、宽度和厚度以及机体组织的密度。从而说明人体的充实程度和现时营养状况。一般情况下，该指数的均值随着年龄增长而增大，女性 19 岁、男性 21 岁以后趋于稳定状态。评价标准：

男生小于 20 为消瘦；20~25 为营养正常；大于 25 为肥胖。

女生小于 19 为消瘦；19~24 为营养正常；大于 24 为肥胖。

（二）劳雷尔指数[体重(kg)/身高^3(cm^3)]×107

这是 Rohrer 所发表的指数。他认为人体是一个立方体，身高是这个立方体的一个边，用身高的 3 次方去除体重就意味着 1cm^{3}体积之重量，从而体现肌肉、骨骼、内脏器官及组织的发育状况，反映人体的营养和充实程度。劳雷尔指数对反映体形肥胖较为敏感，因而作为营养指数而被广泛应用，适用于学龄后各年龄儿童及青少年的营养评价。其评价弱，小于 92 为过度瘦弱。

（三）BMI 指数[体重(kg)/身高(m^2)]（第四节中已经介绍）

最近国际生命科学学会中国办事处中国肥胖问题工作组提出建议，小于 18.5 为体重过低，18.5~23.9 为体重正常，24.0~27.9 为超重，等于或大于 28 为肥胖。

三、用于评价生理功能水平的指数

（一）握力指数

握力指数即两手均握力(kg)/体重(kg)×100。因为肌肉力量的发展与体重有密切的关系，所以这项指数利用体重较正后更具有可能性。

（二）肺活量指数

通常采用肺活量(ml)/体重(kg)。该指数利用体重对肺活量进行校正，能更准确地反映机体能力的大小，对研究青少年的体质和工作能力均有重要的意义。

中国青少年肺活量指数正常值范围：男生 63.2~68.9；女生 55.5~59.5。

（三）布兰奇心功指数

布兰奇心功指数是通过测量心率和血压，按照以下公式计算而来：

心率(次/分)×[收缩压(mmHg)+舒张压(mmHg)]/100

采用布兰奇心功能指数评价的特点是评定心率的同时，考虑了血压因素，因而较全面地反映了心脏和血管的功能。

评定方法：布兰奇心功指数在 110~160 范围内为心血管功能正常，平均值是 140。如果超过 200，应做心血管的进一步检查。

（四）台阶指数（第二章中有详细介绍）

台阶试验是一种评价有氧能力的测试方法，属次极限运动测试。用于判断人体的心血管功能。

测试方法：在 3 分钟内上下台阶，然后测量恢复期第 2、3、4 分钟前 30 秒的心率，并计算出台阶指数。

应用身体发育指数进行评价，应根据不同指数的分布特征选用适当的方法。一般来说，呈正态分布的指数，可采用离差法制订评价标准；如指数资料呈非正态分布，则应采用百分位数法制订标准。

四、在发育指数的评价中应注意的几个问题

1. 充分考虑性别、年龄特点。对处于生长发育阶段的儿童青少年进行评价，一般应按城、乡、男、女分成四类，每类一岁为一组，分别制订不同的评价标准。生长发育基本成熟后，男 20~25 岁，女 18~25 岁，可合并为男女一组，分别制订其评价标准。

2. 注意发育指数的种族差异。对于国外的某些发育指数评价标准，我们可以借鉴和参考，但往往不宜直接引用。例如，以往参考国外标准，采用克托莱指数[体重(g)/身高(cm)]进行评价，规定该指数在 350~450 范围内者为正常，小于 350 为体重过轻，大于 450 为体重为重。但据 1979—1999 年全国儿童、青少年体质测试资料，仅个别年龄组接

近其最低标准，其他年龄组均低于该标准。因此进行身体发育指数的评价必须注意种族差异，否则其评价结果难以符合客观实际。

3. 根据评价需要，适当选用指数。在评价某种身体特征时，应根据不同指数或同类指数的特点加以选用。例如劳雷尔（Rohrer）指数（$体重/身高^3\times107$）、利比（Livi）指数（$\sqrt[3]{体重}/身高\times1000$）和培利迪西（Pelidisi）指数（$\sqrt[3]{10\times体重}/身高\times1000$）在不同程度上都受年龄、性别和身高因素的影响，其中以劳雷尔指数所受影响最大，而培利迪西指数以坐高的比值来评价营养状况，是一个较好的指数，故在评价儿童营养状况时可考虑优先选用。

4. 充分考虑身高因素的重要影响。有些形态学业指数的数值随身高而发生较大的变化。例如，由于城市儿童的身高普遍超过乡村儿童，以致乡村儿童的劳雷尔、利比和培利迪西指数往往大于城市儿童；但这并不意味着乡村儿童的营养状况优于城市儿童。因此，必须在考虑身高影响的同时，结合其他指标进行全面分析，综合判断，才能得到客观、正确的结论。

还需指出，应用指数法进行生长发育评价时，所得发育等级仅仅表示被评者某项指标的发育状况在整体中所处的位置，以及身体比例的均衡性和均衡程度；至于其发育等级是优、是劣，则因不同指数和性别、年龄而有不同的判断标准。反映胸廓发育状况的艾里斯曼指数，任何性别、年龄都是越高越优秀；但是，反映营养或肥胖的培利迪西指数，则不完全如此。在儿童期间，该指数发育等级高一些可视为优秀的标志（但不能过于肥胖）；但到青春发育时期，男性以中等为优，而女性以中下等为优。因为这种评价观念，无论是对体型健美、健康和运动能力的发展都是有益的。总之，对不同指数和不同性别、年龄的儿童青少年进行发育评价时，应进行全面具体的分析，才能做出客观、正确的评价。

第四章 大学生心理健康

第一节 大学生的心理健康特征

处在大学这个年龄段的学生是个性基本完善及定型的时期。他们经历着从中学依赖父母照顾，依赖老师直接教育及管理到进入大学学习及生活一切主要靠自己来独立完成的转变，特别是随着生理发育的成熟，心理发育也日渐成熟，群体生活意识提高，社会责任感增强，他们关心时政，思想活跃，观察力、注意力以及概括、理解、分析、记忆、思维等生理机能进一步发展；知识面及深度迅速发展，其思维更具创造力及创造性。常拥有远大志向，胸怀宽阔，充满探索及自我牺牲精神，并且情感丰富，有改变周围现实的欲望及冲动；求知欲望强，对新理论、新知识、新事物，特别是对计算机及相关行业快速发展的理论、产业，甚至产品有极强欲望并全身心投入及钟情；喜爱各种艺术，爱好文学，爱交流，涉足恋爱，对生活极具激情。然而大学时期毕竟是发育时期，生理及心理发育尚未完全成熟，没有真正走入社会，没有真正的生活经历，看待问题较为简单，富于幻想，意见常有片面性及局限性，在现实生活中难以实施，极易引起心理上的冲击。心境与行为变化很大，有时表现出过度兴奋的愉快状态，甚至出现不能自制的行为；有时则又表现出抑制与萎靡状态，怀疑与动摇，孤居独处。由于大学生基本心理特征是迅速走向成熟而又没有真正完全达到成熟，使大学生心理上出现了自己的一些特征。

大学生精力旺盛、思想活跃、感情丰富、求知欲强。然而由于生活环境单一、社会阅历少和在经济上依赖父母或其他人，许多大学生的心理成熟水平与生理成熟水平并不一致，他们特殊的社会地位使他们的心理活动较其他同龄人更为复杂，心理冲突更为频繁。

大学生心理活动的特点主要表现在自我意识、情绪发展、智能发展和社会化心理发展四个方面。

一、大学生的自我意识特点

自我意识是指人对自己以及与周围事物关系的一种认识，包括自我观察、自我评价、自我体验、自我教育、自我监督和自我控制等形式。

进入青年期后，人们十分注重对自己的观察和分析。随着个体新的自我体验积累和社会对个体要求增高，本来完整的自我意识出现了分化，分解成一个“理想自我”（我希望自己是一个什么样的人）和一个“现实自我”（我现在是一个什么样的人），也就是说青年人学会了使自己既是自我观察者，同时又是被观察的对象。处在观察者地位的是理想的自我，被观察到的是现实的自我。这种分化是自我意识走向成熟的开始。大学生自我意识的发展正处在这一阶段。理想自我和现实自我之间的不一致常常给大学生带来极大的内心痛苦和严重的心理冲突。另外，由于当今社会的剧烈变化，成人社会所具有的人际关系和规范不断变动，也使大学生自我要领不断受到冲击，他们常常为无法确定自己是什么样的人和怎样成为想要成为的那种人而不安。

1. 不少大学生在自我观察和自我评价中面临着困惑；尽管多数大学生在自我评价时已经逐渐摆脱外界期望的影响，而更多地从是否达到了自我内心标准来评价自我，但由于他们的个人经历相对简单，失败和挫折的体验比其他同龄人和成年人要少得多，因此往往将自己在各方面的能力估计过高，也就是把理想自我的标准定得过高。面对复杂的现实生活挑战，他们一旦发现了现实自我与理想自我之间的差距就很容易对自己的能力产生怀疑，自信心发生动摇，这种现象在低年级大学生中最为多见。

一年级大学生刚刚在激烈的高考竞争中获胜，骄傲地跨入了“天之骄子”的行列，大有“指点江山”的激昂气概。他们要在新的生活中表现自己的才华，证明自己的价值，因此处处表现出强烈的意识。但是这种较高的自我意识并不意味着“自我”的成熟。复杂的现实生活使他们的自我期望不断受到挑战，遇到的挫折更使他们面临理想自我与现实自我的分裂、自我肯定与自我否定的对立所引起的内心冲突。他们不断积累成功和失败的经验，或提高现实自我水平，或降低理想自我标准，逐渐调整着、完善着自我的认识。在这个过程中，他们开始真正具备客观评价自我的能力。毕业班大部分学生自我评价更加趋于客观，他们从中获得了稳定的自信心，理想自我和现实自我逐渐趋于统一，自我发展逐渐走向成熟。

2. 多数大学生的自尊心十分强烈，这与自我意识开始走向成熟有关。自尊心是一种积极的心理品质，自尊心得到满足会促使人对生活采取一种更加积极的态度。一般来说自尊心是以自信心为基础的，不相信自己的人很难做到尊重自己并设法保持自己的尊严。但是过于强烈的自尊心却成为一种虚荣心，它往往掩饰一个人内心的自卑感。有些大学生对于批评过分敏感，甚至只要别人持有反对意见，他便觉得自尊心受到伤害而闷闷不乐或者大动肝火，实际上这是自信心不足的表现。还有些大学生强烈要求别人尊重他，而他却不注意尊重别人。不懂得尊重别人的人往往并不真正懂得自尊。

3. 大学生自我意识的另一个重要特点就是他们有强烈的表现欲望：一个人必须通过表现才能获得社会的认可。大学生是一个具有极强进取精神的群体，因此表现欲格外强烈，这种表现欲使大学生中充满无形的竞争。学习中的竞争是最常见的，也是最困难的。第一名只能有一个，因此许多人感到获胜无望就自动放弃而转向其他的竞争，如体育竞赛、文娱表演及其他社会活动等，甚至交朋友、谈恋爱等也都可以作为表现和竞争的内容。竞争获胜可以大大增强他们的自信心，促使他们更加努力去生活；竞争失败，会使他们感到失落，挫折感有时会使他们产生自卑感，进而轻视自己，离群独处，甚至导致心理障碍。

二、大学生情绪和情感发展特点

大学生在各方面的需要迅速增长，独立的需要、爱的需要、尊重的需要、成就的需要、交往的需要等。随着这些需要得到满足与否，他们的情绪也更加复杂化和多样化。大学生和其他青年人一样感情奔放、鲜明、激烈而又丰富多彩，但由于他们独特的社会地位和生活环境，其情绪发展与其他青年人又有所不同。大学生的应激能力比其他青年要强些，而心境愉快或抑郁、平静或焦虑常常直接影响他们的行为。

随着受教育程度的加深，品德心理的进一步发展，独立思考能力不断提高，大学生的理性、责任感、爱国主义及集体主义思想、道德感等都有极大的提高，学习上的压力，自尊心、自信心的建立，使心理素质逐渐成熟，情绪趋于稳定，对许多问题有了自己的独立见解，能思考自己的命运与前途。

谈及情绪不能不谈及情感，因为情感是情绪的本质体现。情感通过情绪表达，并且情绪的变化往往受情感的控制，两者之间是一个十分复杂的心理过程。成熟而又稳定的心理，其情绪必然受到情感良好的调控，情绪能够正常表达，即常说的一个成熟的人。情感的另一方面称为情操，是人的高级情感，包括道德、理智感和美感三种类型。理智感是人类在智力活动的过程中因认识和追求的需要而产生的体验，表现在对新的发现产生的喜悦感，对科研中出现的新现象产生的惊讶感及对问题不能作出判断时产生的犹豫感等；道德感和美感受社会生活和历史条件的制约，不同的时期、不同的社会使人对社会道德行为准则产生的感受体验是不同的，对事物美的体验也有很大的差别。

以下再谈谈情绪表达的四个概念。

激情：是猛烈、爆发、短暂的情绪。积极的激情对智力活动有促进作用，而消极的激情会使人失去理智和自控力。

热情：是较强烈、稳定、深厚的情感，是出自内心对某种事物的喜爱而表现出的情绪。高涨的热情能极大地鼓舞人们去从事一切工作，在愉快的情感支配下，坚持不懈地完成预定的任务，

心境：是微弱、宁静、持久的情感，具有一定的感染性。它能使人在一定时期内的一切体验和活动都染上某种特定的情绪色彩。

应激：是一种应付出乎意料的紧急事件时而引起的情绪反应。

激情、热情及心境均具有双重性，积极的一面能促进智力、工作及学习，消极的一面使心理受挫，思维受阻，影响工作及学习。由于社会环境的迅速变化，大学生常常处于竞争环境之中，心理压力较大，加之社会阅历与经济条件不足，应激能力可能受到一定的限制。

多数大学生已经基本上学会控制自己的情绪，不像儿童那样哭笑无常，但是情绪的表达方式仍然保留一些“儿童式的幼稚”，主要表现为波动性、冲动性和闭锁性 3 个特征。

1. 波动性：不少大学生的情绪波动明显，外界刺激不论巨细都有可能使他们的情绪大起大落。他们常常为了一封远方来信而欢天喜地或暗自垂泪；为了一场表演赛输赢而捶胸顿足或欣喜若狂；刚刚在为某件事的成功而踌躇满志，转眼就可为了另一件事的受挫而灰心丧气；情绪的不稳定常与人的心理发育不成熟有关。

2. 冲动性：大学生对外界刺激十分敏感，反应迅速，他们情绪表达的冲动性比老年人要强得多。由于他们还不十分善于控制自己的情绪，因此他们的喜、怒、忧、恐常常表现得极其强烈而充分，他们的行为常常受到激烈的情绪支配和影响，有时还可造成一些他们自己都不希望出现的不良后果。

3. 封闭性：有些大学生性格内向，把自己的情感体验深藏在心中，极少向人表露，显示出一种封闭心理。遇事“镇定自若、不动声色”可以是情绪成熟的表现，但对青年学生来说，若情绪表达过少，多半是由抑郁倾向所引起。

不少有闭锁心理的大学生在童年时期就被迫隐藏自己的感情，长大后这种做法渐渐成为一种无意识的习惯，实际上他们的心理冲突往往比其他人更尖锐，也更容易产生心理问题。

三、大学生智能发展特点

在普通心理学中，智能也称智力，指的是人的一般能力，包括观察力、记忆力、想象力、思想能力、判断分析能力等。在社会心理学中，人的社会化理论认为个体必须适应所处的社会环境，才能获得生存和发展的可能。专家认为要做到适应社会，就必须具备一定的能力，这种能力就称为社会智能。

对于大学生来讲，智力发育已趋成熟，主要表现在思维能力方面。人的思维发展是一个由低级到高级、由具体到抽象的过程，一般经历直觉思维→形象思维→ 抽象逻辑思维的变化。中小学教育培养学生以直觉思维、形象思维为主，而大学教育培养学生理论型的抽象逻辑思维，即在知识量急骤增加，涉及专业、接触社会、参与科研的基础上分析问题，寻找内在联系及因果关系，不但要“知其然”而且要“知其所以然”。所以说，抽象的逻辑思维形式是学生智力发育成熟的标志。

大学生以各种方式获得知识的广度和尝试是空前的，他们的智力发展达到一生中平均智力的最高峰。特别是思维能力明显增加，抽象逻辑思维逐渐形成。他们在思考问题时已经不满足于现象的罗列和现在的结论，而是要求揭露事物的本质和发展规律，要求有理论深度。他们思绪的敏捷性、创造性、独立性和批判性也都明显增强，不再愿意被动接受知识灌输，而是已经开始主动有选择地吸取自己认为有用的知识。

然而为什么校园中总有那么多需要补考的大学生？为什么大学生中会有各种形式的适应不良？为什么一些大学中的优等生，走上工作岗位后默默无闻长时间做不出成绩？事实上，这些情况中的绝大多数都不是智力性因素所致，而是与一些非智力性的心理因素有关，其中社会智能发展不完善是重要原因之一。

社会智能也就是个体处理社会事务的能力。有人认为大学生应具备的社会智能可包括6个能力群的12种社会智能，详见表4-1。

表4-1 **大学生应具备的社会智能**

能力群	社会智能
人际协调能力（调整与他人之间的关系，使之达到和谐的能力）	内聚相处能力（同与本人生活密切相关的人相处能力） 延展交往能力（同与本人生活无关或有较疏远关系的人交往能力）
社会参与能力（参加社会活动的能力）	参与介入能力（使自己投入某个环境中去并发挥作用的能力） 角色定位能力（在某一个场合中找到自己应处位置的能力）
社会评价能力（对社会中的人和事进行客观评判的能力）	自我评价能力（对自身进行客观评判的能力） 环境评价能力（对外部环境进行客观评判的能力）

续表

能力群	社会智能
决策计划能力（制定计划和统筹安排的能力）	微观计划能力（合理安排具体事务的能力） 宏观决策能力（对重大事件做出决定或完成某项大型工作的能力）
事务操作能力（解决具体问题的能力）	单独执行能力（独立完成某项具体事务的能力） 调动能力（从整体上考虑安排人员去完成某项工作的能力）
语言表达能力（通过语言将自己的思想、观点、感情等表达出来的能力）	劝说能力（用语言说服一个或几个人改变其原有观点的能力） 演讲能力（在公众场合演说并使众人接受自己观点的能力）

12种智能中的一种或几种能力明显欠缺都会影响大学生的正常发展和才能发挥，即使智商再高也难也弥补。

四、社会化心理特点

大学生的社会化就是指学生个体通过学习社会生活必需的知识、技能、道德、行业规范，获得社会生活资格，培养社会角色，不断发展和完善自身社会性的过程。大学生处于社会化过程的重要阶段，对个人终生成长与发展将会产生重大影响。

大学生社会化过程中个体的心理发展，是大学生总体心理发展过程的组成部分。社会化心理从不适应阶段逐渐过渡到社会顺从阶段，最终趋于社会成熟是一个必然过程。刚入校，大学生一般生活、学习依赖性较强，处理能力较差，易感情用事，理智感较弱，对学校社会化的要求明显不适应。随着时间推移（约半年），开始熟悉及适应大学学习环境，注意积极的社会顺从，参与各种社会及集体活动，除学习外，也注意了解现实社会，学习处理人际关系，较多地思考理想与人生观，对未来生活目标、职业定向、事业及社会责任感日趋明确。经过大学阶段的学习，系统性教育使之在较高层次上掌握了专业知识及技能，社会生活及人际交往也积累了一定的经验，个性基本形成，自我意识趋向同一，自我评价趋于客观，社会化心理趋于成熟，已能完全进入社会角色。

大学生社会化教育特点表现在：教育方法的统一性；教育目标的高级性；教育内容的丰富性；群体生活的互助性；心理的自我控制性。

第二节　大学生的心理健康现状

近年来，有关部门就大学生的心理健康问题进行过多次调查和研究，结果都提示其心理问题的发生率较高，情况不容乐观。

教育部对全国12.6万大学生抽样调查的一份报告表明，中国大学生心理疾患率为20.33%。大学生中存在各种心理问题及障碍的人数比例较高，占总数的20%左右。其中常见的心理问题主要有适应不良、神经衰弱、抑郁、焦虑、强迫、人际关系障碍及敌意等。另据调查，25%的广东高校大学生存在不同程度的心理困惑和轻度心理障碍。

影响大学生心理健康的主要因素为：学习压力大、考试成绩不理想、家庭问题、经济问题、人际关系、恋爱及性问题、身体患病及生理缺陷等。研究还表明，大学生心理压力水平明显高于其他各职业人群。

导致大学生因健康不良而休、退学的主要原因是精神及心理疾患。据北京 16 所高校统计，从 1983 年开始，因精神及心理疾患而休、退学的 293 名大学生，分别占总休、退学人数的 37.9%和 64.4%。在所有休学大学生中所占的比例，已取代了过去的传染病而跃居第一位。在武汉地区的高校中，每年因为心理疾病无法完成学业的大学生人数约占总数的 0.1%。

大学生的心理疾患不仅严重影响学业，还会导致自杀等冲动行为，令人深感痛惜。

第三节　影响大学生心理健康的因素

一个人的心理发展贯穿其整个一生。随着年龄的增长和经验的积累，人的心理活动逐渐走向成熟。但是这种成熟并非意味着一个人的心理不再会有发展，也并非说明成熟的心理活动一定是健康的和不可改变的。在人的一生中许许多多因素所产生的影响会有所不同。

一、环境变迁

心理学研究表明：个体所处的环境的巨大变迁也会使个体产生心理应激。虽然环境变迁也是生活事件的一部分，但这种变化对个体适应的影响比较突出。

生活环境的变迁对新生是一个不小的挑战。这种变化的主要方面就是要自己独立生活，应付一切生活琐事。例如，几个同学共住一个寝室，彼此生活习惯、作息安排包括语言隔阂，都需要去面对和适应。尤其很多新生有远离家乡、亲人的问题，要适应起来还需一段时间。

但相对来讲，大学生对新的人际关系的适应远比对学习和生活环境的适应困难。进入大学意味着进入全新的人际关系之中。面对来自各地，风格、特点各异的新同学，如何建立协调、友好的人际关系是非常重要的。大多数学生在入学前一直生活在自己所熟悉的同学或亲人之间，人际关系相对稳定。而一旦进入大学，将面临一个重新结识他人，确立人际关系的过程。这一过程的进展将对整个大学生活产生非常大的影响。在大学生中普遍存在的人际关系、交往以及适应障碍，可能都与新生阶段的人际关系状况有着一定的关系。

对新环境的适应也包括对自己地位变化的适应。这种变化既包括全新的学习内容与学习方法，也包括新的人际关系、语言表达能力与未来发展定位等。全新的角色要求大学生重新评价自己与他人，重新设计自我。在适应过程中，一个基本的特点是大学生在新的环境中希望自己优秀。对于刚刚经历巨大环境变迁的新生来讲，不仅存在一个适应外部环境的问题，同时，更重要的是他们也面临一个如何自我调适的过程。而以前的新生入学教育更多注重的是前者，而对后者则相对不太重视。实际上，正是后者对他们的心理健康状况影响较大。总的来看，无论是对学习和生活环境的适应，还是对人际关系、以及自我地位变化的适应，都会极大地影响大学生们当时的心理健康状况。

二、学业期望

大学生学习的重要特点是学习自主性，学生成为学习活动的主体，而教师是学习活动的指导者。因而大学生面临学习方法、学习内容与学习习惯的巨大转变，这也包括对自己学习能力的重新评估。

许多学生在中学时代确立了自己的学习优势，有着较高的学业期待。在大学里，又面临着学业期待的变化，即学业优势的失落及对自己的学业重新定位。如果大学生缺乏足够的思想准备，不能恰当接受和对待学业成绩，就会出现自信心下降、自卑感上升，甚至还会出现强烈的嫉妒心理和攻击行为。

大学的学习目的、学习方式、学习内容都有别于中学。随着社会对大学生要求的提高，用人标准的转变，促使很多在校大学生既要学习专业知识，同时还要选修一些相关知识，如外语、计算机、汽车驾驶等，考取各类证书，以适应激烈的市场竞争。如果大学生学习方法不当，学习动机不正确，学习目的不明确，自我约束能力弱，容易出现焦虑、紧张等情绪反应，同时还会严重影响自信心，产生苦恼以及自我否定等心理问题，导致学业失败。学业成绩不理想以至学业失败极大地影响着学生的心理健康。

三、人际关系

与中学生相比，大学生的人际关系更为复杂，角色呈多元化。来自不同地域、不同教育背景、不同经济状况，带着各自的生活习惯与学业期待来到大学，新型人际关系的适应是大学生面临的重要问题。既有师生关系的理解，也有同班及同宿舍的相处，还有异性交往的适应等。

大学生与人交往和相处的经验相对较少，在短期内建立起一种和谐的人际关系，往往需要很多的技巧，而大学生们往往只感受到这一问题的重要性及其压力，而缺乏必要的经验和技巧。人际关系更多地反映人们的一种性格特点和交往模式。因此，大学生的人际关系与自我认知与认知他人相关。一方面，他们对良好的人际关系抱有极大的期望，希望能建立和谐、友好、真诚的人际关系。但同时，这种期望又往往过于理想化，即对别人要求或期望太高，而造成对人际关系状况的不满。这种不满又会反过来对他们的人际关系带来消极的影响。集渴望交往的心理需求与心理闭锁的矛盾于一身。

大学生中重要的人际关系是异性交往，这既包括两性之间友谊的发展，也包括爱情的成长。在与异性交往中重新认识与确立自己的方位与坐标，有的大学生面对异性的追求茫然不知所措，不知如何拒绝，也不知如何去爱，如何把握爱的温度；有的大学生将爱情置于学业之上，甚至认为有爱就有一切，当失恋的打击袭来时，没有充分的心理准备，不知如何面对分手，面对自己。

四、自我认知

大学生活始终是丰富多彩，令人向往的，然而大学生进入大学以后，由于学习生活的转变，自身所具备的特长等诸因素的影响，大多数人对自我的评价也在逐渐发生转变。这些不仅表现在学习成绩、生活起居上，还表现在知识面、社会经验、人际交往以及个体综合能力等方面。自我认知也会出现两极震荡，当取得一点成绩时容易自负，而遇到挫折时容易自卑，不断地调整自我认知对每位大学生都非常重要。

大学生作为同龄人中学业优秀的群体，现实自我与理想自我总有相当差距。对这一客观事实认识不足，就会引起认知上的矛盾，从而严重影响大学生的心理状态。在客观现实面前，有的大学生能及时调整对自身的认识，重新确立目标，符合客观现实的要求；而有些大学生则企图逃避与现实的矛盾冲突，出现消沉、颓废、苦闷、抑郁等心态，或耽于玩乐、放纵，发泄对现实的不满，以此来麻痹自己的心灵，甚至滋生自杀倾向等严重心理问题。

处于大学阶段的青年人已强烈意识到“自我”，也注意到了自我的脆弱，因而产生出强烈的充实自我、发展自我的需求。有的同学在追求发展自我中顾此失彼，没能达到期望的目标，从而产生了不良心理反应。还有的同学，在发展自我的过程中放大了自我弱势、忽略了自我优势，由于害怕暴露自己的弱点而采取防御机制，缺乏必要的社会支持，甚至产生严重的烦恼和恐惧不安等。

五、心理冲突

心理冲突是指个体在有目的的行为活动中，存在着两个或两个以上相反或相互排斥的动机时所产生的一种矛盾心理状态。心理冲突常常会造成动机部分或全部不能满足，同时也使动机所指向的目标的实现受到阻碍，动机与挫折相关，也是造成挫折和心理应激的一个重要原因。大学生的心理冲突既有群体的如独生子女与贫困学生特有的心理冲突，也有个体发展中面临的升学与就业、学业与情感等。

大学时代是心理断乳的关键期。心理断乳意味着个人离开父母家庭的监护，彻底切断个人与父母家庭在心理上联系的“脐带”，摆脱家庭的依赖，成为独立的个体，完成自我心理世界的建构。当多重发展任务同时落到大学生身上时，必然会产生各种各样的心理冲突。事实上，大学生的心理冲突并非是是非判断引起的冲突，而是由于选择带来的取舍。如升学还是就业，都只是人生诸多选择的一种，并不从本质上改变人生的方向；再如毕业后是否从事专业，都是在实践中再选择的过程。

六、生活事件

生活事件指人们在日常生活中遇到的各种各样的社会生活的变动，生活事件不仅是测量应激的一种方法，也是一项预测身体和心理健康的重要指标。大量的研究表明：即使是中等水平的应激事件，如果它们连续发生，对个体抵抗力可以累加，因而也非常严重。如大学生经历人际关系的疏离、评优失败及失恋，会出现明显的心理不适。

在生活事件中，重要丧失对大学生心理健康起着消极作用，如重要人际关系的丧失、荣誉的丧失等。重要的人际关系主要是指与家人、朋友，特别是异性（恋人）的关系。这种关系一旦丧失或出现问题，不仅仅会影响他们的情绪以及学习和生活，更重要的是，他们可能会极大地影响大学生对自身及今后人生的看法。失恋带来的挫折感尤为重要。荣誉的丧失，一般表现在：很多认为可以获奖学金或评优、入党却没有实现目标的人，或者如考试作弊、违纪受处分等。重要丧失在一定程度上影响大学生心理健康，严重时会导致心理障碍。

对生活事件与心理健康之间的关系进行解释时，一般认为生活事件的产生增加个体适应环境的能力。个体每经历一次生活事件，必须付出精力去调整由于这一事件的发生带来的生活变化，这也带来了个体抗挫折能力的提高。

七、家庭环境

家庭的影响主要包括家庭的情绪氛围、父母的教养态度及家庭结构、家庭经济状况四个方面。家庭是人生的奠基石，父母是孩子的第一任老师，对学生的成长与成才的影响是长久而深远的。家庭的情绪氛围是良好心理素质形成的前提，家庭成员间的语言及人际氛围，直接影响着家庭中每个成员的心理，对个性逐渐成熟的大学生影响更具有特别的意义。父母的教养态度和教育方法直接影响孩子的行为和心理，民主、平等而非命令、居高临下的，开明而非专制的，潜移默化而非一味骄宠的教养态度与教育方法有利于学生心理的健康发展；家庭结构的变化如单亲家庭、重新组合家庭等因素必然会对正在读书的大学生心理有一定影响；家庭经济状况特别是困难甚至贫困家庭的学生易产生心理不适感。由于家庭环境带来的学生心理问题其影响是深远而长久的。

第四节 大学生心理健康的标准

人的身体是否健康可以通过对一些生理活动指标的测定来获得，如体温、血压、脉搏、血液成分等。人的心理是否健康却不易找到一个大家公认的标准。

著名心理学家马斯洛和密尔曼曾提出人的心理健康的 9 条标准：①是否有充分的安全感；②是否对自己有充分的了解，并能恰当评价自己的能力；③自己的生活理想和目标能否切合实际；④能否保持自身人格的完整与和谐；⑤是否具备从实验中学习的能力；⑥能否保持适当和良好的人际关系；⑦能否适度表达和控制自己的情绪；⑧能否在集体允许的前提下有限度地发挥自己的个性；⑨能否在社会规范的范围内适度满足个人的基本要求。

美国学者坎布斯认为一个心理健康、人格健全的人应具有：①积极的自我概念；②恰当地认同他人；③面对和接受现实；④主观经验丰富，可供取用。

人的心理活动是一个不断发展和变化的过程，因此一般认为心理健康是一种保持动态平衡的心理状态。心理健康的人并不是永远不会有痛苦和烦恼，而是在遇到挫折和失败时能更多地表现出积极适应的倾向，使自己保持生命活力，以便能充分发挥身心潜能而给自身带来快乐和成就。

根据我国大学生的心理活动特点和社会对于他们的需要，心理健康的大学生应具备以下心理品质：

一、智力正常

智力，是人的观察力、注意力、记忆力、想象力、思维力、创造力及实践活动能力等的综合，包括在经验中学习或理解的能力，获得和保持知识的能力、迅速而成功地对新情境做出反应的能力、运用推理有效地解决问题的能力等。这是大学生学习、生活与工作的基本心理条件，也是适应周围环境变化所必需的心理保证，因此，衡量大学生的智力是否正常，关键在于其是否正常地、充分地发挥了自我效能，即有强烈的求知欲，乐于学习，能够积极参与学习活动。

二、情绪健康

其标志是情绪稳定和心情愉快。包括的内容有：愉快情绪多于负性情绪、乐观开朗、富有朝气，对生活充满希望；情绪较稳定，善于控制与调节自己的情绪，既能克制又能合理宣泄自己的情绪，情绪的表达既符合社会的要求又符合自身的需要，在不同的时间和场合有恰如其分的情绪表达；情绪反应与环境相适应。反应的强度与引起这种情境相符合。

三、意志健全

意志是人在完成一种有目的的活动时进行选择、决定与执行的心理过程。意志健全者在行动的自觉性、果断性、顽强性和自制力等方面都表现出较高的水平。意志健全的大学生在各种活动中都有自觉的目的性，能适时地做出决定并运用切实有准备的方式解决所遇到的问题，在困难和挫折面前，能采取合理的反应方式，能在行动中控制情绪和言而有信，而不是行动盲目、畏惧困难，顽固执拗。

四、人格完整

人格是个体比较稳定的心理特征的总和。人格完善就是指有健全统一的人格，个人的所想、所说、所做都是协调一致的。人格完善包括人格结构的各要素完整统一；具有正确的自我意识，不产生自我同一性混乱，以积极进取的人生观作为人格的核心，并以此为中心把自己的需要、目标和行动统一起来。

五、自我评价正确

正确的自我评价是大学生心理健康的重要条件，大学生在进行自我观察、自我认定、自我判断和自我评价时，能做到自知，恰如其分地认识自己，摆正自己的位置，既不以自己在某些方面高于别人而自傲，也不以某些方面低于别人而自卑，面对挫折与困境，能够自我接纳，喜欢自己，接受自己，自尊、自强、自制、自爱适度，正视现实，积极进取。

六、人际关系和谐

良好而深厚的人际关系，是事业成功与生活幸福的前提。其表现为：乐于与人交往，既有广泛而深厚的人际关系，又有知心朋友；在交往中保持独立而完整的人格，有自知之明，不卑不亢；能客观评价别人和自己，善取人之长补己之短，宽以待人，乐于助人，积极的交往态度多于消极态度，交往动机端正。

七、社会适应正常

个体应与客观现实环境保持良好秩序，既要进行客观观察以取得正确认识，以有效的办法应付环境中的各种困难，不退缩；又要根据环境的特点和自我意识的情况努力进行协调，或改变环境适应个体需要，改造自我适应环境。

八、心理行为符合大学生的年龄特征

大学生是处于特定年龄阶段的特殊群体，大学生应具有与年龄、角色相适应的心理行为特征。

正确理解大学生心理健康的标准应重视以下几个方面：一是标准的相对性。事实上，大学生心理健康与不健康也并无明显界限，而是一个连续化的过程，如将正常比作白色，将不正常比作黑色，那么在白色与黑色之间存在着一个巨大的缓冲区域——灰色区，世间大多数人都散落在这一区域内。这说明，对多数大学生而言，在人生的发展过程中面临心理问题是正常的，不必大惊小怪，应积极加以矫正。与此同时，个体灰色区域也是存在的，大学生应提高自我保健意识，及时进行自我调整。人的健康状态是一个动态问题，当一个人产生了某种心理障碍并不意味着永远保持或行将加重。形成心理冲突是非常正常的，而且是可以自行解决的。二是整体协调性。把握心理健康的标准，应以心理活动为主考察其内外关系的整体协调性。从心理过程看，健康人的心理活动是一个完整统一的协调体，这种整体协调保证了个体在反映客观世界的过程中的高度准确性和有效性。事实表明，认识是健康心理结构的起点，意志行为是人格面貌的归宿，情感是认识与意志之间的中介因素。从心理结构的几个方面看，一旦它们不能符合规律地进行运作时，就可能产生一系列的心理困扰或问题。从个性角度看，每个人都有自己长期形成的稳定的个性心理，一个人的个性在没有明显的剧烈的外部因素影响下是不会轻易发生变化的。从个体与群体的关系看，每个人在其现实性上可划分成不同的群体，不同群体间的心理健康标准是有差异的。三是发展性。事实上，不健康的心理可能是人的发展中不可避免的发展性问题，随着个体的心理成长逐渐调整而趋于健康。

心理健康的标准是一种理想尺度，它一方面为人们提供了衡量心理是否健康的标准，同时也为人们指出了提高心理健康水平的努力方向。如果每个人在自己现有基础上能够做不同程度的努力，都可追求自身心理发展的更高层次，从而不断发挥自身的潜能。大学生心理健康的基本标准，使他们能够进行有效的学习和生活。如果正常的学习和生活都难以维持，就应该及时予以调整。

第五节　大学生心理健康的维护

心理卫生又称精神卫生或精神保健，它是研究如何做到身心健康的一门科学。增进大学生的健康必须依据个人心理活动的一般规律，按照心理卫生的原则，培养健康的心理活动，使之形成开朗、健全的性格，发挥个体的积极性，通过自我调节和控制，积极主动地维护身心健康。搞好大学生的心理卫生主要有以下几个方面：

一、树立正确的人生观

一个人树立了正确的人生观，就能对社会、对人生、对行为、对是非有正确的认识，而且能够科学地分析周围环境发生的变化，保持心理反应速度，防止心理反应的失常。

二、增强社会适应能力

适应是人类为了谋取生存的需要与环境发生的协调作用，以便适应环境、改造自己，保护个体健康地生存。

人类在社会实践及生产实践中，必须从实际出发，面对现实做出正确的有效的适应，积极地解决所遇到的各种问题。如进入大学后，由于环境的突变，许多人不适应，譬如脱离了父母的照顾，生活能力差，学习生活的变迁等，若不认真对待这些问题，就很有可能产生心理障碍和身心疾病。如适应能力强，面对现实积极主动地提高自我管理能力，改进学习方法，主动地适应新的生活，就会成为新生活的强者。

三、建立完美的自我

人贵有自知之明，但能够做到自知之明是很不容易的，必须做到自我观察、自我认定、自我判断和自我评价。不能自知的人，不愿判断自己的能力的真实水平，盲目从事非力所能及的工作，这不仅影响工作质量，并且由于过度疲劳和心理压力大而产生疾病。自觉地增强自知，培养自尊、自爱、自强、自信、自控是青年大学生修养的一项重要任务。

四、建立良好的人际关系

在人类社会生活中，人不可避免地要同他人交往。同他人交往建立良好的友谊可以获得安全感及欣慰感。

人类交往的基本动机是希望得到关心和尊重。互相关心，互相帮助，互相谅解，互相尊重，促膝谈心等能促进身心健康。当一个人认识到别人对自己的帮助和关怀时，他的自信、自尊、自强就会增加。如与他人交往不多，或者与他人关系难以和谐而比较紧张；或者谁都不喜欢与自己打交道而使其“孑然一身，形单影只”，那么，无论是在事业方面还是在身心健康方面，都将会受到极大的损害。

五、开展社会实践

劳动是社会存在和发展的基本原则。大学生的劳动包括脑力劳动和体力劳动两方面。劳动可以促进德、智、体全面发展，人的心理能力的潜能须通过劳动实践才能充分发挥出来。劳动积极而且适当的人可以促进身心健康，没有适当劳动的人难以维护身心健康，通过劳动与周围的人和事建立良好的和谐关系，对一个人的身心健康是十分重要的。

第六节　大学生常见心理障碍和心理疾病的防治

大学生作为中国社会中文化层次较高的群体，一向被认为是最活跃、最健康的群体之一。然而，面对现代社会竞争的日益激烈，许多大学生开始感到不知所措，产生了心理上的不适应，据统计，大学生中因心理健康问题退学的人数占整个退学人数的30%左右，而且这一数字呈逐年递增趋势。由此可见，大学生的心理健康状况面临着严重威胁，心理健康已直接关系到大学生能否全面发展和早日成长。

有的同学面对生活和学习中所遇到的各种问题，有时某些刺激超出人的承受能力时，无法适应环境要求，就会引发变态行为或心理障碍。

一、心理障碍的概念

心理障碍是对许多不同种类的心理、情绪和行为异常的统称。这些异常现象通常由心理的、社会的、生理的或药物的等多重原因造成，并以个体无法有效地适应日常生活为其指征。心理障碍的表现形式多样，既可表现为各种心理过程的异常，也可以表现为明显的行为偏离，还可以表现为严重的精神疾病。但无论表现为什么症状，心理障碍都严重地损害个人对环境的适应能力。

心理障碍是在实践中形成的概念，仍在发展变化中。将其视为一个心理社会概念，较之单纯的生物学概念更为合理，更为全面。对于一种行为的衡量标准，不同文化背景可以截然不同，如裸体，在西方认为没什么，在中国文化传统中认为是有伤风化的。因此判别心理活动的正常和异常是相当困难的。首先正常的心理活动和心理异常的差别只是相对的，并没有绝对的界限，几乎无法确定一种绝对的标准度量错综复杂的异常心理现象。心理障碍表现受多种因素的影响，包括心理的、社会的、个体的因素。这些因素直接影响对心理障碍的判别。其中经验标准、社会适应标准、症状和病因学标准及心理测验标准使用较为广泛。

二、心理障碍的判别标准

1. 经验标准。是以一般人的正常心理与行为作为参照，判断他人的行为属于常态还是变态。或者以自身的经验、体验评价他人的心理活动，鉴别是正常还是异常。这种标准受判别者知识水平、观察角度、情感倾向等因素的影响，具有较大的主观性、局限性和个体差异性。

2. 社会适应标准。依据是否遵循社会的行为准则，是否遵守伦理规范、价值观念和顺应社会风俗等标准，很难跨地区比较。关键看生活处理能力，遵守社会规则能力，处理人际关系的能力，工作、学习的能力能否与社会环境协调一致。

3. 症状和病因学标准。即有些异常心理现象是在正常人身上不存在的。如果出现了，就可判定为异常，例如幻想药物中毒性心理障碍。这种标准以物理学和化学检查、心理测定及各种新技术方法为客观度量尺度，这一标准比较客观，但适用范围很窄。

4. 统计学标准和心理测验标准。这一标准来源于对正常心理的测量。一般心理特征的人，绝大多数居于中间部位的均值附近，即为正常，为常态分布，分布两端的小部分人为异常。一般来说，有心理障碍者，其对应的心理测量结果大多在异常范围，但也有例外，如低智商可视为异常，高智商虽在均值外，但不能视为异常。这种方法比较规范，易于比较和交流，但其标准不能绝对化。

三、心理障碍的分类

（一）按心理现象分类

（1）认识过程障碍。包括感觉障碍（感觉过敏、减退、消失和异常）；知觉障碍，包括错觉、幻觉；思维障碍如联想障碍、妄想、强迫症；注意力障碍，如注意力增强、减弱、涣散、褊狭；记忆力增强、减退、遗忘症、虚构症；定向力障碍，如对周围的人时间、地点定向障碍和自我定向障碍。

（2）情感过程障碍。包括情感高涨、欣慰、情感低落、焦虑、情感脆弱、易激怒、情感迟钝、情感淡薄、情感倒置、恐惧、心境恶劣等。

（3）意志行为障碍。意志障碍，行为障碍，包括兴奋状态、木僵状态、动作刻板、离群行为、强迫性动作。

（4）意识障碍。对周围的环境的意识障碍，包括意识清晰度降低（嗜睡、昏睡）、意识范围改变（意识朦胧）、意识内容改变（谵妄、梦幻状态、精神错乱）。

（二）按病因和症状分类

（1）脑器质性和身体疾病所致精神障碍，是由颅内肿瘤、创伤、感染、血管病变和各种原因引起躯体疾病影响功能所致精神障碍。

（2）可影响精神活动的物质所致的精神障碍。常见的酒类、鸦片类、大麻、催眠剂、镇静剂、抗焦虑剂、麻醉剂、兴奋剂、致幻剂、烟草、一氧化碳、某些药物、重金属和有机化合物。

（3）情感性精神障碍。包括狂躁症、抑郁症。发作症状轻者，达不到精神病程度，心境表现为高扬或低落，伴有思维和行为障碍、植物神经功能障碍。

（4）与心理有关的生理障碍。包括睡眠障碍、性功能障碍、进食障碍、植物神经功能障碍。

（5）人格障碍，意识控制障碍与性变态。人格障碍的显著特点是人格特征偏离正常，对社会适应不良，明显影响其社会和职业功能，人格障碍一般开始于青少年，并一直持续到成年或终生。分偏执型人格、反社会型人格、冲动型人格、表演型人格、强迫型人格等。

意识控制障碍：是一类仅为了获得心理上的满足，而要进行为社会规范不允许或给自己造成危害的行为。包括纵火癖、偷窃癖、拔毛癖等。

性变态：指有性行为异常的性心理障碍，包括性偏好障碍、性身份障碍。

（6）神经症及与心理因素有关的精神障碍。神经症为一组精神障碍，包括恐惧症、焦虑症、强迫症、抑郁症、神经衰弱，没有精神病病状。

心因性精神障碍，包括心理创作后应激障碍，与文化相关的精神障碍。

（7）精神分裂症，是一组病因不明的精神病，多起病于青壮年，常有感知、思维、情感、行为等方面的障碍和精神活动不协调，一般无意识和智能障碍，病程多迁延。

（8）未特定的精神障碍、心理发育障碍、精神发育迟滞，起病于童年与少年期的行为与情绪障碍。

四、几种常见的心理障碍

心理障碍是指影响人们正常行为和学习效能的心理状态。心理障碍的原因错综复杂，往往由多种因素交互作用而引起，常见的表现症状有以下几种：

1. 社交恐惧症。表现为不敢和生人接触，不愿参加公众集体活动，见了生人或在社交场合面红耳赤，低头不语，不敢和人对视，过度害羞，对社会活动极为恐惧害怕，深恐在别人面前有失体面或说傻话，因而自我封闭。这种病是大学生中常见的一种心理障碍，使他们难以在社会活动中增长知识、交流思想、学会处世技巧，对事业、生活、学习造成不利影响。

社交恐惧症随着阅历丰富和逐步的适应，多能逐渐消除，部分同学可辅以抗抑郁药治疗，并接受心理指导，激励自己多参加社交活动，以消除压力。

2. 自卑。表现为做什么事情都无自信，总觉得自己低人一等，办起事来想竭其所能。其仅表现自卑，而无其他明显神经质症状，在他人眼里似乎确实能力比别人差。可是事实上，他们一旦精神振奋起来、发挥了自己的能力，则证明他们的智慧和技能不比别人低，其原因是自我期望值过高，一旦受到挫折，便失去自信。他们为自卑感而苦恼，正说明他们具有强烈的进取心。仅有自卑感而没有痛苦，一般认为不属神经质症。其病因是因为心理与社会适应不良。

3. 失眠恐惧。主要表现是入睡困难，易醒多梦，常伴有疲劳、反应迟钝、注意力不集中、记忆力减退等症状，总认为身心疲劳是由失眠引起的，于是加剧失眠，认为睡好觉一切问题就解决了，睡眠成为患者最关心的事，失眠成为患者最害怕的事。事实上他们并不是真正的失眠，据测试他们的实际睡眠时间并不比平常人少。治疗的关键是养成顺其自然的态度，不可强迫自己快入睡，或尽量想多睡一会儿以弥补，每晚争取按时入睡，每早按时起床，坚持正常的工作和学习，不要依赖安眠药，真正失眠的时候给予药物治疗，这样不知不觉就能克服失眠恐惧。

4. 不良情绪。这是一种暂时性的心理障碍，表现遇事恼怒、激奋，或抱怨，或悔恨，或焦虑不安，或压抑、痛苦，一般说可能是预想目标达不到，或没有明确的目标，情绪时冷时热。这种不良的情绪如不及时宣泄疏导，紧张情绪可能会转化为新刺激，会消耗人的精力，产生负面影响。长期的不良情绪，会形成恶性循环，抑制大学生理智。对不良情绪，要注意：

（1）适度发泄出来，比如痛苦时，大哭一场，受委屈时，大吼几声，高兴时，跳几下，但必须有理智，注重场合，注意影响，不能由着性子。

（2）有意将不良的消极情绪转移到积极方面去，还可交换环境，以达到某种超脱，如考前非常紧张、焦虑，可适当参加一下文体活动，如唱歌、跳舞、听音乐。

（3）要提高自身修养和情操，消解不良情绪。如确实有可喜、可悲、可忧、可恼、可怒、可怨的缘由，也要冷静分析，顺其自然地解决，分析明白后，会发现事情并不像自己想象的那样，不必“过分”看重。

（4）争取别人的疏导和指点；用自我激励法，用明智的思想安慰自己，鼓励自己同痛苦和逆境作斗争，适当调整心理活动，使不良情绪缓解。

心理障碍是大学生多发症状，多为社会环境适应不良、人际关系紧张、性困惑、学习紧张、生活挫折、心理矛盾冲突、生活中的各种刺激反应不适等引起，如表现狂热、冷漠、压抑、焦虑不安、烦恼孤独、自卑自责、失眠、食欲差、固执等。

本书所说心理障碍是指心理疾病的一种症状或轻微异常。因此既可分为神经症或精神病人的症状，也可分为正常人的症状。

五、神经症的概念

神经症又名神经官能症，是精神病的一种，虽然也使用了“神经”两个字，但不是神经系统发生了“病”，而是大脑功能暂时失调所造成，它有别于精神病。一般精神病指大脑机能紊乱，病人思维、情感、运动、言语失常，功能紊乱，不能适应正常工作和生活。大学生在生活中应对神经病、神经症、精神病有一个科学概念。

（一）神经症的原因

一般认为病因和诱发因素分为三类：

（1）生物因素。包括遗传、年龄、性别及躯体状况，这些因素成了神经症的易患倾向，如疲劳、中毒、分娩。

（2）社会心理因素。精神紧张，各种社会生活事件的刺激都是神经症的促发因素，据研究，神经症患者发病前，一年内所遭受的精神刺激是正常人的1.7倍。神经症患者常见于情绪不稳和内向型性格的人，这类人多愁善感、焦虑紧张、心绪不宁、古板严肃、悲观、保守、孤僻等。

（3）社会文化因素。总体看来脑力劳动者神经衰弱患病率要高一些；在普通人群中，易出现焦虑症和抑郁性神经症；经济文化发展比较落后的地区，癔症、头痛等类型和发病率有所不同。

（二）神经症的临床表现

神经症患者表现各不相同，但也有类似的共同特征。

（1）神经症患者的共同特征。

焦虑情绪：是病人的主观体验，表现为紧张、不安、心烦意乱、恐惧害怕，还伴有交感神经的兴奋活动。

躯体不适感：几乎所有的神经症病人都认为自己是一个不幸的人，常感到满身是病，需要别人的同情和关心，伴有情绪不稳和心情紧张。

人际关系紧张：神经症病人放纵自己，又不能容忍别人，不能设身处地地为别人着想，以自我为中心，因此很难与人保持良好的关系。

有自知力，能主动求医；无器质性病变；有社会环境的适应能力。

（2）神经症的症状。精神易兴奋、易疲劳。易兴奋常见于神经衰弱、焦虑症。精神疲劳表现为精力不充沛，工作时间稍长就觉得疲惫不堪，注意力难以集中，不能持久，思维不清晰，记忆力差。精神易疲劳和易兴奋往往同时存在。

情绪表现为焦虑、恐惧、抑郁、易激惹，是一种不愉快的情绪体验。见于焦虑症、恐惧症、抑郁症。

强迫症状，可有强迫观念、强迫情绪、强迫动作、强迫行为。这些症状可同时出现在同一病人身上，在强迫性神经症中表现最为明显。

疼痛是神经症的普遍症状。以颈部最多见，其次是腰背、四肢，有持续性或波动性。神经衰弱以紧张性头痛多见，焦虑症除头痛外，还伴有腰背痛。

头昏。头昏是一个没有确定界限的模糊概念，患者把“头昏眼花”，“脑子昏胀”都归属为头昏。头昏、头胀、头痛三者多相伴出现，是神经症的常见症状。

心慌常见于神经症患者主诉。由于精神紧张等原因，因植物神经功能紊乱而出现心率加快感到心慌。

另外还表现为消化功能障碍，睡眠障碍表现为失眠、难入睡、易醒、早醒、多梦，以神经衰弱、焦虑症多见。

（三）神经症的治疗

（1）心理治疗。包括个体心理治疗、行为治疗、家庭治疗，帮助患者了解和理解他们自己的症状，建立健康的生活态度和更为有效的应付技巧。合理安排休息时间，树立治愈的信心，消除相关的心理社会因素，积极参加集体活动。

（2）药物治疗。必要时服用安定、利眠宁等镇静催眠药物，辅以针灸、理疗、音乐疗法。

六、大学生中常见的几种神经症

1. 抑郁性神经症。抑郁症是一种以心境低落为主要临床表现的神经症，表现为悲伤、失望、自卑、孤独，对事物缺乏兴趣，整日唉声叹气、哭泣落泪，常伴有身体不适和睡眠障碍，病人内心痛苦，常主动求医，有自杀意念，但不决断，兴趣减退但不消失，并愿意接受表扬和鼓励。多与生活受到挫折、自尊受到伤害有关。患者一般情绪不稳，内向，多愁善感。治疗以解释、安慰、支持鼓励病人宣泄内心苦闷、增强自信自尊的心理治疗为主。

2. 焦虑性神经病。焦虑症是神经症的共同表现，表现每时每刻都感到高度的恐惧，同时伴有植物神经症状，如心率快、胸闷、呼吸困难、多汗、恶心、躁动不安。临床上把原发的焦虑症视为焦虑性神经症，有惊恐型障碍和广泛焦虑两种形式。

焦虑症是由于各种生活事件所造成的挫折而引起。治疗以心理治疗和药物治疗相结合，先解释引导，去除病因，同时给予镇静药如舒乐安定等。

3. 疑病性神经症。疑病症指个人对自身的健康状况有强烈的夸张的关注，对一切不正常信号过于敏感。以持久的担心或相信自己患有一种或多种疾病为主要表现。患者反复检查，不断求医，医生的解释不能消除疑虑，为此焦虑不安，希望得到社会和家人的关心和同情。疑病症多为医源性疾病，患者看到周围的人患了某种病，联想自己可能会患某种病。此种病以心理治疗为主，耐心细致地询问病史，详细解释检查结果，让患者认识到他的躯体确实无病。也可以做一些催眠暗示疗法。

4. 恐怖性神经障碍。恐惧症是指对特定的人和事物发生与现实根本不对应的恐怖。恐怖发生时有显著的植物神经症状。一般恐怖症状女性多于男性，多发于青少年，起病急，如怕过桥，怕见某人，怕坐车、登高，怕蛇、鼠、青蛙等。某一事物引起一次恐惧发作后，遇类似事件，都可能唤起恐怖反应。比如小时候父母说蛇会钻入人体，以后见蛇蠕动就害怕。这类病人一般害羞，怯懦，与早期教育有关。治疗主要用脱敏疗法等行为疗法。

5. 强迫性神经病。强迫症是有意识地自我强迫和自我反强迫同时存在，以强迫观念和强迫动作为特征的神经症，二者冲突使病人很痛苦。如反复没必要的洗手、拖地或不停地思考某观念。强迫症患者往往办事认真，喜欢事事过细，力求尽善尽美，遇事胆小谨慎，明知没有必要，又不能控制自己。治疗以心理治疗为主，医生多作解释，提高对疾病的认识；药物治疗；本病多伴有焦虑和抑郁症，常用抗焦虑药。

6. 神经衰弱。神经衰弱的主要表现是与精神兴奋相联系的精神疲劳、心情紧张、感觉敏感、怕声、怕光、情绪易激动、睡眠障碍、头痛、腰背酸痛、食欲差、记忆力差、学习效率低。同学中的神经衰弱，多为意志脆弱、过度思考、学习时间长、生活不规律、人际关系紧张所致。治疗：以心理治疗为主，合理安排每日生活制度，积极参加文体活动，消除相关的心理社会因素。必要时服用安定。

7. 癔症。癔症又称歇斯底里，大多起病突然。主要表现形式有两种：一是在转化反应中，心理障碍换成了身体障碍，导致身体上实际生理功能丧失，如手套型、靴子型，失明、耳聋、失语。有时痉挛、抽搐、手舞足蹈、瘫痪，而找不到器质上的原因。二是分离反应，是指在一些情境中，人格的某些部分与另一部分分裂开来，以此方式进行自卫，如癔症性遗忘、癔症性梦游等。有时表现为人格交替意识障碍,情感爆发、哭笑无常、捶胸顿足、撕衣打滚,这种痛苦愤怒体验发作后部分遗忘。病因:由明显的精神创伤引起,同时与个体性格密切相关。这种病人想象力丰富而生动,感情色彩浓厚反应强烈。治疗:以心理治疗为主。使用暗示疗法、催眠疗法、支持疗法。在精神兴奋时可给予冬眠宁或安定治疗。

七、精神分裂症

该病是一种重型精神病，主要是脑功能紊乱，不是脑组织引起的精神病。占学生精神病住院的一半以上，是一种严重破坏学习能力的思维能力的疾病。精神分裂症的发病与遗传因素有关，还与明显的精神刺激有关，据资料统计，有明显精神因素者占 54%～77.4%。多见于青少年，表现思维障碍，意志力减退，情感兴奋、激动、紧张或突然情感爆发，可能有伤人或自伤行为；有的有幻觉或离奇想法，自知力受损害，不承认自己有病，总认为别人加害于他。治疗：多采用抗精神病药物或电休克为主。

精神分裂症的症状十分复杂多样，一个病人一个样，但病人都有共同的症状特征：

1. 语言交流障碍，精神分裂症病人与人交往有戒心、敌意，语无伦次。

2. 运动障碍，病人动作明显异常，做鬼脸、怪相，吐舌头、抽动，无休止地伸手臂、抓头发、咬自己。甚至可能做出一些正常人无法完成的动作，如悬空躺卧，金鸡独立数小时。

3. 情感障碍，评议简单，消极应答，面无表情，平淡冷漠，有时又情感无常，时哭、时笑、哭笑无常，有时显得惊恐万状。

4. 思维障碍，患者常有幻觉，他们可以把不存在的人与事编造得历历在目；感到自己遭人暗算，顽固地认为有人要跟踪、谋害自己，对客观事物往往错误理解，很难分清想象与现实。

八、精神分裂症与神经症的区别

1. 精神分裂症患者不承认自己有病，拒绝治疗，而神经症病人自己承认有病，主动求医求治。

2. 神经症的神经机能紊乱是暂时的，治愈后情况良好，而精神分裂症的神经机能紊乱比较持久，治疗后易反复。

3. 神经症患者生活能自理，有工作能力（癔病除外）。而精神分裂症患者无全部工作能力。

4. 神经症患者无幻觉、幻味，而幻视、幻想；认为被人控制、会遭人暗算的幻觉只见于精神分裂症患者。

第五章 大学生饮食、营养与体质健康

营养状况影响生长发育的道理早已为人们所承认。茁壮成长的“幼苗”需要不断地施肥、浇水，大学生的健康成长需要良好的营养。营养水平的高低与能否摄取足够的蛋白质、糖、脂肪以及水、无机盐、维生素是分不开的。

如果营养不足，势必影响大学生正常的生长发育和身心健康。因此，体育锻炼和营养都是促进生长发育、维护健康的重要因素。如果只重视营养而忽视体育锻炼，就会使肌肉无力，体力下降，甚至出现肥胖；如果缺乏必要的营养保证，体内消耗的营养物质得不到补充，会出现体力下降、消瘦，甚至发生营养缺乏症。因此，体育锻炼是大学生健康成长发育的必要条件，而良好的营养则是物质基础。只有将体育锻炼与营养科学地配合起来，才能保证大学生的健康成长。

第一节 大学生的营养需要

“民以食为天”，人类每天都必须摄取一定数量的食物来维持自己的生命与健康，但如果我们仅吃自己喜欢的食物，吃得过多或过少，不注意饮食卫生，不仅影响身体的生长发育、体质强弱，而且对学习和工作效能等也会产生重要的影响。

一、大学生营养的重要性

大学生的年龄一般在17~25岁，正值青春发育期，在生理和心理上都将发生一系列的变化，这些变化均受营养的影响。

1. 大学时期是人生中长身体、长知识的最重要阶段，在这个阶段中各系统的器官发育趋向成熟，思维能力敏捷，记忆力最强。因此，其生长速度、性成熟程度、学习能力、运动成绩、劳动效率都与营养有极为密切的关系。如果营养不足，将造成严重影响。

2. 大学生的活动量增强，生长发育旺盛，新陈代谢率高，氮热为正平衡状态，因此，其含量增大，食物量也是一生最大的时期。此时不能为减肥而去节食，必须保证其营养供给，否则，将会自动消耗体内氮热来补充这些营养的消耗，造成负氮热平衡，使生长发育受到影响，最常见的症状和体征为疲乏、体重减轻、机体抵抗力下降等。

大学生的营养状况如何，可通过一些基本测定数据同人体正常值相比较，作为人体营养状况评价指标。最好、最简单的方法是经常测量体重。

二、大学生营养的需要量

1. 热能。人和所有动物一样都需要热能以维持生命活动。人类的热能来源于食物，从食物取得的热能，用于生命活动的各种过程，其中包括内脏器官的化学和物理活动、体温的维持、脑力和体力活动，以及生长发育等。一般说来，大学生每天的热能需要量是男生为3600千卡（1千卡=4.814千焦），女生为3200千卡。若长期热量不足，则出现疲劳、消瘦、抵抗力降低，影响身体的发育、体力、学习和运动的技能。相反，摄入过量热量时，一般也会储存起来。热能的主要储存方式是脂肪。一些女学生认为，吃得太多、太好，热能摄取过多会发胖，影响体形美。从营养学角度看，一个少年从10岁成长至18~20岁的青年，身高均数增加28~30厘米，体重均数增加20~30公斤，热量的增加与生长速度是相适应的，不致因热量的增加而引起肥胖。另外，发胖与体内的脂肪合成酶密切相关。到40岁以后，体内脂肪合成酶活性增加，即使进食量比年轻时减少一半，照样可能发胖。所以，肥胖并不完全取决于进食量。

（1）热能的消耗方式：人体热量的消耗与其热量的需要是相一致的，热量消耗的方式有三种：

①新陈代谢：基础代谢是维持生命最基本活动所必需的能量需要。每个人在同一生理条件下的基础代谢是接近的。基础代谢主要受体形、年龄、性别和一些生理状态的影响。人体的热能消耗与其体形，尤其是体表面积有很大的关系，而人的体表面积又与其身高和体重有关。基础代谢与体表面积有着密切的关系，而且也和肌体的去脂组织有密切关系。男生的去脂组织，尤以其中的骨骼肌比女生相对发达，故基础代谢所需的热能一般高于女生。基础代谢所需热能约为1500千卡。

②脑力劳动和体力劳动：脑力和体力活动是影响大学生热能消耗的最主要因素。热能消耗与活动时间的长短有密切的关系。正常活动所需的热能约为1600~2000千卡。

③食物的特殊动力作用：这是指人体由于摄食所引起的一种额外热能消耗。食物不同，所消耗的热量也不同。摄入蛋白质要多消耗相当于该蛋白质所产生热量的30%，摄入碳水化合物多消耗其所产生热量的5%~6%，摄入脂肪时多消耗其所产生热量的4%~5%。大学生由于摄入一般膳食每日多消耗的热能，每日约为150千卡。

（2）热能的食物来源：人体的热能来源于食物中的蛋白质、脂肪和碳水化合物。它们每克的产热量分别为4千卡、9千卡、4千卡。以上三种营养素摄入比例必须适当，不论热量摄入多少，蛋白质、脂肪和碳水化合物摄入重量比例一般为1∶1∶4。

2. 无机盐。除碳、氢、氧、氮主要以有机化合物的形式出现以外，其余各种元素统称为无机盐。无机盐与大学生的营养关系密切，在大学阶段里，骨骼发育旺盛，肌肉组织细胞数目直线增加，性器官逐渐成熟，因此，无机盐应相应增加。从人体对无机盐的吸收率、需要量以及矿物质在食物中的分布考虑，比较容易缺乏的无机盐和微量元素有钙、铁、锌、碘、硒等。

（1）钙：钙、磷和镁三者的营养价值主要有二：一是骨骼和牙齿生长所必需，三者之中有一种缺乏，会妨碍骨骼的形成。二是为维护正常的组织兴奋性，特别是神经肌肉的兴奋性所必需。如血钙减少时能引起痉挛。人体内含钙总量约为1200克，男女需要量均为1000毫克/日，钙∶磷为1∶1.2或1∶1.5。中国人以稻米为主食，稻米本身是磷高钙低（P∶Ca=110∶13），钙磷比例不适以致失衡。因此，应补充含钙量较多的食物，如虾皮、鸡蛋、鸭蛋、绿叶菜、奶和奶制品等。

（2）铁：铁是组成血红蛋白的主要成分之一，人体内含铁约3~5克，需要量为15毫克/日，但女学生由于月经失血，所以铁的需要量更要保证供给。机体缺铁可使血红蛋白减少，发生营养性贫血，表现为食欲减退、烦躁、乏力、面色苍白、头晕、眼花、免疫功能降低等。湖南省大学生膳食中铁是充足的，但以植物中的铁为主，吸收差，利用率低，因此，应注意补充动物性食物铁，如动物肝脏、动物全血、肉类、鱼类等。黑木耳、海带和某些蔬菜，如菠菜、韭菜、白菜秧也含较多的铁。

（3）锌：锌是很多金属酶的组成成分或酶的激活剂，人体内含锌约 1.4~2.3 克，每日需要量男生为 8~15 毫克，女生为 9~15 毫克。据调查，湖北省大学生缺锌较为普遍，锌缺乏表现症状为：食欲不振、生长停滞、性幼稚型、伤口愈合不良等。因此，应补充含锌较高的食物，如蛋白食物（鱼、肉、蛋等）含锌都较高，海产品（海蛎肉、生蚝等）是锌的良好来源。

（4）硒：硒是维持人体正常生理的微量元素，主要是以谷胱甘肽过氧化酶的形式发挥抗氧化作用，以保护细胞膜。有资料介绍，硒具有抗癌、防衰老作用。有人建议硒的供给量为每日 50~200 微克，动物的肝、肾，海产品及肉类是硒的良好来源，蘑菇、桂圆、白果、菠萝蜜子、石花菜、西瓜子、南瓜子、杏以及桑葚也含较多的硒。

（5）碘：碘是组成甲状腺素的主要成分之一，从食物中所摄取的碘，主要为甲状腺所利用。人体正常含碘量约为 20~50 毫克，每日需要量男生为 130~160 微克，女生为 110~120 微克。人体中含碘量过高或过低都能导致甲状腺肿。大学生处于青春期，甲状腺机能加强，需要更多的碘，应在膳食中注意供应如海带、紫菜等含碘量较高的食物。

3. 维生素。维生素是维护身体健康、促进生长发育和调节生理功能的所必需的一类有机营养素，根据其溶解性可分为脂溶性维生素（维生素 A、D、E、K）和水溶性维生素（维生素 B、C）。表 5-1 是几种维生素的主要功能、食物来源和缺乏症。

表 5-1　**几种维生素的主要功能、食物来源和缺乏症**

名称	食物来源	生理功能	缺乏症	供给量（成人）
维生素 A 和 β-胡萝卜素	动物肝脏、奶类、鱼肝油、蛋黄、绿叶蔬菜和水果等	维持正常视觉、维持皮肤和黏膜等上皮细胞的健康，促进生长发育等	夜盲症、干眼病、皮肤干燥等	男：800μg 女：700μg
维生素 D	动物肝脏、鱼肝油、奶油、蛋黄等	调节钙、磷代谢和促使骨骼及牙齿钙化	佝偻病 骨软化症	5μg
维生素 B_1	动物内脏、肉类、豆类、粮谷类	参与能量代谢和维持神经系统正常功能	脚气病、多发性神经炎、心衰	1. 2~1. 5mg
维生素 B_2	动物内脏、奶类、蛋类、大豆、绿叶蔬菜	参与能量代谢和维持皮肤黏膜的完整性等	眼睑、角膜、皮肤、口腔、阴囊等部位的炎症	1. 2~1. 5mg
维生素 C	新鲜蔬菜和水果	促进外伤愈合，维持牙齿、骨骼、血管的正常功能	坏血病、牙龈出血、关节肿胀	100 mg

三、平衡膳食宝塔

中国居民平衡膳食宝塔是中国营养学会根据中国居民膳食指南并结合中国居民的膳食结构特点设计的。它把平衡膳食的原则转化成各类食物的重量，并以直观的宝塔形式表现出来，便于人们在日常生活中实行。

第一层（底层）：谷类。包括米、面、杂粮。主要提供碳水化合物、蛋白质、膳食纤维及 B 族维生素。它们是膳食中能量的主要来源，多种谷类掺着吃比单吃一种好。每人每天要吃 350~500 克。

第二层：蔬菜和水果。主要提供膳食纤维、矿物质、维生素和胡萝卜素。蔬菜和水果各有特点，不能完全相互替代，不可只吃水果不吃蔬菜。一般来说红、绿、黄色较深的蔬菜和深黄色水果含营养素比较丰富，所以应多选用深色蔬菜和水果。每天应吃蔬菜 400~500 克，水果 100~200 克。

第三层：鱼、虾、肉、蛋（肉类包括畜肉、禽肉及内脏）类。主要提供优质蛋白质、脂肪、矿物质、维生素 A 和维生素 B。它们彼此间营养素含量有所区别。每天应吃 150~200 克。

第四层：奶类和豆类食物。奶类主要包括鲜牛奶、奶粉等。除含丰富的优质蛋白质和维生素外，含钙量较高，且利用率也高，是天然钙质的极好来源。豆类含丰富的优质蛋白质、不饱和脂肪酸、钙及维生素 B_1、B_2 等。每天应饮鲜奶 250~500 克，吃豆类及豆制品 50~100 克。

第五层（塔尖）：油脂类。包括植物油等。主要提供能量。植物油还可提供维生素 E 和必需脂肪酸。每天不超过 25 克。

第二节　大学生的合理膳食

一、合理膳食的原则

首先，应进行营养调查，了解大学生的营养状况。然后，根据营养需要量安排膳食，一般说来，合理膳食有如下的几条原则。

1. 膳食应供给必需的各种营养素和足够的食物量。膳食中各种营养的含量要适宜，个别营养素不可过多或过少，以期达到平衡膳食的要求，而且要易于消化和吸收。

2. 膳食中的食物必须多样化。主食和副食都应经常换花样，这样既不致厌倦且因有新的口味而增进食欲，同时还可以从各种主副食中得到更全面的营养素。

3. 膳食必须有一定的饱腹感。食物的重量和容积应当适中，过多会使消化道负担过重，引起消化不良，过少又不能饱足。

4. 膳食要符合习惯要求。根据食物的色、香、味，也可触发条件反射，引起消化腺分泌消化液。此外，膳食还要注意民族特点。如回族、壮族、黎族学生都有其本民族的特点，对外国留学生也应考虑。

二、合理膳食的配制

合理膳食应包括：①主食如米饭；②新鲜蔬菜；③动物性蛋白食物如肉、鱼、蛋等；④植物性蛋白食物如黄豆及豆制品；⑤烹调用油；⑥食盐；⑦调味品如酱油、味精、醋、辣椒粉、五香粉等。

大学生三餐分餐分量的分配大致如下：早餐——全日热量的25%~30%；中餐——全日热量的40%~45%；晚餐——全日热量的25%~30%。

第三节　大学生的饮食与卫生

有关大学生的饮食卫生，包括内容很多，涉及范围很广，这里就日常存在且较普遍的问题作一简述。

一、进食不宜太快

大学生的食量较大，消化力强，进食很快，饥饿时狼吞虎咽。这样，食物在口中停留时间短，咀嚼不充分，牙齿未将食物充分研磨，唾液和食物也不能充分搅拌，起不到在口中消化一部分食物的作用，这必将影响消化，增加胃的负担。同样，有的大学生喜欢加开水、加汤下饭，也是不符合饮食要求的。

二、不能暴饮暴食

暴饮暴食，就是一次吃喝得太多，超过正常饮食量的一倍或几倍。如果暴饮暴食，进食量很大，胃液（胃液中含有促进蛋白质消化的蛋白酶和帮助消化和杀灭细菌的盐酸）不够用，胃里食物过多，将胃撑大，特别是油脂食物使胃的蠕动力降低，使不消化食物停滞不下，就能引起急性胃炎，出现上腹饱胀、腹痛、厌食、恶心和呕吐。倘若胃内食物量过大，胃壁绷得过紧，使胃完全丧失蠕动能力，则成为“急性胃扩张”。如救治不及时，可能引起胃穿孔，危及生命。

暴饮暴食还能引起胰腺分泌大量胰液，在短时间内消化酶骤增，引起胰腺自身消化，发生急性胰腺炎，死亡率很高。俗话说得好，少吃多得味，多吃活受罪，狂饮伤身，暴食伤胃。

三、不要挑食

挑食就是对食物挑三拣四，凭自己主观爱好，认为好吃的就吃得很多，不好吃的就不吃或少吃，如有个别大学生专吃荤菜不吃蔬菜、豆制品等。偏食就是偏爱某些食物，或者说是习惯吃某些食物，拒绝吃另一些食物。偏食和挑食有所不同，偏食不一定挑好的吃，如个别大学生不吃肉、不吃鸡，有的不吃鱼、不吃蛋，也有的不吃面食。

挑食和偏食都不好，它与营养原则相违背。需要的营养应从品种众多的食物中摄取，吃的食物越杂，摄取的营养就越丰富，适应生活环境的能力就越强。例如，豆腐等豆制品所含的蛋白质营养价值很高，可和肉类相媲美，而且豆制品含钙量也很高，对人的骨骼很有益。另外，豆制品含有卵磷脂，它是构成神经组织和维持正常代谢的重要物质。又如，有的学生不吃芹菜，其实芹菜含有丰富的蛋白质、矿物质和芳香油，其中芳香油可提高食欲，促进血液物循环。还可起到降低血压和健脑的作用。

四、吃饭时不要看书

有些大学生好像“惜时如金”，一边吃饭一边看书报或杂志。众所周知，“一心不可两用”，这里的心就是人的大脑，吃饭和学习不能在同一时间内进行，否则两者都做不好，而且有损健康。因为，吃饭时看书，大脑就要进行思考、判断、联想、记忆等脑力活动，分散了吃饭的注意力，无暇顾及食物滋味的品尝，感觉不到吃东西的香甜，口里唾液和胃里消化液分泌减少，胃肠蠕动减弱，食欲也随着减弱，久而久之，则会引起消化不良和肠胃病。而且，当看书、学习时，需要较大量的血液供应大脑，若一边吃饭一边看书，胃肠为了消化食物，也要较多的血液供给胃肠，这样会把供给大脑的血液夺走一部分，造成供脑的血液不充足，稍久会感到头晕眼花，对学习也无益处。

五、避免进食过多的冷饮冷食

有些学生外出归来或体育活动后，为了解渴，一次喝很多冷饮或吃很多冷食，虽然好像满足了口渴的要求，但却伤害了肠胃。这是因为运动后或身体很热时，肠胃道的血管处于收缩状态，大部分血液集中到参加运动的四肢肌肉中，或是到体表扩张的血管里，以利散热。加上胃受到冷饮冷食的刺激，易引导胃幽门痉挛，结果水分容易积存在胃内，引起腹部闷胀不适。同时，胃肠突然受到冷的刺激，引起胃肠血管痉挛以及胃肠壁的平滑肌强直收缩，发生阵发性腹痛或伴有腹泻和面色苍白，这就是人们所说的胃肠痉挛。

六、遵从膳食制度

一日三餐，是身体摄取营养的“制度”，这个制度源远流长，是有科学道理的。可是，有的大学生有时不吃早餐或经常不吃早餐。其主要原因是睡懒觉。个别女同学为了减肥，限制热量，这是不符合身体的生理要求的。脑力劳动主要靠葡萄糖供给能量，大脑消耗的葡萄糖来源于血液中的葡萄糖，血液中的葡萄糖是靠三餐饮食供给的。清晨的血糖已经较低（每 100 毫升血液中的葡萄糖 80~100 毫克），如果不进食，及时补充，血糖会继续下降，表现出头晕、四肢无力、手发抖、出冷汗、心慌等情况。既不能集中精神听讲或学习，也容易使身体抵抗力下降，易患各种疾病。

第六章　大学生的行为与体质健康

行为与健康有着密切的关系。随着经济的发展，由不良行为、生活方式引起的疾病迅速增加。我们已经知道吸烟、缺乏运动、不合理膳食等是慢性非传染性疾病的危险因素；在传染病的传播过程中，人们自身的行为可能导致疾病的感染或传播。另一方面，通过合理的行为，也有助于疾病预防、治疗和康复。作为当代大学生，应该主动掌握行为与健康的基本知识，培养健康的学习和生活习惯，养成正确的用脑卫生、用眼卫生、起居卫生、运动卫生和营养卫生，减少或消除各种健康危险因素，提高生活质量，促进身心健康。

第一节　行为概述

一、行为的概念

1. 行为的定义：行为（Behavior）是人类及其他动物在内外环境的刺激下所引起的反应。具体地说，行为就是有机体面临内外环境变化的内在生理和心理变化的反应。

2. 行为的表示法：美国心理学家伍德沃斯（Woodworth）提出的著名的行为表示法：S（stimulus）→O（organism）→R（reaction）（刺激→有机体→反应）

3. 行为的含义：人类行为有一个一致的基本规律：它是人类为了维持自身的生存和种族的延续，与环境相互作用所发生反应的结果。它包括三层含义：

（1）行为表现为一种活动过程

（2）行为表现某人当时的状态

（3）行为表示该人具有的某种行为特征

例如：当某个吸烟者接过别人敬的烟并开始吸烟时，这个行为不仅表明他是个吸烟者，正处于吸烟状态，还提示吸烟是他的生活习惯，他具备吸烟者通常有的一些行为特征。

二、行为的分类

人具有生物性和社会性，因此，人类的行为分为：

1. 本能行为：是由人的生物属性决定的。包括：①摄食行为；②睡眠行为；③性行为；④攻击和自我防御行为；⑤探究行为；⑥追求刺激行为。

人的本能行为与动物的本能行为有本质的区别，因其受到文化、心理、社会诸因素的影响。例如：人在疲倦的情况下会产生睡眠行为，但是如果受到时间、地点、环境甚至纪律的限制，人会主动抑制这种行为，以适应当时的情况。

2. 社会行为：是由人的社会性决定的。主要来自社会环境的影响，即个体的社会性行为是人与周围环境相适应的行为，是通过社会化过程确立的。示范行为的来源包括：

①家庭；② 学校；③单位；④大众传媒。

人类就是这样不间断的学习、模仿、受教育、与他人交往的过程，逐步理解到必须使自己所做的事情得到社会的承认，符合道德规范，具有社会价值。

三、行为与健康

人的行为的产生受知识、个性、态度、需要和价值观的影响。人的行为与健康密切相关。良好的行为可以增进健康，预防疾病；不良的行为则严重危害健康。当前发达国家中的主要死因已经不是传染病和营养不良，而是心脏病、肿瘤和意外事故，这后一类疾病的致病因素与行为有十分重要的关系。

现代医学的发展使人们认识到，心血管疾病、肿瘤除生物性致病因素外，还存在大量的社会和行为因素，如摄入过多的脂肪、吸烟、缺少身体锻炼、摄入过多的食盐等。

WHO 的统计数字（1992 年）：在人类死亡因素中，有 60%是由不良行为引起的。美国因不良的生活方式和行为致死的人数占总死因比率的 48. 9%；中国因不良的生活方式和行为致死的人数占总死因比率的 37. 3%。

危害健康行为的主要表现特点是：①该行为对己、对人、对整个社会的健康有直接或间接的、明显或潜在的危害作用。②该行为对健康的危害有相对的稳定性，即对健康的影响具有一定作用强度和持续时间。③该行为是个体在后天生活经历中习得的，故又被称为“自我创造的危险因素”。

危害健康的行为通常可分为四类：①日常危害健康行为。主要包括吸烟、酗酒、吸毒、性乱等。②致病性行为模式（简称 DPP），是导致特异性疾病发生的行为模式。目前研究较多的有 A 型和 C 型行为。A 型行为的表现有两种：不耐烦和敌意。由此常因别人的微小失误或无心得罪而大发雷霆。产生该行为的根本原因是过强的自尊和严重的不安全感。A 型行为者还有一些重要的外部体征，如语言带有突发性敌意、前额口唇汗液津津、常匆忙打断别人讲话、眼周有色素沉着等。C 型行为的表现是情绪好压抑，好自我克制，表面上处处依顺、谦和善忍，内心却是强压怒火，爱生闷气。③不良生活习惯。主要导致各种成年期慢性退行性病变、早衰、癌症等发生。表现有饮食过度、偏食、挑食和过多吃零食；嗜好含致癌物的食品，有不良进食习惯等。④不良疾病行为。疾病行为指个体从感知到自身有病到身体康复所表现出来的行为。不良疾病行为发生在已知自己患病或病患已被确诊后。常见表现形式为瞒病行为、恐惧行为、自暴自弃行为等。

我们应该采取的行为：①每天坚持适当的体育锻炼和户外活动；②重视安全行为，预防意外事故的发生；③建立良好的生活习惯，包括合理饮食、有规律地就餐、控制体重、足够的睡眠、良好的社交、定期体检；④避免接触污染环境和高危环境；⑤避免吸烟、酗酒、吸毒和药物成瘾等。

第二节　常见危害大学生健康的行为

一、吸烟

吸烟是危害人体健康的恶习，世界卫生组织将吸烟列为全球性流行病，并确认烟草是目前对人类健康的最大威胁。现代医学科学证明，烟草燃烧时会释放出一千多种化合物，绝大多数对人体有害，且有不少于44种的致癌物质。世界卫生组织已经证实：30%的癌症与吸烟有关。吸烟会导致心血管疾病、容易引起中风；吸烟会导致肺癌、肺气肿、慢性支气管炎等疾病；吸烟会导致男性失去性机能、会导致更年期提早来临并易患骨质疏松症；吸烟会导致牙齿及手指变黄、口臭；孕妇吸烟易导致胎儿早产及体重不足。

（一）我国大学生吸烟现状

学生初次吸烟年龄的高峰处于高中阶段。这一学习阶段的学生辨别是非能力较差，有叛逆心理，容易因好奇和感觉生活无聊而开始吸烟。随着学生零用钱的增多，吸烟率也随之升高。大学生吸烟的主要动因依次为提神醒脑、交际应酬、模仿好奇和受人影响等。

（二）吸烟的危害

（1）吸烟对肺的危害最为严重：烟中所含的焦油是一种棕黄色黏性树脂，沉积在吸烟者肺中，容易引起肺癌。据临床统计，肺癌患者中80%~85%是因吸烟引起的，而戒烟又使得肺癌的病死率下降。除去可怕的肺癌，吸烟者在吸烟的过程中，呼吸道黏膜会受到刺激而发生问题。如烟中的尼古丁进入人的支气管可对支气管的纤毛产生抑制和麻痹作用，严重的可使其丧失活力甚至脱落，导致支气管黏膜受损。香烟的有害物质还会改变支气管黏膜的渗透性，使黏液分泌增多，引起咳嗽、多痰、慢性气管炎、咽喉炎等症状。由于反复感染而使肺活量下降、气短，发生肺气肿、肺纤维化、肺功能不全，继而发生肺源性心脏病等疾病。

（2）吸烟增加癌症的发生几率：可以引起口腔癌、喉癌、唇癌、肺癌等许多种癌症。现代研究发现，生殖器癌的发病也与吸烟有关，还会增加膀胱癌发生的危险。美国在对16544位女性进行长达4年的跟踪研究后发现，吸烟女性比不吸烟的女性患乳腺癌的机会要高出30%。

（3）吸烟损害心脑血管：烟草中的一氧化碳是一种会干扰氧气利用的有毒气体，它与血红蛋白的亲和力比氧气与血红蛋白的亲和力强，吸烟会使得碳氧血红蛋白的浓度升高，影响红细胞输送氧气的功能，造成慢性氧气利用不够，进而影响中枢神经系统功能，同时会促进胆固醇增多，加速动脉粥样硬化，影响心脑血管的健康。

（4）吸烟影响孩子的健康：伤害未出世的胎儿。统计发现，母亲吸烟的胎儿出生后幼儿成长期及智力发育等方面均会受到影响。在癌症的发生方面，研究发现，母亲在怀孕期间吸烟或被动吸烟，胎儿出生后在儿童期间与没有被动吸烟的儿童相比，发生癌症的危险高1倍。家庭成员中有人吸烟，孩子的健康也会受到损害。有资料表明，父母一方吸烟，儿童患支气管炎和肺炎的危险性增加50%，此外还会增加孩子发生哮喘的可能和发生中耳炎的机会。

（5）吸烟对消化系统的影响：不仅会使消化道肿瘤的发生几率增加，如口腔癌、肠癌等更加容易发生，不容易为人们所重视的胃炎、消化道溃疡的发生也与吸烟有着密切的关系。烟草里的有害成分会抑制消化腺分泌消化液，使胃肠道的消化功能减弱，消化道黏膜的抵抗力下降，同时，由于吸烟可以影响胃的排空，这样更容易患溃疡病。吸烟还会增加患胃炎的机会，烟草中的尼古丁会使胃黏膜下血管收缩、痉挛，使黏膜缺血、缺氧，胃黏膜血流量减少是破坏胃黏膜完整性，是导致胃黏膜损伤的重要因素之一。尼古丁还可使幽门括约肌松弛，运动功能失调，胆汁反流。反流到胃内的胆汁能破坏胃黏膜的自我保护屏障，造成黏膜糜烂，导致炎症。吸烟还会促进胃酸分泌，在胃黏膜屏障被破坏的基础上，胃酸又加重了胃黏膜的损害。

（6）吸烟造成社会损失：也许有些人会认为“吸烟是国家一大税收”，其实，吸烟给社会带来的负担比它的税收贡献要大得多。因吸烟而引起的疾病所开支的医疗费以及劳动价值的损失远远高于烟的税收；此外，有 1/4~1/3 的火灾是由于吸烟不小心引起的。一个小小烟头，就可将宝贵的森林资源化为灰烬，造成人民生命财产的巨大损失，人是世界上最宝贵的财产，生命是无价之宝，不能和金钱相提并论。

（7）吸烟危害他人健康：我国现有烟民 3 亿多人，占世界总吸烟人数的 1/4。据全国抽样调查，被动吸烟率高达 39.7%，这样直接或间接受到烟草危害的人共有 7 亿之多。自觉养成不吸烟的个人卫生习惯，不仅有益于健康，而且也是一种高尚的公共卫生道德的体现。

青少年正处于生长发育时期，呼吸道黏膜容易受损，吸烟的危害性更大。据调查，小于 15 岁开始吸烟的人，比不吸烟的人肺癌发病率高 17 倍。所以，我国中学生、大学生都不要吸烟。

（三）对吸烟危害的预防

对吸烟危害的预防应采取综合性的措施，其中包括对群众的健康教育、立法和“治疗性”戒烟，而健康教育是这一综合措施的重要一环。对吸烟人群的健康教育要注意其吸烟的社会心理动机，这种动机不消除，教育的效果就不好。要使吸烟人对吸烟危害有“恐惧感”，必须造成一种“社会歧视”的吸烟环境。利用现代传媒、广告等宣传手段宣传吸烟的危害和戒烟的方法。开展禁烟宣传教育需要从小学开始，中学、大学阶段均不可放松，减轻学生的身心负担、丰富学生的文化生活、开展健康有益的业余活动是控烟运动的有效措施。

二、酗酒

酒是粮食或果实经发酵后制作的一种饮料。随着人们物质文化生活的丰富，酒的消耗与日俱增。根据调查，上海大学生的饮酒情况呈现三个特点：一是饮酒人数越来越多，年幼者或女性饮酒的人数增加更明显。二是狂饮、暴饮的比例上升。三是酒类品种的高档化，品尝茅台、五粮液、人头马等中外名酒已非罕见。

要提倡完全禁酒是不现实的，因为酒不属于毒品。从某种意义上说，饮酒是一种活动的需要。庆典、婚宴、联欢、饯行……但酒带来欢乐的同时也会带来忧患和灾难。人们在工作、家庭或社会活动中遇到挫折或者不快，易出现过量饮酒的行为，这就是我们反对酗酒的原因。

长期、过量地饮酒称为酗酒。在大学生当中，酗酒人数也越来越多，特别是在同学聚会或者吃“散伙饭”的时候，酗酒现象非常普遍。

1. 酗酒危害社会安全：酒精对中枢神经系统的作用表现是先兴奋后抑制，酒精中毒者往往先是兴奋、有欣慰感，后则出现口齿不清、动作不协调，甚至酩酊大醉。酒精会破坏肌肉的协调，使神经反应迟缓、注意力不集中，这时最容易发生事故，对生命安全带来影响。许多凶杀案、强暴事件及交通事故都与饮酒过量有关。据统计，世界上 1/3 以上的交通事故与酗酒及酒后驾车有关。

2. 酗酒对神经系统的影响：加速脑部老化过程、损伤智力、情绪不稳定、注意力分散，导致错误的判断。实验证明，当血液中的酒精浓度达到0.1%时，会使人感情冲动；达到0.2%~0.3%时，会使人行为失常。长期酗酒会导致酒精中毒性精神病。

3. 酗酒对肝脏的影响：大量的酒精需要通过肝脏代谢分解，势必加重肝脏的负担，久而久之容易引起脂肪肝或肝硬化。肝癌的发病也与长期酗酒有关。暴饮还会诱发急性胆囊炎和急性胰腺炎。

4. 酗酒对消化系统的影响：酒精对食管和胃的黏膜损害很大，会引起黏膜充血、肿胀和糜烂，导致食管炎、胃炎、溃疡病、食道静脉曲张、食道出血等。

5. 酗酒对心血管系统的影响：初期轻微胸痛、心律不齐，逐渐变成心脏扩大、心室衰竭，酒精会增高血压，容易造成中风或继发性心脏病。由于酒精影响脂肪代谢，升高血胆固醇和甘油三酯，大量饮酒会使心率增快，血压急剧上升，极易诱发脑卒中。长期饮酒还会使心脏发生脂肪变性，严重影响心脏的正常功能。

6. 酗酒与药物的关系：感冒药、镇静剂、安眠药等如果和酒一起服用，会增强药物作用而产生危险。

7. 造成身体中营养失调和引起多种维生素缺乏症：酒精中不含营养素，经常饮酒者会食欲下降，进食减少，势必造成多种营养素的缺乏，特别是B族维生素的缺乏，还影响叶酸的吸收。

在我国，酗酒是危害健康的重要因素之一，每逢节假日，急性酒精中毒增加，因酗酒导致的猝死情况也时有发生。因此，应加强酗酒有害健康的教育。

三、吸毒

毒品泛滥作为当今世界的重大公害之一，越来越引起各国政府和人们的关注。联合国国际麻醉品管理署在1997年的年度报告中指出，世界人口的10%卷入了毒品的生产和消费，并正在以每年3%~4%的速度增长。全世界每年因吸食毒品而死亡的人数高达10万，因此而丧失劳动能力的人每年约有1000万。

药瘾是指反复使用某种药物所引起的一种周期性或者慢性中毒的状态。导致药瘾的药物包括鸦片类、镇静催眠类、兴奋剂、致幻剂等。由于非医疗需要而非法使用这些成瘾药称为吸毒。癌症病人的晚期，由于癌细胞的扩散，会使病人产生极大的疼痛感，吗啡和杜冷丁之类的药物能起到显著的止痛作用。从人道主义出发，医学上规定允许使用此类镇痛针剂。国家卫生部门对这些药物的处方权及发放有着极严格的规定，严防药物流入非法渠道。

（一）吸毒的危害

（1）吸毒对身体的危害：①大脑病变：近年来的研究证实，毒品能直接改变人脑中部分化学物质的结构，破坏、扰乱人体正常的高级神经活动，有的甚至毒害、损伤神经组织。②心脏病变：毒品毒害人体重要的组织、器官，对循环系统的毒害表现为血压下降，心动过缓。③消化系统：吸毒者瘦弱不堪，胃肠道平滑肌和括约肌张力提高，蠕动减弱，出现消化和吸收功能障碍，食欲不振，甚至完全丧失营养。④传染疾病：毒品破坏人体免疫机制，使吸毒者极易感染各种疾病。⑤传播艾滋病：吸毒者使用不洁的注射器或共用注射器造成人类免疫缺陷病毒（HIV）的直接血液传播或通过性接触感染艾滋病毒。⑥自伤、自杀、自残：吸毒者难以忍受毒瘾发作的巨大痛苦，往往采取自伤、自残甚至自杀的方式摆脱毒瘾的发作。⑦加速死亡：吸毒者为满足毒瘾易造成吸食（注射）过量，毒品导致呼吸中枢神经系统衰竭而死亡或毒品中混杂有毒、有害物质出现过敏性休克及各种复杂的并发症，严重者导致死亡。

（2）吸毒对社会的危害：毒品的泛滥，不仅危害人类的健康，而且破坏国家的社会安宁和经济发展，已成为严重的国际性公害。吸毒不仅导致各种各样的违法犯罪，引起一系列的家庭问题，而且使社会蒙受了巨大的损失。具体可分为：

①经济损失：人们已经越来越注意到，吸毒会给社会的经济造成损失。毒品吞噬社会财富的能力是惊人的。对于发展中国家来说，毒品造成的损失和扫毒所需的巨额经费是沉重的负担。吸毒者在工作中造成的事故比正常人高出3~10倍。②人力资源上的损失：在吸毒引起的社会损失中，人员损失是一个不可忽视的内容。明显的人员损失就是指那些因吸毒而直接致死者，在这方面，国外许多国家都有统计数字。吸毒还导致了不明显的人员损失。对于任何国家而言，成人劳动力都是物质生产和社会生活的中坚，青少年一代更是国家的重要资源和希望所在。但是，吸毒不仅毁掉了许多成年人，使他们失去了为社会创造财富的能力，而且还腐蚀着大量的青年一代，使他们在肉体上、心灵上经历创痛。社会在这方面蒙受的损失，是难以用数字说明的。③其他损失：吸毒给社会带来的可见损失，不仅仅包括经济损失和人力资源损失，还包括其他一些损失。首先，由于毒品问题的泛滥，一些发展中国家的农田被侵占用于种植毒品，这必然影响粮食的产量，造成粮食的损失。其次，由于毒品的生产和加工都是在隐蔽的情况下进行的，而且条件极其简陋，因而很容易造成环境污染。再次，毒品问题的泛滥，会大大败坏一个地区、一个国家的社会风气，使一些优秀的价值观念慢慢丧失殆尽。

（二）青少年吸毒的特征及动机

在我国，日益突出的青少年吸毒问题主要有以下几个特点：

（1）人数急剧增加：从20世纪80年代后期尤其是进入90年代以来，青少年吸毒的人数急剧增加。据有关方面统计，我国有吸毒问题的县、市已占全国县、市的70%。

（2）文化水平偏低：从各地登记在册的吸毒人员的情况来看，文化水平普遍偏低，以初中、小学文化程度为最多，部分为文盲。

（3）毒品种类多样：从目前各地吸食的毒品种类来看可谓多种多样，但又以海洛因为主。武汉市在近两年对娱乐场所的突击检查中，查处的涉冰毒案件已超过500例，并呈逐年上升之势。在一些舞厅、酒吧，摇头丸、K粉已成为不少“隐君子”的新宠。

（4）多为结伙吸食：随着20世纪90年代以来青少年吸毒人数的急剧增加，吸毒人员已由过去单独隐蔽吸毒发展到结伙聚集在一些固定场所、甚至公共场所吸毒。结伙吸毒与单人吸毒相比，更能相互影响，危害性更大。

（5）吸毒贩毒交织：各地的情况表明，绝大多数青少年吸毒者最后变成了贩毒者，滑入了毒品犯罪的深渊。这些青少年一般是从吸毒开始的。当毒瘾不大，工资收入和储蓄尚能维持时，他们是单纯的吸毒者。随着毒瘾增大，所需的资金增多，原有的财力难以支撑吸毒所需时，便以贩毒养吸，由毒品的被害者变为害人者。吸毒和贩毒这对连体怪胎相互依存，推波助澜，形成恶性循环。

（6）复吸比率极高：吸毒者对毒品有极大的依赖性，一旦染上毒瘾便难以戒掉。一些吸毒者刚走出戒毒所回到原来的环境，便恢复吸毒，形成吸毒——戒毒——复吸——劳教戒毒的怪圈，正可谓“一旦吸毒，十年戒毒，终身想毒”。

（三）大学生吸毒的危害

如前所述，吸毒对个人和社会的危害极为严重。前联合国秘书长安南说，毒品在吞噬着整个社会，毒品在毁掉青年和未来。大学生身心尚未发育成熟，一旦染上毒瘾，对个人健康和社会的危害将更加严重。

（1）摧残身心健康：大学生正处在人生的黄金阶段，本应精力集中在学习上。在生理、心理均未完全成熟的情况下，一旦吸毒成瘾，身心将受到严重的摧残。一些吸毒成瘾又搞不到毒品的人，会在“白色魔鬼”的驱使下，用切手指、砍胳膊、烟头烫等自残方式来缓解毒瘾。一些青少年甚至因吸毒过量而直接导致死亡。

（2）引发青少年刑事犯罪：吸毒是一种高额消费。据调查，每个成瘾的吸毒者一天需花费100~1000元不等的毒资。为了支付巨额的毒资，吸毒者不得不采用非法的方法来获得钱财，从而诱发违法犯罪。据某戒毒所统计，吸毒者中80%以上有过诸如盗窃、抢劫、诈骗、贪污、受贿、贩毒、图财杀人、淫乱等违法犯罪行为，女性吸毒者90%以上有过卖淫行为。由此可见，吸毒导致的犯罪行为日渐增多，已经成为严重危害社会治安的一个罪恶之源。

（3）传播多种疾病：吸毒者常常采用静脉注射、肌肉或皮下注射的方式吸毒。这种方式因多人共用未经消毒的注射器和针头而传播各种皮肤病、性病甚至艾滋病等多种疾病。

（四）大学生和青少年吸毒的原因

毒品危害如此之烈，为什么青少年还会吸食呢？

（1）好奇心理驱使：刚进校门的大学生，身心发育尚未成熟，世界观、人生观尚未形成，思想幼稚，好奇是此年龄段的特有心理，对任何事物都存在强烈的探索欲望。但是，他们往往缺乏辨别是非的能力，当听说吸毒后“其乐无穷”时便想试一试，从而一发不可收拾，被毒魔死死缠住不能自拔。有的学生也知道吸毒有害，但在一试无妨的冒险、侥幸心理驱使下误入歧途。某些毒品犯罪分子正是利用了青少年的这种好奇心，采用种种方法诱骗其吸毒成瘾，从而成为其长期的买毒客户。

（2）家庭环境影响：环境在青少年的成长过程中起着重要的作用。良好的家庭环境可以促进和保障青少年身心的健康成长，不良的家庭环境则往往成为青少年违法犯罪的重要原因。青少年吸毒成瘾即是其父母或其他家庭成员言传身教的结果。除了家庭成员的吸毒行为直接成为青少年吸毒的原因外，一些家庭父母离异或者长期外出，孩子得不到正常的教育，或一些经济条件好的家庭，父母过分溺爱孩子，无条件地满足其物质要求，使孩子有充分的经济条件去寻求毒品的刺激等，都可能是导致青少年吸毒成瘾的原因。据某市对青少年吸毒与家庭环境关系的调查表明，因父母离异，家庭残缺，得不到家庭温暖而导致吸毒的占30%；受家庭吸毒成员影响而吸毒的占28%；因家庭溺爱、娇生惯养而走向吸毒的占5%。

（3）交友不慎：人在生活中必然和周围的同类发生交往，并在长期的交往中形成朋友关系。交上一个优秀的朋友，可以对自己的工作和生活产生良好的影响；交上一个坏人做朋友，可能会毁了自己的前途，葬送未来。所以对于青少年来说，交友应当非常慎重，以免因交友失误悔恨终身。据某县调查，因为朋友吸毒觉得好奇而吸毒和受朋友引诱后吸毒的青少年占76.92%。

（4）精神空虚所致：青年阶段是人生的黄金时期，也是人生的“危险期”。这一时期他们的人生观、价值观、世界观尚未定型，正在体验着人生最激烈的情绪变化，最易受外界的影响，一旦遇到生活困难、人际冲突、恋爱失败、升学就业受挫等，就会灰心丧气、精神颓废、心灵空虚。为了弥补空虚的心灵，便去寻找各种刺激，而毒品就是一种可以在短暂时间内给人以强刺激的物品，于是这些精神空虚的青少年试图寻找安慰，忘却烦恼，就会染上毒品。

（五）吸毒的控制

强制性的法律手段和行政手段是控制吸毒的关键。我国20世纪50年代扫除鸦片有很成功的经验，达到过全社会根除的效果。对于青少年吸毒的预防，主要的措施是：

（1）加强宣传教育：青少年吸毒者中有的是因为不知毒品的危害受诱骗、好奇而染上毒瘾，有的是因心灵空虚，寻求刺激而染上毒瘾。因此，为了遏制青少年吸毒的不良行为，要在全社会尤其是青少年中加强毒品的危害和远离毒品的宣传教育。

充分利用电视、广播、报纸、杂志等大众传媒宣传毒品的种类、性能、危害以及远离毒品的方法和知识，使防毒、禁毒的观念深入人心，利用学校这个教育阵地，对青少年学生进行防毒、禁毒、远离毒品、珍惜生命的教育。使学生在学校里就能学到防毒、禁毒的知识，从而自觉远离毒品。

（2）杜绝毒品来源：吸毒以能获得毒品为前提和条件。所以，将毒品的来源彻底切断，使吸毒现象成为无源之水，是遏制青少年吸毒的最直接有效的措施。

（3）做好戒毒工作：对于广大青少年来说，重要的是教育他们远离毒品；对于那些已经染上毒瘾的青少年来说，关键是要做好戒毒工作，使他们早日脱离毒魔。

第三节　走出亚健康

一、什么是亚健康

世界卫生组织认为：健康是一种身体、精神和交往上的完美状态，而不只是身体无病。根据这一健康的定义，经过严格的统计学统计，真正健康的人仅占5%，患有疾病的人占20%，而70%以上的人群处在健康和患病之间的过渡状态，这三部分人群呈“橄榄球”状分布，“橄榄球”中间的部分，世界卫生组织称其为“第三状态”，国内常常称为“亚健康”状态。

“亚健康”状态是指人的机体虽然无明确的疾病，但呈现出活力降低，适应力呈不同程度减退的一种生理状态。在此状态下，人们感觉身体和精神上有各种各样的不适感，在医院做各种检查和化验，却未发现有任何器质性病变。“亚健康”状态处理得当，则身体可向健康转化，反之则患病。亚健康虽然不是疾病，却是现代人身心不健康的表现，被称为21世纪人类健康的“克星”和“世纪之病”。

对于亚健康状态的认识是国际医学界20世纪80年代后半期的医学新思维，标志着人们生活质量的提高，对健康的要求更加深入。

二、亚健康的特点

亚健康作为一种偏离健康的生理状态，其主要表现为身体症状、心理症状、社会适应三个方面。具体有以下几方面特点：

1. 生理、心理、躯体均存在活力减低，适应能力呈不同程度减退现象。

2. 有自觉症状，但做全面的检查又未发现异常、无临床体征，没有功能性或器质性病变。

3. 人群中广泛存在。随着社会节奏加快，这一群体不断增大，随着时间延长，机体损害可能越来越明显。

4. 可逆性。在工作学习时，可以与正常人群一样，只是效率低。时而趋向健康、时而趋向疾病。环境的改变或不良行为习惯纠正后，会逐渐康复转为健康状态。

大学生常见的亚健康状态主要表现为：感觉过敏，焦虑烦躁，萎靡不振，紧张性头痛，假性眩晕，血管抑制性晕厥，精神性尿频，失眠，新生孤僻；假性心绞痛，功能性心律不齐，慢性疲劳综合征，特发性关节痛，纤维肌痛综合征；神经性厌食，胃肠道能紊乱，癔球症，单纯性便秘，经前期水肿。还可能出现后天性秃发，电脑综合征，烟瘾，恐癌综合征，假性近视，口腔灼痛，运动过敏，以及查不出原因的低烧、乏力等。

三、亚健康的四大起因和五大危害

（一）亚健康有四大起因

（1）过度紧张和压力。研究表明长时期的紧张和压力对健康有四害：一是引发急慢性应激直接损害心血管系统和胃肠系统，造成应激性溃疡和血压升高、心率增快、加速血管硬化进程和心血管事件发生；二是引发脑应激疲劳和认知功能下降；三是破坏生物钟，影响睡眠质量；四是免疫功能下降，导致恶性肿瘤和感染机会增加。

（2）不良生活方式和习惯。如高盐、高脂和高热量饮食，大量吸烟和饮酒及久坐不运动是造成亚健康的最常见原因。

（3）环境污染的不良影响。水源和空气污染、噪声、微波、电磁波及其他化学、物理因素污染是防不胜防的健康隐性杀手。

（4）不良精神、心理因素刺激。这是心理亚健康和躯体亚健康的重要因子之一。

（二）亚健康有五大危害

（1）亚健康是大多数慢性非传染性疾病的疾病前状态，大多数恶性肿瘤、心脑血管疾病和糖尿病等均是从亚健康人群转入的。

（2）亚健康状态明显影响工作效能和生活、学习质量，甚至危及特殊作业人员的生命安全，如高空作业人员和竞技体育人员等。

（3）心理亚健康极易导致精神心理疾患，甚至造成自杀和家庭伤害。

（4）多数亚健康状态与生物钟紊乱构成因果关系，直接影响睡眠质量，加重身心疲劳。

（5）严重亚健康可明显影响健康寿命，甚至造成英年早逝、早病和早残。

四、亚健康的表现症状

（一）躯体性亚健康

（1）疲劳感。大学生的疲劳感主要以“脑力性疲劳”为主，表现为：注意力不集中，记忆力下降，反应迟钝，头痛头沉头昏，嗜睡，烦躁，四肢乏力，耳廓发热，恶心呕吐，看书看了一大段却不明白其中的意思等，多为用脑时间较长，体内二氧化碳蓄积过多所致。

（2）失眠或睡眠不良。表现为入睡困难，早醒，醒后难以入睡，多梦，易惊醒，似睡非睡等。主要由以下几方面因素导致：

①精神心理因素。学习紧张，精神压力较大，竞争激烈等。

②生活不规律，生物钟发生紊乱。

③失眠恐惧症。即使睡着了，也认为自己没睡着或睡眠时间不足。

（3）头痛。主要是指除器质性疾病外所致的紧张性头痛、偏头痛。由长期精神紧张、焦虑、疲劳、生活不规律所致。

（4）神经衰弱。

（5）体质虚弱。经常患有“感冒”，平素畏寒肢冷，腰酸背痛，神疲力乏，少气懒言等。

（6）眼皮跳。睡眠不良、疲劳、寒冷、紧张时易发生。

（7）超重或过瘦。

（二）心理性亚健康

（1）焦虑感。焦虑的核心内容是“担心”：担心考试不及格，担心找不到理想的工作，担心考研失败以及担心自己不受欢迎、不被认同等，很多同学称为“闹心”。

（2）疲倦感。典型特征是“活得很累”、“烦透了”。此类人常表现为：无精打采，空虚，消沉，颓废，厌倦，烦闷，缺乏热情等，是心理性亚健康的典型表现。

（3）无聊感。缺乏热情、激情，常处于被动观望状态，特点是空虚、幻想和机械化，自知痛苦，但又很难自拔，常伴随无助感。

（4）其他。敏感多疑，嫉妒，虚荣，自卑等。

（三）社会适应不足（人际交往性亚健康）

（1）严于待人宽以律己型。此类人在人类关系中看对方的缺点洞若观火、明察秋毫，对自己的毛病却浑然不觉、自鸣得意，生活工作中习惯于对别人要求严厉、批评、挑剔、指责多，表扬、鼓励、宽容少。

（2）自私自利型。此类人与人交往时，一事当头，先为己想，凡事不吃亏，难以找到真心朋友。

（3）固执、偏执型。此类人处事易钻牛角尖，经常与人发生无谓的争执、争吵，“好抬杠”，“认死理”，性格中具有“不撞南墙不回头”，甚至“撞了南墙不回头”的特点。

（4）冷漠孤僻型。学习、生活中不愿与人交往，缺乏沟通，独来独往，对于公共事业缺乏热情。

五、走出亚健康

美国行为学家 Breslow 等对 6928 名加利福尼亚成人，进行了为期 5 年的七项健康行为干预研究。这七项健康行为包括：①每晚睡 7~8 小时；②每天不忘吃早饭；③一日三餐外不吃零食；④控制体重，保持正常状态；⑤适度运动；⑥不吸烟；⑦适量饮酒。结果发现能做到 6~7 项者，比只做到 3 项或不到 3 项者，平均寿命延长 11 年。由此，为“走出亚健康，保持健康水平”我们应该做到以下几点：

（一）每天睡 7~8 小时

健康体魄来自睡眠，没有足够的睡眠就没有健康。有科学家观察告诉我们：晚上 10 时至凌晨 2 时，是人体一天中，物质合成最旺盛、分解最少、人体疲劳恢复的最佳时段；也是人体内两支“国防”力量，B 淋巴细胞和 T 淋巴细胞生长最旺盛的时间。B 淋巴细胞和 T 淋巴细胞强大，人体抗病能力就强，就会少生病、不生病。人体错过这一时段，对健康的损害难以估量。

（二）不忘吃早饭

早饭犹如进补。早饭吃得再多也不会胖。早年全世界在美国举办过早餐会议，各国营养权威对世界范围早餐进行研究，得出结论：吃早饭有利于增进记忆，提高学习、工作效率和健康水平。什么是符合营养要求的早餐呢？通常认为含有以下四五种食物的为健康早餐。即粮食 100 克（最好是杂粮、粗粮）；牛奶 1 瓶；鸡蛋 1 个（忌食油煎荷包蛋、炒蛋）；菜适量；水果一个。

（三）一日三餐外不吃零食

吃能吃出健康来，吃也能吃出疾病来。因此首先一日三餐的营养要均衡、适量，即不要偏食，要样样吃，不要吃得太饱，这样才能满足人体对七大营养素的需求，健康就有保证。这里要指出的是：人的脾胃是人体“气血生化之源”，是消化吸收营养的重要器官。如果一日三餐外还要吃大量的零食，一方面会加重胃肠的负担，使人体过多吸收营养，增加高血脂、糖尿病的风险；另一方面还容易使脾胃造成损伤。当然，以零食代替一日三餐的做法更是违反了均衡营养的原则。

（四）适度运动

适宜的运动是保持脑力和体力协调，预防、消除疲劳，防止亚健康，延年益寿的一个重要因素。这里特别要提醒的是：切忌在疲劳到极点的时候忽然想到“生命在于运动”，疲劳时人体需要的是休息，不是运动，此时运动对人体只有害没有益。对待运动的科学态度是“贵在坚持，重在适度”。适度就是在锻炼完毕，冬天自觉全身暖和，夏天微微出汗，但不觉心慌为度。万万不可不锻炼则罢，一锻炼就满头大汗，气喘吁吁、心跳、气急，这样于健康非但无益，反而有害，甚至会发生意外。

（五）不吸烟

吸烟是有百害而无一利的。科学家告诉我们，一口烟雾中含有 20 兆个氧自由基（氧自由基是百病之源），每吸一支烟，平均减寿 5 分钟，终生吸烟平均减寿 18 年左右。据调查发现：将每天吸 20 支烟以上的人与不吸烟的人比较，口腔癌增加 3~10 倍；食管癌增加 2~9 倍；膀胱癌增加 7~10 倍；胰腺癌增加 2~5 倍；肾癌增加 1~5 倍；其他癌症增加 1~4 倍；冠心病发病率高 2~3 倍；气管炎发病率高 2~8 倍。吸烟、肥胖、不合理膳食是引起高血压的三大危险因素。

（六）少饮酒

酒的主要成分是乙醇，适量饮酒对人体有兴奋作用，使血管扩张、循环加强、精神振奋、疲劳解除；酒对味觉、嗅觉也有刺激作用；在饭前饮用少量"开胃酒"可以增进食欲，有益健康；在适量饮酒的60分钟后，可使体内胰岛素增高，也可提高消化功能。少量饮酒是指：啤酒半瓶，葡萄酒、黄酒100克，不能超过200克；白酒最好不喝，非喝不可以25克为度，绝对不能超过50克。但是酗酒或饮酒成瘾都有害健康，慢性酒精中毒引起肝脏损害、酒精性肝硬化乃至肝癌。过量嗜酒会造成急性酒精中毒，严重的可造成心跳、呼吸停止以致送命。

（七）要喝茶少喝饮料

茶是国际上公认的三大健康饮料之一，是不可多得的抗癌饮料。茶含有500多种化学成分，茶中还含有丰富的生物活性物质。茶有60多种保健功能和20多种药用功效，如有生津止渴、消食、下气、解腻、解肥、解酒、利水、通便、清热解毒、治痢、防龋齿、明目、祛痰、安神除烦、养生益寿等。现代医学科学的研究也证明了茶叶能防龋齿、治菌痢、解毒、降脂、利尿消肿、抗动脉硬化，甚至具有抗突变、抗癌和防辐射等功能。此外，茶还具有抗自由基、抗衰老功效和降压、降脂等作用。喝茶有百利无一害，但不要喝浓茶，饭后不要马上喝茶。

（八）注意居室卫生

居室首先要光照充足。阳光除了具有调节温度、湿度、清洁和净化空气、杀灭病菌等作用外，阳光中的紫外线还能促进人体吸收维生素D，从而促进肠道对钙的吸收。第二，居室要通风换气。一个人每小时需要20~30立方米的新鲜空气，一间15平方米居室或办公室的容积约有40.5立方米，只要有2个人，就需要每隔1小时左右换一次气，才能保证室内空气新鲜，氧气充足。

（九）心理健康

古人曰："忧则伤身，乐则长寿"，精神情绪对人体健康和衰老起着关键性作用。现代人在心理上常处于紧张状态，工作担子重，精神压力大，持续的心理紧张和心理冲突会造成精神上的疲劳，使工作效率降低，免疫功能下降，容易发生疾病。值得注意的是不良心理导致疾病，通常是一些无关紧要的情绪波动日积月累造成的结果。不愉快的心理情绪还影响免疫功能，削弱机体"免疫监视"的能力，易引起癌症或其他疾病。人体大约有60兆个细胞构成，其中每天有20多个细胞发生突变，免疫监视功能强的人，就能依靠自身的力量，将异常分裂的细胞吞噬掉，这样就能消除癌症的祸根，相反免疫监视能力低下，突变的细胞就生存下来，久而久之，癌症就发生了，足见保持心理健康的重要性。怎样才能保持心理健康呢？归纳起来三句话：知足常乐，助人为乐，自得其乐。只有这样才能做到天天有好心情，健康生活每一天。

第四节　合理的生活习惯

一、努力改变以下不良生活习惯

1. 不吃早餐：天长日久就会造成营养不良、贫血、抵抗力降低，并会产生胰、胆结石。

2. 饱后即睡：饭后即睡易引起心口灼热及消化不良，还会发胖。

3. 饱食：饱食容易引起记忆力下降，思维迟钝，注意力不集中，应激力减弱。经常饱食，还会诱发胆结石、胆囊炎、糖尿病疾病，使人未老先衰，寿命缩短。

4. 强忍小便：强忍小便有可能造成急性膀胱炎、出现尿频、尿病、尿疼、小腹胀疼等症状。有憋尿习惯的人患膀胱癌的可能性比一般人高5倍。

5. 伏案午睡：一般人在伏案午睡后会出现暂时性的视力模糊，原因就是眼球受到压迫，引起角膜变形、弧度改变造成的。倘若每天都压迫眼球，会造成眼压过高，长此下去视力就会受到损害。

6. 睡懒觉：睡懒觉使大脑皮层抑制时间过长，天长日久，可引起一定程度人为的大脑功能障碍，导致理解力和记忆力减退，还会使免疫功能下降，扰乱机体的生物节律，使人懒散，产生惰性，同时对肌肉、关节和泌尿系统也不利。

7. 不饿不吃：许多人进餐无规律，不吃早餐或不按时就餐，理由是不饿就不吃。殊不知，进餐无规律，饮一餐饿一顿，不仅会打乱人体饮食生物钟节律，给健康带来危害，而且一般来说，食物胃内经过4~5个小时后就会全部排空，当人感到饿时胃液已经开始“消化”胃黏膜，长期下去无规律，也是导致消化不良和营养不良的重要原因。

8. 不渴不喝：有些人平时不喝水，只是在口渴时才喝，理由是不渴喝什么水？在正常情况下，人每天可通过出汗、呼吸和大小便排出一部分水，为了保持水的平衡，人体又从食物和饮水中补充所丢失的水分，每天喝一定量的水（一般需1000毫升左右，夏天还要适当多一些）是健康的需要。如果感到口渴，表明身体已缺水。因此，要保持机体的水平衡，不能等口渴了再喝水，应该主动喝水。

9. 不累不歇：工作学习和休息，是相互影响的两个相对立的统一体，会休息的人，才会工作和学习。有些人感到累了才休息，甚至累了还要硬撑一会儿。其实，这样做不仅对工作和学习无益，而且对健康也会带来危害的。累了，是身体相当疲劳的感觉和表现，已对健康造成了危害，这时再休息为时已晚。要合理安排工作学习和休息，应养成不累也休息的习惯，做到不过分透支体力和脑力，才有益于健康。

10. 不病不治：有病早治，无病早防，这是人们普遍知晓的道理。许多人不懂得预防，不积极进行健康检查，常常悔之晚矣。其实，保健养生应以预防为主，生活规律，合理营养，保持良好的心态，坚持适宜的运动锻炼，提高身体素质和抗病能力，减少疾病的发生。此外还应定期检查身体，保证有病可以及时发现，及时治疗，及时康复，这样才能健康长寿。

11. 鞋跟过高：促使趾和前脚掌负重过度，身体前倾，胸腰后挺，导致腰肌韧带过劳，易发生趾外翻、趾囊炎、关节骨折等。

12. 喝酒过量：酒喝多了会伤害肝、脾、胃，长期饮酒还会使酒精在人体内积累形成慢性中毒，麻痹神经使人体代谢功能紊乱，加速衰老。

13. 步行太久：步行足弓保持一定的高度和张力，如步行太久，足弓就会下陷使跟骨负重增加，容易发生骨折。因此步行旅游时每日行程不宜太长，应穿合适的旅游鞋，并注意补充营养。

14. 刷牙过久：刷牙可清洁口腔和牙齿，防止牙病和口腔炎症及诱发的风湿病、肾炎等，但刷牙时间过久会使牙龈损伤，不利于牙齿生长，还会导致牙周发炎。

二、坚持以下生活取舍

1. 少肉多菜：食肉过多易患肠癌，而且食肉还会导致脂肪过多、血管栓塞等疾病。因此生活中应少肉多菜。

2. 少盐多醋：食盐过多的人，容易患中风症、肾脏病等，一般饮食应以清淡为宜。健康专家认为：每天喝一二两醋，对肠胃有益，可增加皮肤光泽。

3. 少衣多浴：少衣是指冬天来临时，不要穿得太暖和，最好是衣着仅仅及暖便可。此外，要经常洗澡，以去除肌肤间的污垢，并使皮肤得到适当的按摩，确保血流通畅。

4. 少糖多嚼：过饱饮食，会使肠胃的负荷大增，还会把多余的营养存于皮下，使人肥胖。而多咀嚼食物，却可使胃部负担不至太重。口部咀嚼的运动，会刺激神经，使头脑灵活。

5. 少车多步：步行不仅可令人身体健康，还可使我们重新寻回自我。

6. 少欲多施：将所欲改为施与，把满足自己的心理变成满足人。

7. 少忧多眠：与其样样事都忧心忧虑，还不如养足精神，明天多做事更管用。而每天躺在床上不足四五个小时，无疑是对身体最大的摧残。

8. 少愤多笑：愤怒会使人心理不平衡，催人减寿。唯有笑才可使人更愉快、健康。

9. 少坐电梯，多爬楼梯：爬 1 分钟楼梯，你就会消耗 6 卡路里热量，即使你只住在 4 层楼上，一星期也至少能消耗 120 卡路里热量，1 年就是 5520 卡路里，相当于你一年能少长 1 公斤脂肪呢。

10. 不要迷恋赌博：长期进行赌博，可使中枢神经系统处于高度紧张状态，容易引起激素分泌增加，血管收缩，血压升高，心跳和呼吸加快等，会增加心血管疾病的发病率，还会患溃疡和紧张性头疼。

11. 避免生活过度紧张：从事脑力劳动和做生意的一些中青年人，他们的生命机器在整日超负荷运转，由于他们在心理上的竞争欲强，在生理和心理方面皆承受着巨大的压力。过度的脑力和体力劳动后，随之而来的是抗疲劳和防病能力的减弱，进而可能引发多种冷热病。

第七章 体育运动与体质健康

生命在于运动，运动可以增进健康，这是许多人都明白的道理。但是，如何通过科学的体育运动来促进人体的健康，并非人人皆知，并且，这也一直是国内外学者不断探讨的课题。体育运动作为促进人体健康、生存、不断发展和完善的一种手段，在现代社会中越来越受到人们的重视，因为生活在科学不断发达、经济不断繁荣、社会不断文明的今天，人们更渴望自身的健康、发展和完善，总是希望自己能有一个健康的身体来享受这美好的生活，所以，人们对追求运动健身和运动完美有非常强烈的欲望。

第一节 体育运动对体质健康的作用

在当今现实生活中，高科技产品更多地进入了人们的工作环境和家庭生活中，与上几代人相比，我们大约可少消耗三分之一的体力，加之休闲时光和娱乐方式已经被电子游戏机、电脑、电视 VCD、网上生活所占据，人们就更缺乏应有的体育锻炼。随着现代文明程度的不断提高，缺乏体力劳动和体育运动的现象日益严重。生活方式和工作方式的改变，使人们的健康受到更大威胁。首先，缺乏运动可使人体新陈代谢功能下降，此类人患肥胖症、糖尿病、高血压、脑中风、心脏病的可能性要比坚持合理运动的人高出 5~8 倍；心脏功能要早衰 10 年以上；动脉硬化、肾病、胆石症、骨质疏松症、癌症、精神抑郁症的发病率也明显升高。一项医学研究表明，常年采用静坐体位生活和工作的人，其死亡率明显高于保持运动的人。身体总是保持相对静止状态对健康的危害，相当于每天吸一包烟。作为明智的现代人，如果意识到自己缺乏相应的运动量，就应给自己加一项任务——每天抽出 30~60 分钟时间，用来进行适合于自身的体育运动。如果一个人想要健康、精力充沛地生活和工作，想要推迟衰老、延长寿命，想要充分享受生命，那么就要在自己的每日生活中，加入运动这项任务。

国外科学家经多年研究指出，运动与健康是息息相关的，并列举了 13 条运动与健康的关系：

1. 运动可改善心血管系统，降低血中低密度脂蛋白含量，减少罹患冠状动脉阻塞的心脏疾病。

2. 运动可降低肥胖的程度，据估计，如果能将与肥胖有关的死亡加以预防，人类可以增加 7 年的寿命。

3. 背痛造成活动困难，使身体机能退化，背痛导致支撑脊椎的肌力衰退或组织失去弹性，适当的肌力训练和运动可以有效改善或预防背痛，增进身体活动能力。

4. 慢性疲劳除了和疾病有关外，也会由于缺乏运动而导致肌肉组织流失，使肌力减低，无法有效地开展日常生活和工作。

5. 随着高度工业化，缺少运动容易引发一些疾病如冠心病、高血压、下背痛、肥胖以及关节病变等。

6. 现代生活的快速节奏造成的巨大压力容易导致焦虑，影响人们的精神健康。

7. 运动不足，使儿童愈来愈衰弱，使协调感、平衡感、空间感每况愈下，社会活动力也因此降低。

8. 运动可以控制体重，体重过重是引起如冠心病、高血压、糖尿病、关节病变的导因。

9. 运动让人感觉美好，心情愉快，更能迎接每天的挑战。运动可增强适应能力，让工作效率提高，增加收入，改善生活品质。

10. 睡眠的质量可因为运动而更好，良好的睡眠是健康的基础。

11. 运动可有效地解除工作的紧张和压力。

12. 体能良好者能享有独立自主的晚年生活，大幅降低晚年日常生活的依赖性。

13. 晚年阶段体能维持好者，能远离病痛、维持健康，可以避免长年病卧床褥，有尊严地走完生命的旅程，享受晚年的生活品质。

运动心理学研究证明，各项体育活动都需要以较高的自我控制能力、坚定的信心、勇敢果断和坚忍刚毅的意志等心理品质为基础。因此，有针对性地进行体育锻炼，对培养健全性格有特殊的功效。假如你觉得自己不合群，不习惯与同伴交往，那你就选择足球、篮球、排球以及接力跑、拔河等集体项目进行锻炼，这些锻炼可帮助你逐步改变孤僻的性格，适应与同伴的交往。假如你胆子小，做事怕风险，容易脸红，怕难为情，那就应多参加游泳、溜冰、滑雪、拳击、摔跤、单双杠、跳马、跳箱、平衡木等项活动，这些运动要求人不断克服害羞、怕跌跤等各种胆怯心理，以勇敢无畏的精神去越过障碍，战胜困难，经过一个时期的锻炼，你的胆子定然会变大，处事也会老练起来。如果你有办事犹豫不决、不够果断的毛病，那就多参加乒乓球、网球、羽毛球、拳击、摩托、跨栏、跳高、跳远等体育活动，进行这些项目的活动，任何犹豫、徘徊都会延误时机、遭到失败，长期锻炼能帮助你增强果断的个性。倘若你发现自己遇事容易急躁、冲动，那就应多参加下棋、打太极拳、慢跑、长距离步行及游泳、骑自行车、射击等运动，这些运动能调节神经活动，增强自我控制能力，稳定情绪，使急躁、冲动的弱点得到改进。如果你做事总是担心完不成任务，那就得选择一些如跳绳、俯卧撑、广播操、跑步等项目进行锻炼，坚持锻炼一段时期后，信心就能逐步得到增强。若你遇到重要的事情容易紧张、失常，那你就应多参加公开激烈的体育比赛，特别是足球、篮球、排球比赛。面对紧张激烈的比赛，只有冷静沉着才能取得优胜。经常在这种场合进行锻炼，遇事就不会过分紧张，更不会惊慌失措。

假如你发觉自己有好逞强、易自负的问题，就可选择难度较大、动作较复杂的技巧如跳水、体操、马拉松、艺术体操等项目进行锻炼，也可找一些水平超过自己的对手下棋、打乒乓球或羽毛球，还不断提醒自己“山外有山”，万万不能自负、骄傲。要想使体育锻炼达到心理转化的目的，锻炼必须有一定的强度、质量和时间要求。每次锻炼时间要在30分钟左右，运动量应从小到大、循序渐进，三个月为一周期，进行两个周期以上才能有效。要注意运动的适应证和禁忌证，还要注意防止发生意外事故。

美国有一位专家在美国就运动与死亡率作了调查，共调查100多万人在一年中的死亡率情况（见表 7-1）。

表 7-1

年龄（岁）	完全不运动（%）	少量运动（%）	中运动（%）	坚持运动（%）
45~49	1.06	0.56	0.38	0.23
60~64	4.90	2.32	1.19	0.29
80~84	16.43	8.29	3.96	2.49

前苏联一位医学博士提出一个著名的健康公式：

长寿=（情绪稳定+经常运动+合理饮食）/（懒惰+酒+烟）

总之，运动是一种副作用最小或没有副作用的促进健康的方式，它不仅有益于健康的提升，更可以增加家庭快乐，增进社会和谐，促进国家活力，可见科学的体育锻炼对健康有着良好的促进与增进、维持效果，生命在于运动是亘古不变的真理。

第二节　科学安排运动锻炼的基本原则

一、体育锻炼的一般原则

体育锻炼方法虽然简单易学，但要想科学地安排，提高锻炼效果，避免伤病事故，就必须遵循体育锻炼的基本原则。

（一）循序渐进原则

体育锻炼的循序渐进原则是指在学习体育技能和安排运动量时，要由小到大、由易到难、由简到繁，逐步进行。不少体育爱好者在开始进行体育锻炼时，兴趣很高，活动量也很大，但坚持不了几天，就失去锻炼热情，还会出现各种不良反应。产生这种现象的原因可能有以下几种：开始活动量大，机体无法很快适应，身体疲劳反应也大，锻炼者受不了这么大的“苦”而放弃体育锻炼；对体育锻炼的期望值过高，认为只要进行体育锻炼就会立竿见影，结果锻炼几天后，未见身体机能有明显变化，因而对体育锻炼大失所望；开始体育锻炼时活动量过大，身体不适应造成运动损伤等。基于上述原因，人们在进行体育锻炼时，要逐渐地增加运动量。以跑步为例，开始时可先进行散步等运动强度不大、活动量较小的练习，首先在心理上做好思想准备，活动 1 周或 10 天，待身体机能适应后，再进行小强度的慢跑，以后逐渐增加跑步的速度和距离。另外，锻炼者也要充分认识到，体育锻炼效果不可能在短时间内就立见成效，只有坚持下去，才能取得理想的效果。

（二）全面发展原则

对多数体育锻炼者来说，进行体育锻炼并不是单纯发展某一运动能力或身体某一器官的生理机能，而是通过体育锻炼使整体机能全面、协调发展。所以，在体育锻炼时，要注意活动内容的多样性和身体机能的全面提高。如果只单纯发展某一局部的生理机能，不仅提高生理机能的作用不明显，而且还会对身体机能产生不利影响。如青年人在进行力量练习时如果只注意右臂力量的发展，天长日久，就会出现右臂粗、左臂细，甚至脊柱侧弯的现象。

全面发展原则主要有两层意思：一是体育锻炼的项目要丰富多样。不同的体育锻炼项目，对身体机能的影响作用不同，选择多样化的锻炼项目，将有助于身体机能的全面提高，对青少年体育锻炼者来说，更应如此，以免由于单一的体育锻炼造成身体的畸形发展。二是如果由于体育锻炼条件的限制，不可能选择较多的运动项目，那么，在确定体育活动内容时，就应当选择一种能使较多的器官或部位都能得到锻炼的运动形式，以保证做到活动项目虽然单一，但仍可对机体产生全面的影响。

（三）区别对待原则

体育锻炼时，还要根据每个锻炼者的年龄、性别、爱好、身体条件、职业特点、锻炼基础等不同情况做到区别对待，使体育锻炼更具有针对性。

大学生可进行对抗性强、运动较剧烈的球类运动、爬山比赛等，以增加体育锻炼的兴趣。

男同学可进行一些体现阳刚之气的举重等体育锻炼，女同学可练习健美操、健美舞等柔韧性运动项目。

（四）经常性原则

经常参加体育活动，锻炼的效果才明显、持久，所以体育锻炼要经常化，不能三天打鱼两天晒网。虽然短时间的锻炼也能对身体机能产生一定的影响，但一旦停止体育锻炼后，这种良好的影响作用会很快消失。一次性体育活动可以提高人体的免疫机能，增强人体的抗疾病能力，但这种作用在体育锻炼后的第二天或第三天就消失了。所以要想保持身体旺盛的体力和精力，就必须坚持参加体育锻炼。以减肥为主要目的的体育锻炼，就更应该坚持不懈，因为一旦有了减肥效果，就停止锻炼，会使体重继续增加，体重的过多反复，会使体重出现“超量恢复”，不仅不能减肥，反而使身体更胖。因气候条件不能在室外进行锻炼时，可改在室内进行，即使暂时变换锻炼内容，对锻炼效果也不会有太大影响。

（五）安全性原则

从事任何形式的体育锻炼都要注意安全，如果体育锻炼安排得不合理，违背科学规律，就可能出现伤害事故，所以应做到：

（1）体育锻炼前做好充分的准备活动，各器官系统的机能进入活动状态后，再进行较剧烈的运动。

（2）体育锻炼要全身心投入，体育锻炼过程中不要开玩笑，这对于大学生尤为重要，有时稍不注意，就可能出现运动损伤。

（3）在进行跑步、健美操等体育锻炼时，最好不要在沥青马路和水泥地面上进行，以防出现各种劳损症状。

二、长期体育锻炼的科学安排

体育锻炼只有持之以恒，才能取得理想的健身效果。锻炼者在体育锻炼前应根据自身条件、健身目的，制订出一个长期稳定而又切合实际的锻炼计划。在制订长期体育锻炼计划时，至少应考虑锻炼者的健身目的、年龄和季节等多方面的因素。

（一）根据健身目的科学安排体育锻炼

在进行体育锻炼前，每个人都有较明显的健身目的，这是人们科学安排体育锻炼的重要依据。如果是为了单纯性的增强体质，提高健康水平，那么，安排体育锻炼的内容和时间就比较灵活一些，可以跑步、打球、练习武术等，时间可长可短。如果是为了提高肌肉力量，发展肌肉块，就应该以力量练习为主，每周训练 3 次，其余时间用于身体机能的全面发展。增加肌肉力量要有科学、现实的目标，制定目标时不要太高，要留有余地，目标过高，肌肉力量增长过快，不仅对肌肉本身不利，反而会破坏机体的协调发展。如果以减肥为主要目的进行体育锻炼，就应该以有氧运动为主，运动的时间相对较长，以使体内的多余脂肪充分消耗，通过体育锻炼减肥，每月减体重 2 公斤比较合适。如果女性为了保持优美的身材和体形所进行的体育锻炼，就应该多做一些健美操运动。

（二）根据季节科学安排体育锻炼

不同季节的气候条件对安排体育锻炼也有影响，锻炼者应根据季节气候的变化规律安排体育锻炼，并注意季节交替时体育锻炼的内容的衔接。

（1）春季锻炼。一年之计在于春，春季科学地进行体育锻炼可以为一年的体育锻炼和身体健康打下较好的基础。经过寒冷的冬季，身体各器官的功能包括肌肉的功能都处于较低水平，肌肉、韧带也较为僵硬，所以开春进行体育锻炼，主要是以加强体内的新陈代谢为主，逐渐提高各器官的机能水平。体育锻炼的内容应以有氧代谢为主，运动强度要逐渐增加，运动形式多为长跑、自行车、跳绳、爬山、球类等。在春季进行体育锻炼时，要做好准备活动，充分伸展僵硬的韧带，以减少运动损伤。同时，要注意脱穿衣服，防止感冒。

（2）夏季锻炼。夏季天气炎热给体育活动带来很大不便，但如果夏季停止体育锻炼又破坏了体育锻炼的连续性。所以，夏季既要坚持体育锻炼，又要掌握锻炼的强度和时间。夏季最理想的运动是游泳，这项运动不仅可以提高身体机能，同时又可防暑解热。但要注意并不是所有人都有条件或适合进行游泳运动。夏季可供人们选择的体育锻炼项目还有慢跑、散步、太极拳、羽毛球等。在进行这些项目的运动时，最好是在清晨和傍晚进行，运动后要注意水分的补充，以防身体脱水和中暑。

（3）秋季锻炼。秋高气爽是体育锻炼的大好季节。体育运动中许多重大的国际比赛都安排在秋季进行，说明秋季适合多种体育活动的开展，如篮、排、足三大球，长跑、武术、自行车等。一些冬季锻炼项目，如冬泳、冷水浴等，也应该从夏末秋初就开始准备，以使身体有一定的适应过程。秋季进行体育锻炼时，由于天气变化无常，早晚气温较低，锻炼时要注意及时增减衣服。另外，秋天的天气干燥，锻炼前后要补充水，以保持黏膜的正常分泌和呼吸道的湿润。

（4）冬季锻炼。冬季参加体育锻炼，不仅可以提高身体的一般健康水平，更重要的是可以提高身体的抗寒能力，预防各种疾病的发生，所谓的“冬练三九”就是这个道理。冬季体育锻炼的内容非常丰富，一般可进行长跑、足球、拔河等，北方还可练习滑雪、滑冰。冬季锻炼时身体生理机能惰性较大，肌肉组织容易受伤，所以要做好准备活动。运动吸气时最好采用舌尖顶住上颚，让冷空气从舌根下进入口腔的方式，防止冷空气直接刺激口腔黏膜。

（三）科学安排运动量

体育锻炼时，运动量是影响锻炼效果的重要因素。运动量过小，锻炼效果不明显；运动量太大，会对身体机能产生不利影响。处于生长发育时期的青少年，随着年龄的增加，身体机能不断提高，这就要求锻炼者的活动量不断增加，以使运动量不断适应日益提高的身体机能。如果青少年的活动量只是停留在较低水平，那么，他们所从事的体育锻炼就只能保持身体机能不下降而无法有效地提高身体机能。

（四）中断体育锻炼后怎样重新恢复运动

前面提到，要想取得理想的体育锻炼效果，必须坚持经常、系统的体育锻炼，但在实际生活中，往往会由于生病、受伤、家庭意外事件等这样或那样的原因而中断一定时间的体育锻炼，这时再开始体育锻炼时，就要根据中断体育锻炼的原因、时间长短和锻炼者的身体情况，重新制订一个短时间的恢复性体育锻炼计划。

（1）由于身体状况而中断体育锻炼，如疾病、受伤等，在恢复锻炼时要注意活动量相对较小一些，恢复锻炼时多做一些轻微性活动，恢复时间也可长一些。如果是由于非身体条件而中断体育锻炼，活动量可大一些，适应性时间可短一些。中断体育锻炼的时间越长，其恢复时间就越长。

（2）过渡性锻炼过程中，主要进行小强度体育锻炼，运动形式有慢走、慢跑、太极拳等，运动时心率以每分钟 120 次为宜，一般不超过每分钟 140 次。

（3）对年轻人来说，由于其身体机能好，代谢旺盛，过渡性锻炼的时间可短一些，一般有一周左右的时间就足够了。

三、单元体育锻炼的科学安排

体育锻炼实际上是以每天为单元进行的，一般情况下，每天应进行一次体育活动。人体进行一次体育活动，一般都要经过准备活动、运动强度逐渐增加、保持相对稳定的活动时间、身体疲劳与恢复等阶段，因此，体育锻炼者应学会科学地安排每次锻炼，以获得理想的健身效果。

（一）充分的准备活动

在每次体育锻炼前都要进行充分的准备活动，通过准备活动既可以提高锻炼效果，又可以减少运动损伤。准备活动分为一般性的和专项性的两种。一般性准备活动指在正式练习前所进行的活动量较小的全身性活动，运动形式主要是慢跑，同时可做一些伸展性体操和牵拉性练习，主要目的是使身体各器官活动充分，为即将开始的体育锻炼做好准备。活动时间一般为 5~10 分钟，天气冷准备活动时间可长一些，天气热可短一些，如果活动的形式是散步，则可以不做准备活动。专项准备活动主要指一些与活动项目相似的准备活动内容，如踢足球前的传接球、射门，武术前的踢腿、劈叉等。专项活动的时间不要太长，但活动的质量要高。准备活动不仅能使身体机能进入最佳状态，而且也要使心理活动达到最佳水平，准备活动结束时，应保证身体和心理的全身心投入。

（二）运动强度逐渐增加

在正式进行体育锻炼时，活动量也要遵循循序渐进的原则，不要一开始就突然增加运动强度，这样会使身体出现一系列不适反应。这是因为人体的各器官都有一定惰性，在运动开始后的一段时间有一个逐步提高的过程。由于内脏器官的生理惰性比运动器官的惰性更大，所以活动一开始，肌肉能进行大强度活动，但内脏器官的活动并不能立即进入最佳状态，从而造成内脏器官与运动器官的不协调，出现各种不适症状。因此，活动开始后，运动强度要逐渐增加。

（三）足够的锻炼时间

以健身为主要目的的体育锻炼，应当以有氧运动为主，因此，运动强度不要过大，但要保证足够的锻炼时间。在体育锻炼中，运动强度并不是最主要的因素，运动时间才是影响锻炼效果的重要因素。因此，体育锻炼者在安排锻炼时间时，应注意以下几个问题：

（1）为了保证基本的锻炼效果，每天锻炼的时间应至少在半小时以上。在运动强度与运动时间之间出现矛盾时，应首先考虑运动时间，如果每天锻炼不能保证半小时，即使强度增加，健身效果也不明显。

（2）如果锻炼者的学习较忙，每天无法挤出整半小时的时间进行锻炼，可以采取化整为零的办法，即每次锻炼 10 分钟，每天锻炼若干次，也同样可以取得较好的锻炼效果。对于刚参加体育锻炼或身体机能较差者，如果一开始不能进入持续半小时的体育锻炼，亦可采用此办法。

（3）保证足够的锻炼时间不是说每次锻炼的时间越长越好，不管从事什么强度的体育锻炼，即使是散步这种小强度的体育锻炼，锻炼时间也不要超过 2 小时，一般情况下，每天锻炼 1 小时效果最好，身体机能好的，时间可长一些，身体机能差者，时间可短些。

（四）身体疲劳与恢复

体育锻炼一段时间后人体必然会产生疲劳，疲劳是一种生理现象，任何体育锻炼都会产生疲劳，只有通过体育锻炼产生人体疲劳，才能出现身体机能的超量恢复。但是，疲劳的不断积累也可能造成身体的过度疲劳，后者会对机体产生不利影响。所以，了解体育锻炼时疲劳产生的原因，掌握疲劳诊断和消除方法，对提高锻炼效果具有重要意义。

（1）疲劳的产生原因。①能源物质大量消耗。②代谢产物堆积。③水盐代谢紊乱。④神经细胞保护性抑制。

（2）疲劳的判断。①简易生理指标测定法。锻炼后肌肉力量不增加，反而下降，说明机体产生疲劳。心率也是判断疲劳最简单的指标，锻炼后心率恢复时间延长，或者第二天清晨安静时心率较以前明显增加，表示机体产生疲劳。②主观感觉。如果体育锻炼后感到身体轻松、舒畅，食欲和睡眠情况较好，说明这种疲劳是正常反应。如果体育锻炼后感到头昏、恶心、胸闷、食欲减退，身体明显疲劳，甚至产生厌恶感，说明疲劳程度较重。③一般观察。让同伴观察锻炼者的机体反应。如果对方面色苍白、眼神无光、反应迟钝、情绪低落，说明疲劳较重。

（3）疲劳的消除。①足够的睡眠。体育锻炼中能源物质大量消耗，身体机能明显下降，充分的休息是保证疲劳尽快消除的重要手段，而休息的最佳手段为睡眠。②整理性活动。整理性活动主要包括一些小强度慢跑、伸展性练习、按摩等手段。③营养补充。消除疲劳的前提是使消耗的能源物质及时得到补充。不同的体育锻炼形式补充的能源不同，一般来讲，力量练习后补充蛋白质，耐力练习后补充淀粉，而水果和蔬菜是各种体育锻炼后都应补充的“家常便饭”。④其他。在体育锻炼后还可以采用其他一些手段促进疲劳的消除，如温水浴、听音乐等。

第三节 体育锻炼中常见的生理反应及处理

一、肌肉酸痛

（一）原因和症状

运动后的肌肉酸痛原因是运动时肌肉活动量大，引起局部肌纤维及结缔组织的细微损伤，以及部分肌纤维的痉挛所致。这种酸痛不是发生在运动结束后即刻，而是发生在运动结束后 1~2 天以后，因此，也称为延迟性疼痛。由于这种酸痛现象只是局部有肌纤维损伤和痉挛，不影响整块肌肉的运动功能。所以，酸痛后经过肌肉内部对细微损伤的修复，肌肉组织会变得更加强壮，以后同样负荷将不易再发生酸痛。

（二）处置和预防

（1）处置。当已经出现肌肉酸痛后，可采用以下几种方法减轻和缓解：

①热敷。对酸痛的局部肌肉进行热敷，促进血液循环及代谢过程，有助于损伤组织的修复及痉挛的缓解。②伸展练习。对酸痛局部进行静力牵张练习，保持伸展状态 2 分钟，休息 1 分钟，重复进行，有助缓解痉挛。③按摩使肌肉放松，促进血液循环，缓解肌肉痉挛和损伤修复。④口服维生素 C。维生素 C 可促进结缔组织中的胶原合成，有助于损伤的结缔组织的修复。⑤针灸、电疗等也有一定作用。

（2）预防。锻炼时，应根据自身的身体状况安排锻炼负荷，尽量避免局部肌肉负担过重；锻炼时，充分做好运动前的准备活动和运动后的整理活动。

二、运动中腹痛

（一）原因

多数在中长跑时产生。主要因准备活动不充分，开始时运动过于剧烈，或者跑得过快，内脏器官功能尚未达到竞赛状态，致使脏腑功能失调，引起腹痛；也有因运动前吃得过饱，饮水过多，以及腹部受凉，引起胃肠痉挛；少数因运动时间过长或过于剧烈，使下腔静脉压力上升，引起血液回流受阻，或者因肝脾淤血，膈肌运动异常，致使两肋部胀痛。

（二）处置和预防

（1）处置。如果没有器质性病变迹象，一般可采用减慢跑速，加深呼吸，按摩疼痛部位或弯腰跑一段等方法处理，疼痛常可减轻或消失。如疼痛仍不减轻，甚至加重，就应停止运动，口服十滴水或普鲁苯辛（每次一片），或揉按内关、足三里、大肠俞等穴位。如仍不见效，应送医院作进一步检查。

（2）预防。饭后一小时才可进行运动；做好准备活动，运动量要循序渐进，并注意呼吸节奏；夏季运动要适当补充盐分；对于各种慢性疾病引起的腹痛要就医检查，病愈之前，应在医生和体育教师指导下进行锻炼。

三、运动性贫血

(一) 原因和症状

血液中血红细胞数与血红蛋白量低于正常值，称为贫血。因运动引起的这种血红细胞量减少，即称为运动性贫血。

运动性贫血的指数，男性的血红蛋白量低于12%，女性低于10.5%。在通常情况下，本病的发病率女性高于男性。由于贫血，常引起多种不良的生理反应，危及健康。所以这部分学生常常恐惧体育锻炼，特别害怕中长跑锻炼。其发病的主要原因为：

(1) 由于运动时，肌肉对蛋白质和铁的需求量增加，一旦需求量得不到满足时，即可引起运动性贫血。

(2) 由于运动时，脾脏释放的溶血卵磷脂能使红细胞的脆性增加，加上剧烈运动时血流加速，易引起红细胞破裂，致使红细胞的新生与衰亡之间的平衡遭到破坏，从而导致运动性贫血。

运动性贫血发病缓慢，其症状表现有头晕、恶心、呕吐、气喘、体力下降，以及运动后心悸、心率加快、脸色苍白等。

(二) 处置和预防

(1) 处置。如运动中（后）出现头晕、无力、恶心等现象时，应适当减小运动量，必要时暂停运动，并补充富含蛋白质和铁的食物，口服硫酸亚铁，这对缺铁性贫血的治疗有明显效果。

(2) 预防。遵循循序渐进和个别对待原则，调整膳食。如运动时经常有头晕现象时，应及时诊断医治，以便正常参加体育锻炼。

四、运动性昏厥

(一) 原因和症状

在运动中，由于脑部突然血液供给不足而发生的一时性知觉丧失现象，叫运动性昏厥。其原因是由于剧烈运动或长时间运动，使大量血液积聚在下肢，回心血量减少所致。也和剧烈运动后引起的低血糖有关。

运动性昏厥表现为全身无力、头昏耳鸣、眼前发黑、面色苍白、失去知觉、突然昏倒、手足发凉、脉搏慢而弱、血压降低、呼吸缓慢等。

(二) 处置和预防

(1) 处置。应立即使患者平卧，足略高于头部，并进行由小腿向大腿和心脏方向按摩或拍击。同时用手指点压人中、合谷等穴位，必要时给氨水闻嗅。如有呕吐，应将患者头偏向一侧。如停止呼吸，应立即进行人工呼吸。轻度休克者，应由同伴搀扶慢慢走一段时间，帮助进行深呼吸，即可消失症状。

(2) 预防。平时要经常坚持体育锻炼。以增强体质；久蹲后不要突然起立；不要带病参加剧烈运动；疾跑后不要立即停下来；不要在饥饿情况下参加剧烈运动。只要遵循上述要求，运动性昏厥是可以避免的。

五、肌肉痉挛

（一）原因和症状

在体育锻炼时，肌肉受到寒冷的强烈刺激时，即可发生肌肉痉挛。常在游泳或冬季户外锻炼时发生；有的因准备活动不够，或肌肉猛力收缩。或收缩与放松不协调时，均可发生肌肉痉挛；也有的因情绪过分紧张所致。

肌肉痉挛时，肌肉突然变得坚硬、疼痛难忍，而且一时不易缓解。

（二）处置和预防

（1）处置。对痉挛部位的肌肉做牵引。例如腓肠肌痉挛时，即伸直膝关节，并配合按摩、揉捏、叩打以及点压委中、承山、涌泉穴等，以促使痉挛缓解和消失。

（2）预防。运动前做好准备活动，对容易发生痉挛的部位，事先应作适当按摩；夏季进行长时间运动时，要注意补充盐分，冬季锻炼时，要注意保暖；游泳下水前，应先用冷水淋浴；游泳时，不要在水中停留时间太长；疲劳和饥饿时，不要进行剧烈运动。

六、极点和第二次呼吸

（一）极点

在剧烈运动时，特别在中长跑时，下肢回流血量减少，氧债不断积累，并达到一定程度时，就会出现呼吸急促、胸闷难忍、下肢沉重、动作不协调，甚至有恶心现象，这在运动生理学上称之为“极点”。

（二）第二次呼吸

“极点”出现后，适当减慢运动速度，并注意加深呼吸，坚持下去，上述生理反应将逐步缓解与消失。随后机能重新得到改善，氧供应增加，运动能力又将提高，动作变得协调和有力。这种现象，标志着“极点”已经有所克服，生理过程出现新的平衡。此种现象，运动生理学上称为“第二次呼吸”。“第二次呼吸”出现后，循环机能将稳定在新的较高的水平上。

“极点”与“第二次呼吸”是长跑运动中常见的生理现象，无需疑虑和恐惧，只要坚持经常锻炼和处理得当，“极点”现象是可以延缓和减轻的。

七、运动中暑

（一）原因与症状

原因是在高温环境中，长时间体育锻炼，易发生中暑，尤其在温度高、通风不良、头部缺乏保护、被烈日直接照射的情况下，最容易发病。

中暑早期可有头晕、头痛、呕吐现象，逐步发展为体温升高，皮肤灼热干燥。严重者可出现精神失常、虚脱、抽搐、心率失常、血压下降，甚至昏迷危及生命。

（二）处置和预防

（1）处置。首先将患者扶送到阴凉通风处休息，解开衣领、额部冷敷作头部降温，口服十滴水，并补充生理盐水或葡萄糖生理盐水等。严重患者，经临时处理后，应迅速送医院进一步治疗。

（2）预防。在高温炎热季节锻炼时，应适当减少运动量和锻炼时间；避免在烈日下长时间锻炼；夏天在室外锻炼时，应戴白色凉帽，穿宽松薄衣；在室内锻炼时，应保持良好通风并备有低糖含盐的饮料。

第四节　常见的运动损伤与预防

一、运动损伤的常见原因

（一）运动前准备活动不充分

运动损伤的原因多是准备活动不充分或没做准备活动而引起的。有相当多的参与运动的人在活动时根本就没有做准备活动的意识，这样神经系统和内脏器官的功能没有被充分动员起来，肌肉伸展能力欠佳，关节不够灵活，动作不协调，导致运动损伤的发生，原因主要是对准备活动的作用不明确或不会独立做准备活动，错误地认为做准备活动是浪费体力，往往急于参加运动而造成损伤。身体素质差、技术动作不熟练是导致运动损伤的另一个重要因素。运动技术掌握不好有两个方面的原因：一是身体素质差，特别是力量、灵敏、柔韧素质较差，动作僵硬、不协调，遇到一些技术较复杂、难度较大的运动项目或在运动量、强度加大的情况下就容易受损。二是根据运动技术形成的规律，在运动技能形成的泛化阶段和分化阶段，由于对运动技术概念理解不深刻，练习中出现多余的动作后技术掌握不稳定，这种情况下也容易受伤。

（二）运动场地存在问题

场地、器械不合格也是造成运动损伤的重要因素。例如：①跑道过硬或高低不平，沙坑过硬或有杂物，海绵垫厚度不够，并且海绵垫之间相互衔接不严密，场地过滑等都容易造成运动损伤。②篮球、排球的练习是在水泥场地上进行的，由于地面硬，练习中跳跃动作多，容易造成踝关节、膝关节损伤。③体育设施、设备陈旧、摆放不当，如单杠、双杠、爬竿、爬绳等，受日晒雨淋，天长日久就会生锈、损坏，没有及时修理和更换，在练习时不注意看，就很容易受伤。又如：将危险器材随便摆放在操场上，又无人看管，因好玩致使人身受到伤害。

（三）过度疲劳引起损伤

运动疲劳、心理过于兴奋或紧张都是造成运动损伤的重要原因。运动疲劳受伤主要是在练习过程中反复做同一动作，使身体局部负担过大而引起的。比赛时会表现出过度的兴奋，容易发生损伤。练习较难的动作时，由于心理害怕，做动作犹豫不决，也容易发生运动损伤。天气不好，保护措施不当，都是引起运动损伤的原因。

二、常见运动损伤、处理办法与预防

1. 擦伤（皮肤表面受到摩擦后的损伤）处理：①轻度擦伤：伤口干净者一般只要涂上红药水或紫药水即可自愈。②重度擦伤：（首先需要止血）可用冷敷法、抬高肢体法、绷带加压包扎法、手指直接点压止血法。冷敷可使血管收缩，减少局部充血，降低组织温度，抑制神经的感觉，因而有止血、止痛、防肿的作用，常用于急性闭合性软组织损伤。

2. 鼻出血（鼻部受外力撞击而出血）处理：应使受伤者坐下，头后仰，暂时用口呼吸，鼻孔用纱布塞住，用冷毛巾敷在前额和鼻梁上，一般即可止血。

3. 扭伤（当关节活动范围超过正常限度时，附在关节周围的韧带、肌腱、肌肉撕裂而造成）处理：应先止血、止痛。可把受伤肢体抬高，用冷水淋洗伤部或用冷毛巾进行冷敷，使血管收缩，减轻出血程度，减轻疼痛。不要乱揉，防止增加出血。然后在伤处垫上棉花，用绷带加压包扎。受伤48小时以后改用热敷，促进淤血的吸收。

4. 挫伤（在钝重器械打击或外力直接作用下使皮下组织、肌肉、韧带或其他组织受伤，而伤部皮肤往往完整无损或只有轻微破损）处理同3。

5. 脑震荡（头部受到外力打击或碰撞到坚硬物体，使脑神经细胞、纤维受到过度震动）可分为轻度、中度和重度脑震荡。处理：对轻度脑震荡的病人，安静卧床休息一两天后，可在一星期后参加适当的活动。对中、重度的脑震荡，要保持伤员绝对安静，仰卧在平坦的地方，头部冷敷，注意保暖，及时送医院治疗。

6. 脱臼（由于直接或间接的暴力作用，使关节面脱离了正常的解剖位置）处理：动作要轻巧，不可乱伸乱扭。可以先冷敷，扎上绷带，保持关节固定不动，再请医生矫治。

7. 骨折（骨的完整性受破坏）处理：首先应防止休克，注意保暖，止血止痛，然后包扎固定，送医院治疗。

对运动损伤的预防必须采取有效的措施，切不可粗心大意。如发现有某些轻度损伤即应适当改变训练内容，不可不注意伤病，继续加重负荷，否则会使损伤加重，严重影响身体健康。发生运动损伤后要及时请医生诊断，确定伤情，以便及时治疗和安排伤后的训练。还应了解一些急性损伤临时处理方面的知识。对于扭伤和挫伤当时不要随意活动，以免加重伤情，应立即请医生诊治。对于开放性软组织损伤中擦伤和小撕裂伤，应学会自行处置；对于刺伤和切伤要立即根据出血部位、出血的特点（毛细血管、静脉、动脉）采取指压止血法或绷带止血法止血。严重损伤要迅速送医院诊治。闭合性软组织损伤在运动中较为多见。它包括关节、韧带的扭伤和肌肉、肌腱的拉伤等。这些伤口无裂口与外界相通。处理这类损伤应及时冷敷，限制活动，24小时后可热疗，肿胀消除可轻微活动，保护伤处以防重复损伤。对肌肉的细微损伤或有少量纤维撕裂，可及时给予冷敷，局部加压包扎，并提高患肢，疼痛重者可服止痛药。肌肉严重撕裂，在加压包扎急救后，立即送医院治疗。

总之，为了预防运动损伤的发生和一旦发生后便于急救，要学习一些运动保健的基本知识。对青少年的生理、解剖、心理等特点要有所掌握，使我们正确把握体育训练规律，防治运动损伤，达到提高身体素质、增强身体健康的目的。

第八章　发展身体素质及运动能力的锻炼方法

第一节　耐力锻炼常用的手段方法

耐力锻炼的主要方法是有氧运动。某些球类游戏和我国传统的体育活动，也有提高心肺耐力素质的作用。近年来小负荷的力量练习逐渐被用于提高心肺耐力的训练。

一、有氧运动

（一）有氧运动的概念

根据运动时能够摄入氧气量的多少，人体运动时的能量供应有 3 种不同系统。在没有足够氧气供应的情况下，“高能磷化物系统”依靠苷的分解，释放出能量，供给肌肉活动，但只能维持 1~8s。随后肌肉里储存的肌糖原进行分解，释放出能量，供肌肉继续工作，称为“乳酸系统”。依靠乳酸系统供能时，由于没有充足的氧气供应，肌糖原分解释放出能量的同时，会产生大量乳酸，肌肉中因为乳酸堆积，导致运动能力迅速下降，运动持续时间最多也就是 3~5min。依靠以上两种“无氧代谢”途径供能的运动项目，均属于无氧运动。

有氧运动是指运动时可以得到充足的氧气供应，供能的主要物质——糖可以完全分解为二氧化碳和水，并释放出大量能量，供给人体长时间运动，称“有氧系统”，或“有氧代谢系统”。有氧运动是指运动时以有氧代谢系统供能为主的运动项目。有氧运动可以持续很长时间，也被称为耐力练习。

（二）有氧运动的特点

（1）低强度。运动强度低，在单位时间内需要的氧气量较少，低于机体的最大吸氧量，运动时可以得到充足氧气供应，才能保持能量代谢供应是以有氧代谢为主。

（2）长时间、慢速度、长距离。有氧运动的速度慢，运动时以有氧代谢为主，糖可以充分氧化分解，生成二氧化碳和水，避免了乳酸的堆积，避免肌肉迅速产生疲劳，所以有氧运动可以持续较长的时间，完成较长的距离。

（3）周期性运动。有氧运动中的多数项目为周期性运动，如走、慢跑、跑、骑自行车、游泳、划船等。周期性运动在活动时反复重复同样的动作，一般动作简单，技术要求不高，容易掌握。

（4）全身大肌肉群参加活动。耐力锻炼所采用的有氧运动，多为上肢、下肢、躯干的主要肌群同时参与运动，可适当提高运动时的吸氧量，以达到增强心肺耐力的目的。

由于有氧运动具备上述特点，所以有氧运动成为心肺耐力锻炼最常用的手段方法。

（三）有氧运动的主要内容

各国学者共同推荐的健身性有氧代谢运动为：快步、慢跑、游泳、骑自行车、跳健身操（舞）、上下台阶等。这些项目具有上述有氧运动的各项特点，能够准确地计算出运动时的强度和能量消耗。爬山、游泳、划船、滑冰、旱冰、滑雪等，也属于周期性有氧运动，但运动强度不如上述项目容易控制，需要有一定的心肺耐力素质基础才适合进行。其中，水上运动、冰雪运动均要求锻炼者掌握一定的专门技术，并要具备专门的场地、设备、器材，受地区限制比较明显。

二、球类游戏

常用于心肺耐力素质锻炼的球类项目有：非竞赛性的篮球、排球、足球、羽毛球、乒乓球、网球，还有适于老年健身用的地掷球、门球、柔力球等。

球类运动是一种非周期性运动，其趣味性和娱乐性大大高于周期性有氧运动。但是，这类运动的强度变化较大，受个人身体素质、运动技巧，以及锻炼时同伴的表现的影响很大。球类运动适合于心肺耐力素质较好、运动水平较高的人群作为提高心肺耐力的手段。

三、我国传统体育运动项目

在我国传统体育运动项目中的气功、太极拳、舒心平血功、自我按摩、降压舒心操、简易降压功等，以其特殊的机理对心血管系统疾病的预防、治疗和康复起着良好的作用。太极拳、太极剑、木兰拳、木兰扇、五禽戏、八段锦，以及舞蹈、打腰鼓、扭秧歌等，运动强度较小，动作柔和缓慢，占地方不大，可活动全身，表现自我。除可保持、提高心肺耐力外，对改善中老年人的平衡素质，协调素质，保持健康的心态等都有一定作用，比较适合于老年人进行健身锻炼。

第二节　肌肉力量锻炼的手段方法

在制订增强肌肉力量的运动处方时，最重要的是选择正确的锻炼内容，即锻炼的手段方法。锻炼内容是否恰当，是否能达到锻炼的目的；运动量安排的是否合适，影响锻炼效果的大小。耐力运动处方中应用的锻炼内容，主要是有氧运动；力量运动处方中的锻炼内容，是各种肌肉力量练习。

一、力量练习

力量练习的分类根据不同的分类原则，可将力量练习分为不同的种类。

1. 按照肌肉收缩类型分类。根据锻炼时肌肉收缩的类型，常用的肌肉力量练习可分为：静力性的等长练习、动力性的等张练习、等速练习。由于等张练习中的离心收缩练习需要有外力辅助，等速练习需要有专门设备，目前只能在优秀运动员训练和功能障碍者的康复中使用。一般健身锻炼中的力量练习，主要是使用等长练习、肌肉向心收缩与小重量离心收缩相结合的等张练习。抬起重物时为向心收缩练习，在肌肉控制下慢慢放下重物的过程，为小重量的离心收缩练习。“快起慢放”是这种练习方法的要点，锻炼效果明显好于单纯的向心收缩练习（放下时肌肉放松）。

大多数练习方法既可做静力性练习，又可做动力性练习。包括向心收缩练习和离心收缩练习。例如，锻炼肱二头肌的负重屈肘练习，屈肘后坚持一定时间后再放下，为静力性或等长练习；屈肘后慢慢放下，重复一定次数，为以向心收缩为主的练习；加大负荷，用双臂举起，然后用单臂慢慢放下，重复一定次数，为离心收缩练习。所以，在制订运动处方时，除确定练习方法外，还应当进一步确定肌肉收缩的类型。

2. 按照肌肉用力程度分类。肢体的运动按照肌肉用力程度分类，可分为被动运动、助力运动、主动运动和阻力运动。其中被动运动是完全依靠外力帮助完成运动，肌肉不参与工作，没有增强肌肉力量的效果，所以不属于肌肉力量练习范畴。阻力运动，或称为抗阻练习，是增强肌肉力量的主要方法。

（1）抗阻练习：完全依靠自身力量运动，并克服一定外界阻力。阻力（或助力）的“力”可来自他人（如同伴）、自身（其他肢体）、重力、器械（大型健身器械、哑铃、弹簧、橡皮带等）、日常用品等。

（2）主动运动：完全依靠自身力量完成练习。主动运动看似没有附加外界阻力，实际上练习时必须要克服重力，即地心的引力。当运动方向与重力相反时，重力起阻力作用。例如由下蹲姿势起立、单杠的引体向上等。

（3）助力运动：部分依靠外力帮助完成练习。需要有外力帮助的情况有两种，一是锻炼者肌肉力量较弱，不能完全依靠自己的力量来完成动作。如老年人由于下肢力量下降，练习开始时需要稍加助力，才可以完成蹲起全部动作。另外一种情况是大负荷的离心收缩练习。由于离心收缩的最大力量，大于向心收缩的最大力量，必须依靠助力将重物抬起，再依靠自身的力量将重物慢慢放下。

3. 按照是否使用器械分类。可分为器械练习和徒手练习两类。力量练习器械又分为大型器械（如健身房中的力量练习器）、等速力量练习器等；小型器械又可统称为“自由重物”（常用的自由重物有哑铃、沙袋、铁鞋、弹簧、橡皮条等，甚至一些日常用品也可用作力量练习器械，如书籍、砖头、自行车内胎等）。

二、常用自由重物和徒手力量练习

自由重物（如哑铃）和徒手的力量练习，可在健身房中进行，更适于个人、家庭、工作地点，以及康复机构中采用。有些练习，也适用于老年人。

各主要肌群常用的自由重物练习和徒手练习方法，介绍如下：

（一）躯干肌群

（1）腹肌。锻炼腹肌的方法不外乎是仰卧起坐和仰卧举腿。

①仰卧起坐：仰卧起坐的难度随准备姿势为两手放于体侧、两手抱头（图 8-1）、屈腿（图 8-2）而逐渐加大。

进行直腿仰卧起坐锻炼时，双腿屈髋、屈膝后，股直肌初长度缩短，屈髋作用减小，腹肌则可以得到更有效的锻炼。腹肌很差的练习者，开始锻炼时，可请助手帮助固定双脚。

类似仰卧起坐的静力性腹肌练习方法是：坐位，屈髋，屈膝，两臂交叉抱在胸前或抱头。请助手帮助固定双脚，或将双脚钩住暖气横管、家具等（图 8-3）。上体后仰，至肌腹感到吃力时，停留，还原。可用身体后仰的角度，调节负荷强度的大小。

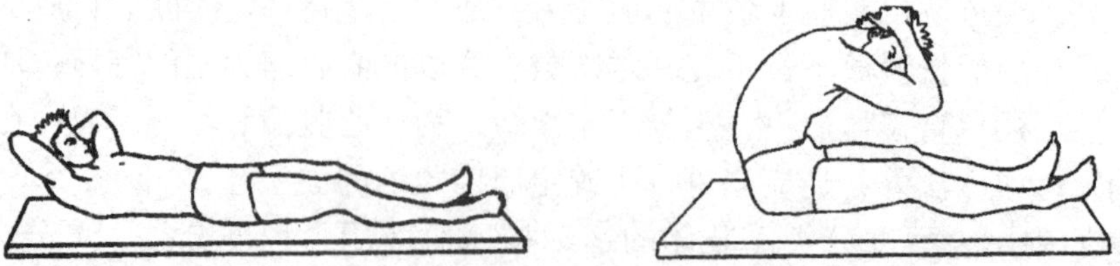

图 8-1　抱头仰卧起坐

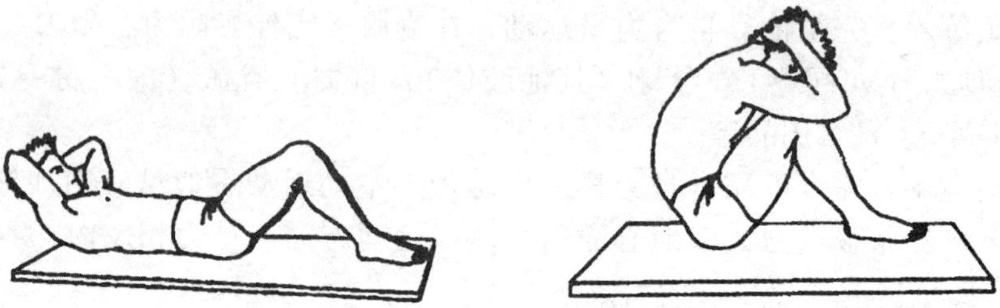

图 8-2　抱头屈腿仰卧起坐

②仰卧举腿：有直腿仰卧举腿（图 8-4）、屈腿仰卧举腿（图 8-5）两种练习方法。

图 8-3　腹肌静力性练习预备姿势

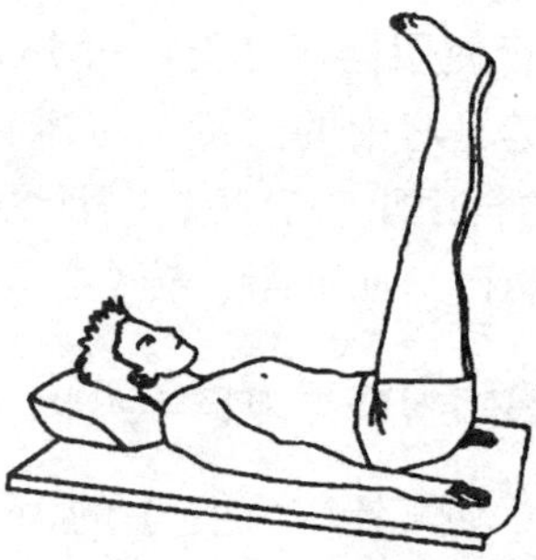

图 8-4　直腿仰卧举腿

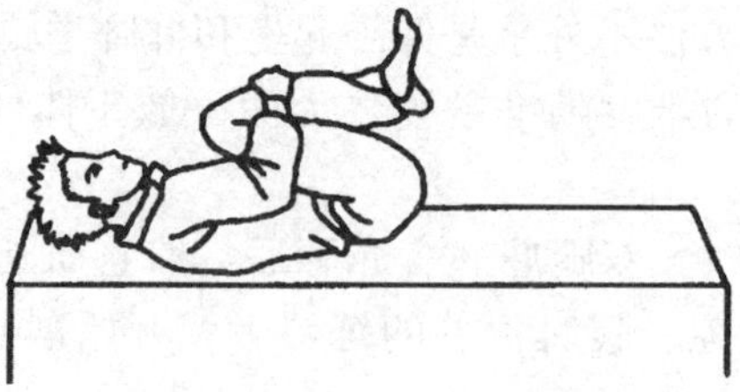

图 8-5　屈腿仰卧举腿

直腿仰卧举腿的练习方法为，取仰卧位，两手放于体侧。膝关节保持伸直，两腿上抬至垂直位（向心收缩），慢慢放下（离心收缩），还原，开始下次练习。或两腿慢慢放下至接近台面时，即开始做下一次练习（两腿不要接触台面，完全放松肌肉），练习难度将加大。

屈腿仰卧举腿的预备姿势同上，在举腿的同时，允许膝关节屈曲，最后成两手抱膝姿势；两腿慢慢伸直，放下。开始下一次练习。

（2）腰背肌。

①竖脊肌力量练习：常用的竖脊肌力量练习为，预备姿势取俯卧位，或俯卧台边，上体下垂（需要助手固定下肢）。抬起上体，还原；或俯卧位，抬起下肢，还原。难度较大的是上体、下肢同时抬起的“两头翘”，或称“船形”练习（图 8-6）。

腰背肌较差、年龄较大和康复患者，可采用以仰卧位为预备姿势的练习，分段对竖脊进行锻炼（图 8-7～图 8-9）。

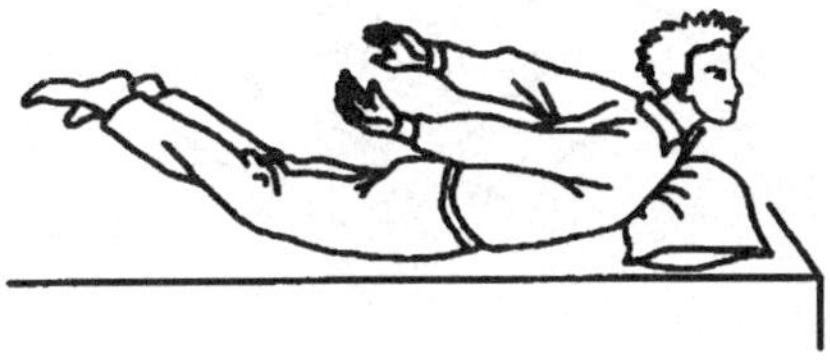

图 8-6　船形练习

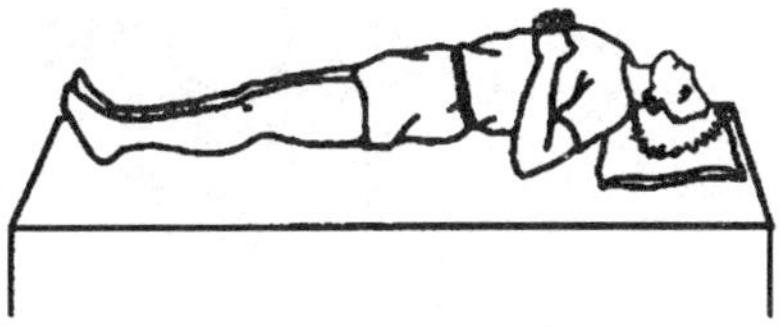

图 8-7　仰头挺胸

图 8-8　屈腿挺髋

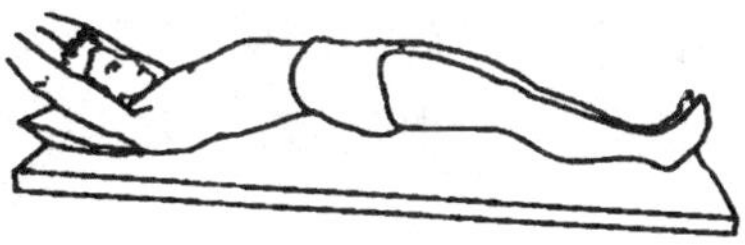

图 8-9　仰卧挺身

仰卧位，两臂置于体侧，握拳，屈肘。两肘支撑，头后仰，挺胸，尽量使上背部离开台面。还原。主要锻炼上部腰背肌力量。

仰卧位，屈髋，屈膝，两足平放台面，两臂屈肘放于体侧。两肘、两足支撑，用力挺胸。挺腹，使臀部离开台面。还原。主要锻炼下部腰背肌力量。

仰卧，两臂置于体侧，两腿自然伸直。两臂上法，足跟支撑，用力挺身，尽量使身体离开台面、还原。这个练习较前两个练习难度加大。

②颈部肌肉力量练习：颈部肌肉力量练习对颈椎病的预防和治疗均有益。简单易行的锻炼方法是，用自己的单手或双手，由不同方向给头部加阻力，做各种静力性抗阻练习。

取站立或坐位，两手放在额前，用力低头，两手给予阻力，做静力抗阻练习，放松（图 8-10①）。

取站立位或坐位，两手放头后，用力抬头，两手给予阻力做静力抗阻练习，放松（图 8-10②）。

取站立位或坐位，一手放在同侧头部，头用力侧倾，用手给予阻力，做静力抗阴练习，放松。再做反方向练习（图 8-10③）。

取站立或坐位，一手放额前，一手放头后。用力向一侧转头，两手给予阻力，做静力抗阻练习，放松。向相反方向做同样练习（图 8-10）。

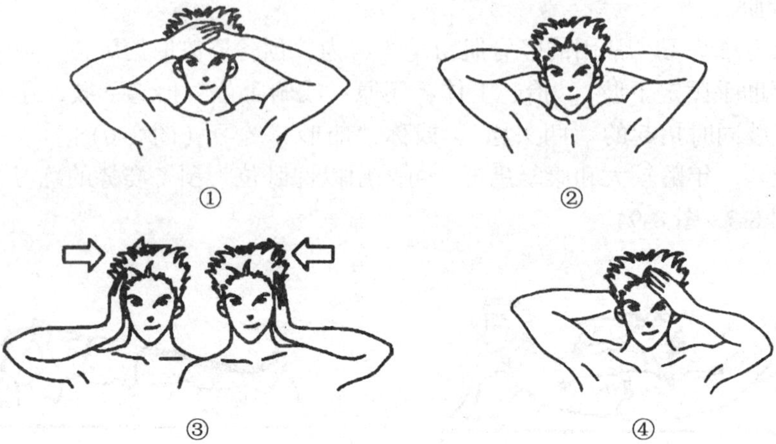

图 8-10　颈肌静力抗阴练习

③背部肌肉（背扩肌、斜方肌、菱形肌等）力量练习。弹簧拉力器练习，可增强位于背部的肩带运动肌肉的力量。也可用类似的方法，做背部肌肉的静力性抗阻练习（图 8-11）。取站立位或坐位，屈肘，两手在胸前十指相互钩紧；两肩尽力外展，做静力抗阻练习，放松。两手之间握一短带或小毛巾，可以改变用力的角度。

图 8-11　背肌静力抗阻练习

（3）胸肌。哑铃卧推（图 8-12）是锻炼胸肌的主要练习。预备姿势为仰卧位，两臂上举，手握哑铃；将哑铃慢慢放下至屈肘、肩关节外展位；推起，还原。应当注意的是，一定要采取上臂外展位，否则对胸大肌的锻炼效果下降。

当没有任何器械时，可采用徒手的静力抗阻练习（图 8-13）。取站立位或坐位，屈肘，两手在胸前掌心相对，两肩尽力内收，做静力抗阻练习，放松。

（二）上肢肌群

下面所介绍的练习方法，同一个动作，到达终点后立即还原，为动力性练习；到达终点后停留，再还原，则为静力性练习。

图 8-12　上臂外展位的哑铃卧推

图 8-13　胸肌静力抗阻练习

（1）三角肌。以哑铃、沙袋等为负荷，上肢直臂的前平举或侧平举，是锻炼三角肌的主要方法。

①上肢前平举：站立位，两臂下垂，两手握哑铃，掌心向后。两臂前平举至水平位，慢慢放下至体侧时（肌肉不要放松），即刻开始下一次练习。此练习主要锻炼三角肌前部肌肉的力量（图 8-14）。

②上肢侧平举：站立位，两臂下垂，两手握哑铃，掌心向内。两臂侧平举到水平位，慢慢放下至体侧时（肌肉不要放松），即刻开始下一次练习。此练习主要锻炼三角肌中部肌肉的力量（图 8-15）。

图 8-14　上肢前平举

图 8-15　上肢侧平举

（2）屈肘肌群。负重屈肘是锻炼屈肘肌群的主要方法。可采用不同的预备姿势开始锻炼。

①站立位哑铃屈肘练习：取站立位，手持哑铃下垂，掌心向前。上臂靠紧体侧（固定肩关节）；屈肘，举起哑铃，慢慢放下至体侧时（肌肉不要放松），即刻做下一次练习。为固定躯干，最好背靠墙壁，以避免锻炼时借用肩带和躯干的力量。每次动作都应回到肘关节基本伸直位置，再开始下一次练习（图 8-16）。

②哑铃坐位屈肘练习：取坐位，两腿分开，上体稍前倾，锻炼侧上肢置于同侧下肢内侧，上臂远端在同侧膝关节的内侧，手握哑铃下垂；屈肘，举起哑铃，慢慢放下至起始位置时（肌肉不要放松），即刻做下一次练习（图 8-17）。

锻炼时以哑铃为运动负荷，其特点是哑铃给予肢体的阻力矩随关节的角度而变。哑铃

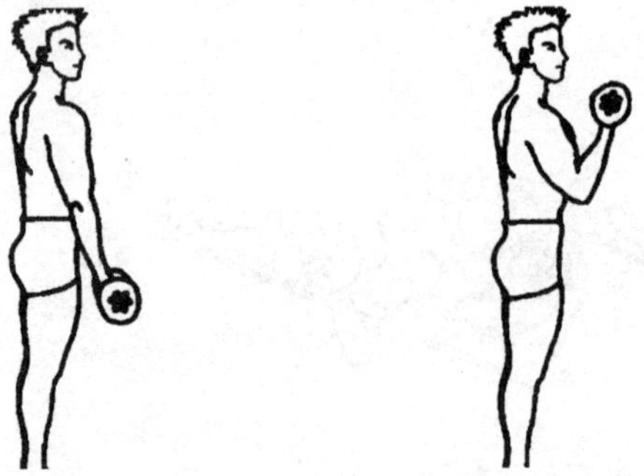

图 8-16　站立位哑铃屈肘练习

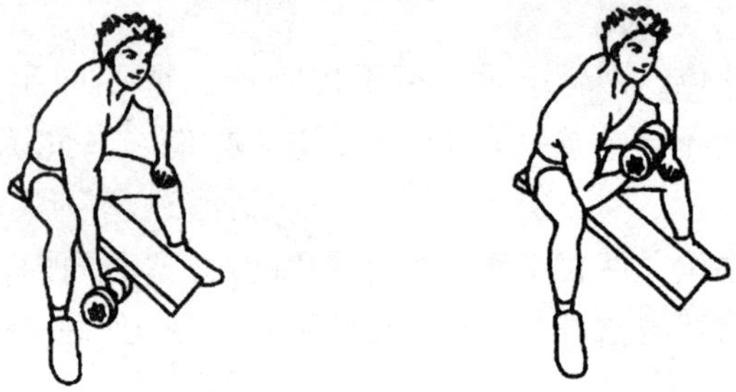

图 8-17　哑铃坐位屈肘练习

形成阻力的方向，永远指向地心。当哑铃处于运动关节轴（如肘关节）的正下方，即前臂自然下垂时，由于阻力臂为“0”，阻力矩也为“0”；当肘关节屈曲至水平位，哑铃的阻力臂最大，给予肢体的阻力矩也最大。

（3）伸肘肌群。负重伸肘是锻炼伸肘肌群的主要方法。也可采用不同的预备姿势进行锻炼。

①伸肘肌群哑铃卧推练习：仰卧，两臂上举，手握哑铃，掌心相对。屈肘，将哑铃慢慢放下至体侧，肘关节屈曲达90°后（不得放于台面休息），即刻伸肘至两臂上举位（图8-18）。屈肘时，肩关节一定不要外展，否则主要锻炼部位将为胸大肌。

图 8-18　伸肘肌群哑铃卧推练习

②哑铃头后举练习：站立位，臂上举，屈肘，两手于头后握哑铃。伸肘，举起哑铃，慢慢放下。反复练习（图8-19）。

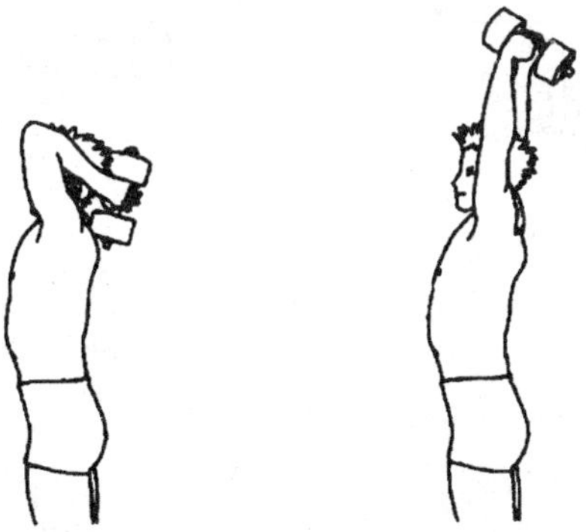

图 8-19　哑铃头后举练习

（4）屈腕肌群。哑铃屈腕肌群练习方法是，取站立位，两臂下垂，手握哑铃，掌心向前。屈腕，慢慢还原，反复练习（图 8-20）。

图 8-20　哑铃屈腕肌群练习

（5）伸腕肌群。哑铃伸腕肌群练习方法是，取站立位，两臂下垂，手握哑铃，掌心向后。伸腕，慢慢还原，反复练习（图 8-21）。

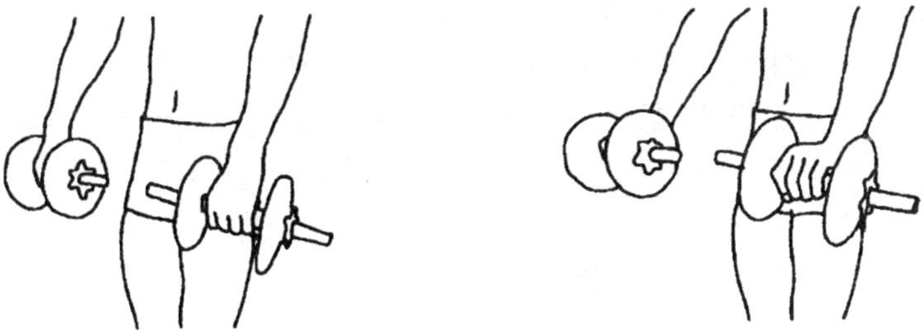

图 8-21　哑铃伸腕肌群练习

（6）上肢闭合链运动。俯卧撑（图 8-22）和引体向上（图 8-23），是上肢闭合链运动的常用练习方法，可分别锻炼上肢“推”和“拉”的能力。

图 8-22　俯卧撑的标准姿势

图 8-23　引体向上练习

（三）下肢肌群

在正常情况下，下肢力量大大超过上肢力量，要想增强下肢的肌力，所予的负荷重量也大大超过上肢的需要。下肢力量练习多需要借助大型训练器械，或克服自身的重量（如蹲起、提踵练习等）。但在康复锻炼中，患者下肢不能负担自身体重，或可负担的力量大大下降，需要有特殊的力量训练法。哑铃在下肢力量训练中实用价值不大，铁鞋、沙袋、橡皮条等自由重物，成为主要的锻炼器材。

与上肢肌群的练习相同，同一个动作，可以为动力性练习，也可以为静性练习。制订运动处方时应当说明。

（1）屈髋伸膝肌群（股四头肌）。股四头肌是跨过髋关节、膝关节的双关节肌，既有屈髋的作用，又有伸的作用，所以可通过伸膝，或屈髋（直抬腿）练习来进行锻炼。

①坐位伸膝练习：铁鞋坐位伸膝练习是增强股四头肌肌力的有效方法，特别是在康复锻炼的早期，肌力较差，不能利用大型器械进行锻炼时，更实用（图 8-24）。

铁鞋坐位伸膝练习是提高股四头肌肌力，特别是提高股内侧肌力量和肌肉横断面的有效方法。如果将重物放下时肌肉放松，借助摆的力量进行练习，完成练习的难度大大下降，锻炼的效果也将大大降低。

坐位伸膝练习的缺点是，对膝关节的负荷较大，应及时观察局部的反应，预防髌骨软骨病等膝关节劳损的发生。

②直抬腿练习：由于股四头肌为双关节肌，也可以采用直抬腿的方法（图 8-25 ~ 图 8-27）锻炼股四头肌。

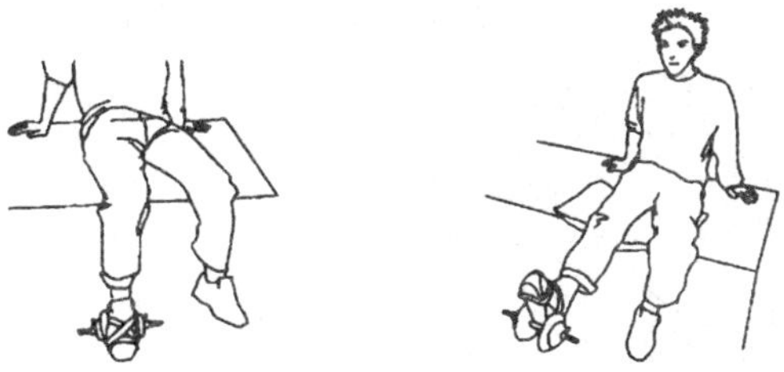

图 8-24 铁鞋坐位伸膝练习

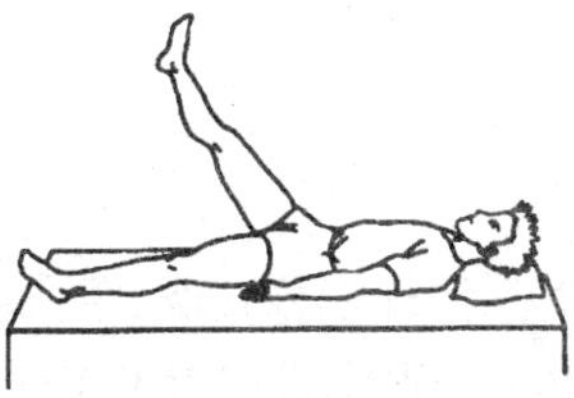

图 8-25 直抬腿练习

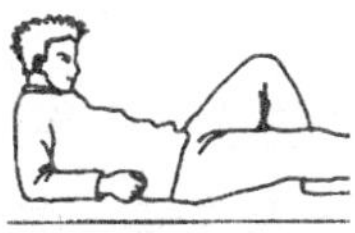

图 8-26 铁鞋直抬腿练习

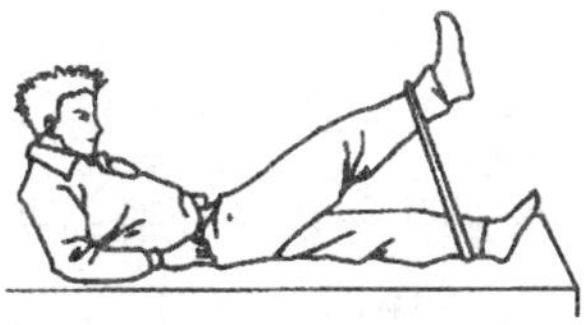

图 8-27 弹性带直抬腿练习

取仰卧位，屈髋，踝关节保持背屈，膝关节伸直，患侧下肢抬至足跟距离台面 20～30cm 后，慢慢放下，即将接触台面之前，开始做下一次练习。

取半卧位，两肘支撑于台面，一侧下肢屈膝，脚蹬于台面，负荷重量加于另一足跟处；踝关节背屈。

如果没有铁鞋，可利用橡皮条或弹性带做直抬腿练习，但更适合做静力性练习。取半卧位，两肘支撑于台面，两腿伸直，将环形的橡皮条或弹性带套在两踝关节处。一腿向下压，起固定作用，另一腿尽力向上抬起，踝关节保持背屈，膝关节伸直，当足跟抬高至距台面 20～30 cm 后，停留 10 s 左右，放下，稍休息，开始下一次练习。

（2）伸髋屈膝肌群（腘绳肌）。腘绳肌是伸髋膝的主要肌群。腘绳肌的力量应当与股四头肌保持一定的比例，在锻炼股四头肌的同时，应注意同步增强腘绳肌的肌力。腘绳肌也是双关节肌，可以通过伸髋，或屈膝来进行锻炼。可有铁鞋、沙袋、橡皮条、弹性带等给予负荷。

①站立铁鞋屈膝练习：站立位，双手扶物，一足穿铁鞋，负荷加在足跟部位；屈膝，将小腿抬至水平位，慢慢还原（图 8-28）。

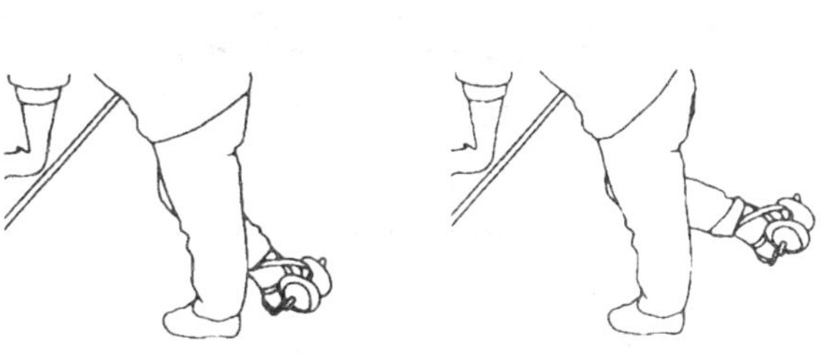

图 8-28 站立位铁鞋屈膝练习

②站立位铁鞋伸髋练习：站立位，双手扶物，一足穿铁鞋，负荷加在足跟部位；大腿向后抬起，伸髋的同时将膝关节伸直，慢慢还原（图8-29）。

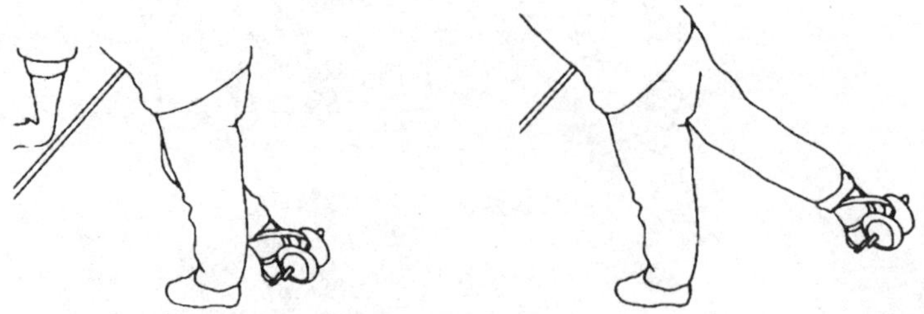

图8-29　站立位铁鞋伸髋练习

③俯卧位橡皮条屈膝练习：将橡皮条做成环形，取俯卧位，将环形橡皮条的一端固定（如固定在肋木上），另一端套于患肢踝关节处，准备姿势为膝关节伸直，并将橡皮条拉长到具有一定张力；屈膝，将橡皮条进一步拉长到最大限度，慢慢还原。可做动力性或静力性练习（图8-30）。

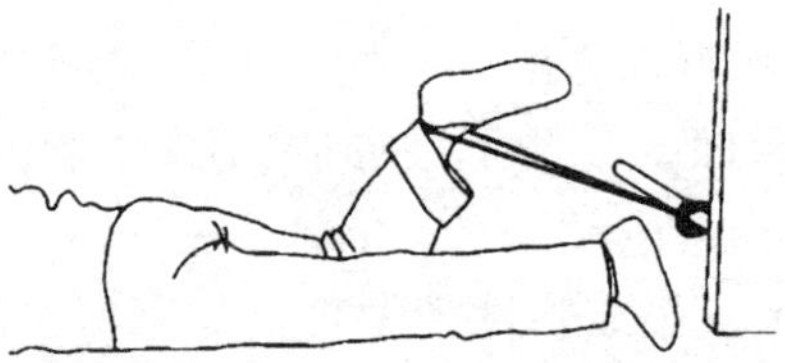

图8-30　俯卧位橡皮条屈膝练习

④俯卧位橡皮条伸髋练习：俯卧位，两腿伸直，将橡皮圈套在两踝关节处。一腿用力向下压，固定橡皮圈，另一腿尽力后伸，慢慢还原。反复练习（图8-31）。

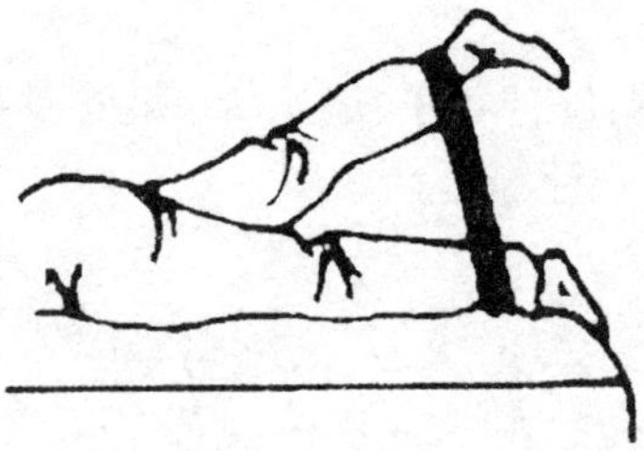

图8-31　俯卧位橡皮条伸髋练习

⑤俯卧位伸髋练习：腘绳肌力量为3级时，可做不加其他负荷的伸髋练习（图8-32）。取俯卧位，下肢伸直腿向上抬起，慢慢放下。反复练习。

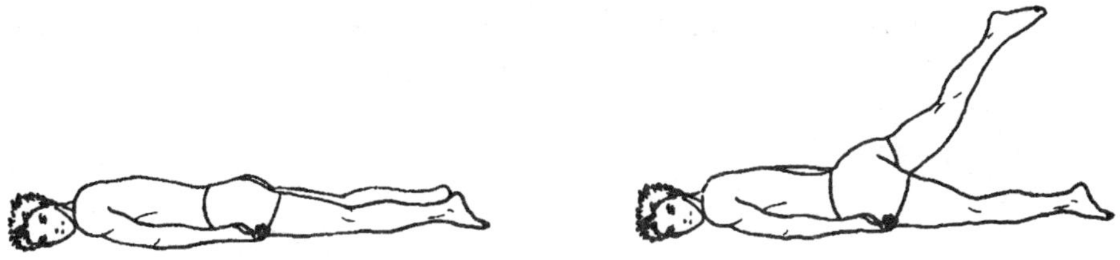

图 8-32 俯卧位伸髋练习

（3）髋关节外展肌群（臀中肌、阔筋膜张肌等）。髋关节抗阻外展，是锻炼外展肌群的主要方法。

①侧卧位大腿外展练习：侧卧位，髋关节尽量外展，慢慢放下，反复进行（图 8-33）。髋关节外展时，避免有外旋动作。

图 8-33 侧卧位大腿外展练习

②橡皮带髋关节外展练习：坐位，两臂体后支撑，两腿伸直，两踝关节套橡皮圈。一腿固定不动，另一腿尽量外展，慢慢还原。反复进行（图 8-34）。可做动力性或静力性练习。

（4）髋关节内收肌群。在日常生活、劳动中，不需要大腿内收肌发挥很大的力量内收大腿，但大腿内收肌群有助于完成大腿的屈伸、旋外，以及骨盆前后倾等动作。要想锻炼大腿内收肌群，可用橡皮条或弹性带，将其一端固定（如肋木等），另一端套在踝关节上，由大腿外展用力内收。

（5）小腿后群肌。小腿后群肌包括小腿三头肌和深层屈趾肌群。锻炼小腿群肌的力量，采用徒手或负重的提踵练习，或踝关节跖屈练习。

①提踵练习：取站立位，可不附加任何负荷（对抗自身体重），或手持哑铃等重物，尽量提高足踵，慢慢放下，反复练习（图 8-35）。

②橡皮条踝关节跖屈练习：如果因长期卧床休息、下肢不能负重，或小腿后群肌肌力太差（老年人、康复患者），不能完成站立位提踵练习时，可在床上采用橡皮条踝关节跖屈练习，以增强小腿后群肌的力量（图 8-36）。取坐位，橡皮条或弹性带的一端固定于前脚掌处，另一端用两手拉紧，由踝关节充分背屈位开始，用力跖屈，还原（图 8-37）。反复练习。

（6）下肢闭合链运动。在没有大型器械的情况下，徒手或负重蹲起（图 8-38），是下肢闭合链的主要练习方法。

做负重蹲起练习时，躯干保持挺直，特别是负荷（杠铃）较大时，应当特别注意，以预防腰部损伤。下肢肌力较差者（老年人），练习时可两手抓握扶手、肋木等，借助上肢助力起立。为减轻膝关节的负担，预防膝关节劳损性损伤，可采用半蹲位的静力性练习。

图 8-34　橡皮带髋关节外展练习

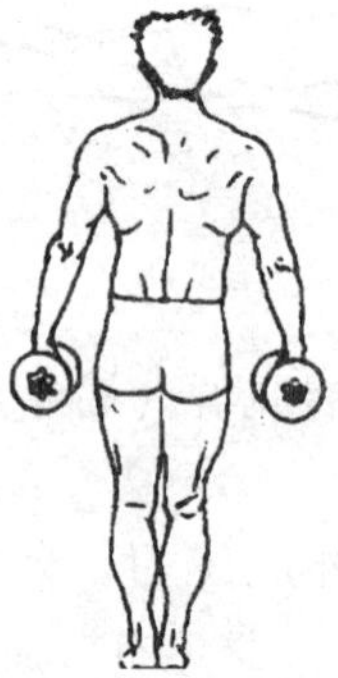

图 8-35　负重提踵练习

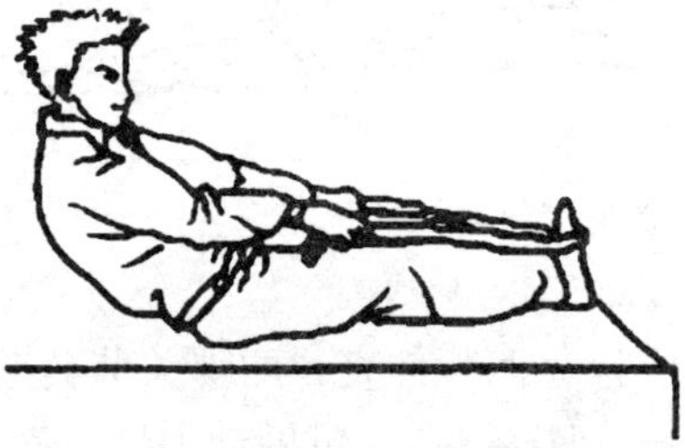

图 8-36　橡皮条踝关节跖屈练习

图 8-37　铁鞋踝关节背屈练习

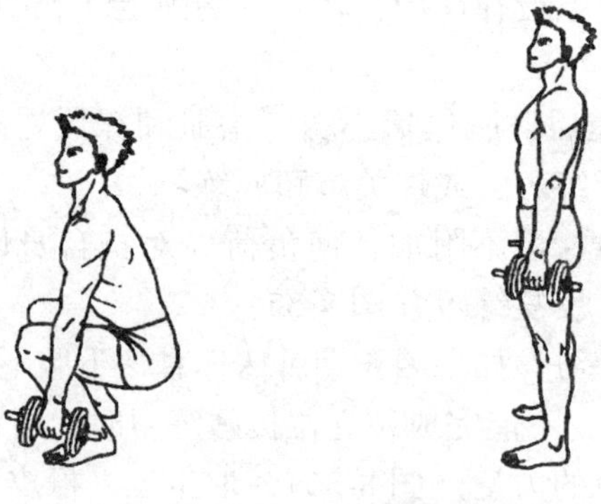

图 8-38　哑铃负重蹲起练习

第三节　柔韧性练习的方法

在关节结构基本正常的前提下，柔韧性练习的主要作用是提高肌肉的伸展性，其次是改善关节周围软组织的性能。所以在柔韧性练习中，以牵拉肌肉的练习为主。

一、柔韧性练习的分类

在被动运动、主动运动、助力运动、阻力运动中，前 3 种都可以用来提高身体的柔韧性素质。被动运动仅用于康复训练，因神经支配功能障碍、肌肉萎缩、极度衰弱等原因，患者不能进行主动运动时，可在健肢、他人或器械帮助下，进行被动运动，以保持现存的关节活动幅度或加大关节活动幅度。健身锻炼中，主要采用主动运动或助力运动。主动运动是加大关节活动幅度的主要方法。利用主动运动提高身体柔韧性时，可借助于一些器械，如肋木、毛巾等。为了加强锻炼的效果，或由于自身力量不足、因疼痛自身不敢用力活动时，可用人工或器械给予助力。

最常用的柔韧性练习是牵张练习，包括冲击性牵张练习和静力性牵张练习。练习时可以主动完成，也可以在他人帮助下完成。柔韧性练习的分类如下：

（一）可提高柔韧性素质的某些运动项目

有些运动项目，对参加者身体的柔韧性素质要求比较高，锻炼过程中，教练会安排必要的柔韧性训练。如果条件允许，可以通过这类运动项目的训练，达到提高身体柔韧性目的。瑜伽、太极拳等是公认的有益于提高柔韧性的运动项目。其他的还有体操、有氧体操、舞蹈、游泳、普拉提等。

（二）牵张练习

牵张练习，或称为伸展练习，是在学校体育课、运动训练、健身锻炼的准备活动中经常使用的方法。

（1）冲击性牵张练习。冲击性牵张练习是最早也是最常用的加强柔韧性的练习方法。练习时，通过反复的冲击动作牵拉肌肉。这种练习方法，通过神经肌肉的牵张反射，每冲击一次，会引起肌肉一次反射性的收缩，冲击的力量越大，反射性收缩的强度也越大。反射性收缩部分抵消了主动牵拉肌肉的力量，降低锻炼的效果；如果主动冲击的力量（或有他人给予助力）过大，则可能引起肌肉拉伤。这种柔韧性练习方法，20 年前在国外已遭到反对。

（2）静力性牵张练习。静力性牵张练习的要点是，在练习时慢慢牵拉肌肉，当肌肉感到被牵拉时，停止继续拉长，坚持 10~30 s 后，再放松。静力性牵张练习，避免了牵张反射的副作用，其优点是效果明显、花费的时间短、可以独立完成练习、发生肌肉损伤的概率低。因此，静力性牵张练习为首选的柔韧性练习方法。

二、常用的牵张练习

下面按部位介绍牵张练习。制订运动处方时，可根据锻炼者的具体情况，从中选择适当的练习。在健身锻炼中，按照静力牵张的要求，每个动作可持续 10~30 s，重复做 3~4 次。

（一）颈部牵张练习

（1）颈屈伸运动。取站立或坐位，尽量低头，停留，还原。慢慢抬头，停留，还原（图 8-39①）。

（2）颈左右旋转运动。取站立位或坐位，收下颏，头尽量左转，停留，还原。头尽量右转，停留，还原（图 8-39②）。

（3）颈侧倾运动。取站立位或坐位，头尽量左倾，停留，还原。头尽量右倾，停留，还原（图 8-39③）。

（4）颈回旋运动。取站立位或坐位，头顺时针、逆时针各转动 3~4 周（图 8-39④）。

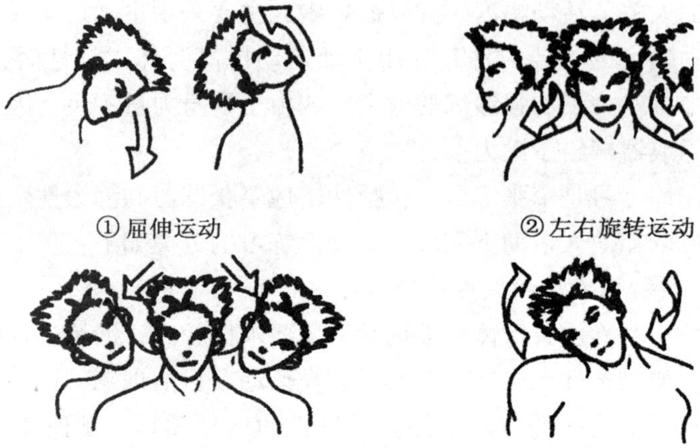

①屈伸运动　②左右旋转运动

③侧倾运动　④回旋运动

图 8-39　颈部牵张练习

头左侧倾时，用左手施加助力（图 8-40①）；头右侧倾时，用右手施加助力（图 8-40②）；左手放在头后，右手放在下颌部位，在双手助力的帮助下，做颈部向右旋转（图 8-40③），再做反方向练习。

①　②　③

图 8-40　颈部助力练习

（二）肩、上臂牵张练习

（1）肩前屈练习。两手平放在地面上，尽量前伸，臀部靠近双足（图 8-41①）。

（2）肩前屈助力练习。右手将左臂拉向背部的中心线。这是牵拉肩关节的肱三头肌的有效练习方法（图 8-41②）。左右交换练习。

图 8-41　肩前屈、肩前屈助力练习

（3）肩后伸练习（图 8-42）。取坐位，两手放平体侧，掌心向下，指尖向后。上体向后移动，感到牵拉后停留（图 8-42①）；两手后移，加大牵拉程度（图 8-42②）；若能完成图 8-42③中的姿势，说明柔韧性很好。这是肱二头肌的牵张练习。

图 8-42　肩后伸练习

（4）转肩练习（图 8-43）。双手握小毛巾或纸卷（图 8-43①），向后上移动到图 8-43②的位置；柔韧性很好时，可以继续向后转肩达到图 8-43③的位置。

图 8-43　转肩练习

（5）肩内旋、外旋练习。左手掌心向后，右手掌心向前，两手尽量握住（图 8-44①）；如果柔韧性较差，完成练习有困难，可借助小毛巾，逐渐缩短两手之间的距离（图 8-44②）。肩周炎患者当肩关节有内旋功能障碍时（左），健侧臂（右）可伸肘上拉毛巾，帮助患侧肩关节做内旋、内收动作。

图 8-44　肩内旋、外旋练习

（6）肩关节转动练习。取站立位或坐位，两臂下垂。两肩上提，向后转肩，同时吸气。两肩下降，放松，同时呼气（图 8-45）。按相反方向旋转，交替进行。

（7）肩背部牵张练习。取坐位，两手放在肩上，含胸，两肘尽力靠拢，使背部有牵拉感觉，停留，还原（图 8-46）。两手放下，放松。

图 8-45　肩关节转动练习

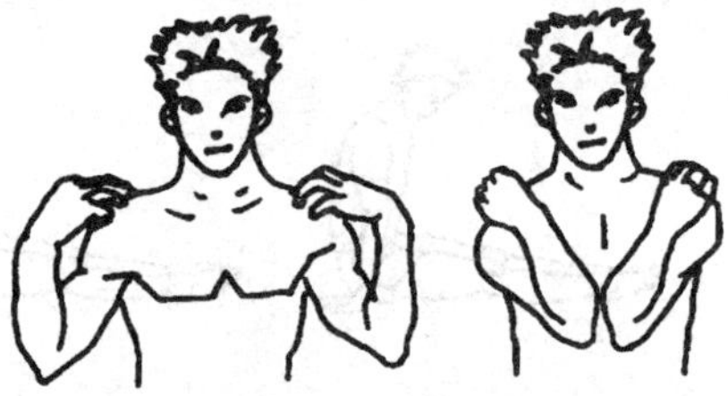

图 8-46　肩背部牵张练习

（8）爬墙练习。用于康复锻炼。面对墙（或肋木）站立，做手指爬墙运动。尽量达到所能达到的高度（不要耸肩，上体保持正直），做 10 次。身体稍侧转，做 10 次，再稍侧转，做 10 次……直至体侧对向墙壁（图 8-47）。这是肩关节周围炎患者的常规练习。

（9）摆动练习。一手持重物，另一手扶在桌面或其他物体上以保持平衡，弯腰，稍屈膝，持重物手臂下垂，向左、右摆动 1 min；向前、后摆动 1 min；顺时针、逆时针画圆各 1 min（图 8-48）。这是利用重物的惯性，加大肩关节活动幅度的方法，为肩关节周围炎康复的专门练习方法。

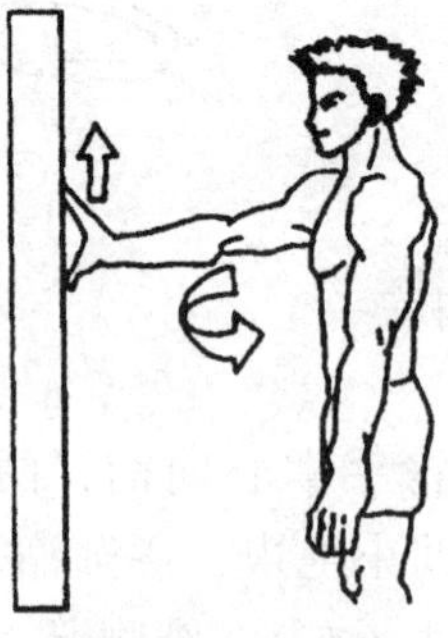

图 8-47　爬墙练习

图 8-48　摆动练习

（三）背部牵张练习

（1）练习（一）。准备姿势如图 8-49①所示，保持这个姿势，反复前后摇摆 8~10 次（图 8-49②）。这是一节很好的准备活动练习。

①　　②

图 8-49　背部牵张练习（一）

（2）练习（二）。由仰卧位开始，两足并拢，举腿，尽量向后伸（图 8-50①），用两臂支撑背部，尽量达到两足尖接触地面（图 8-50②）；随背部的柔韧性逐步提高，可将两臂平放在地面上（图 8-50③）；踝关节跖屈，足尖进一步后伸，可以加大牵拉的力度（图 8-50④）；踝关节跖屈，足尖进一步后伸，可以加大牵拉的力度（图 8-50④）。

①　　②　　③　　④

图 8-50　背部牵张练习

（3）练习（三）。两足分开，两手放在头部（图 8-51①），两手放于足跟，然后臀部后坐，尽量接触足跟（图 8-51②）；两手放足踝关节处慢慢将两腿分开（图 8-51③、④），上体进一步抬起。这个练习在牵拉背部肌肉的同时，大腿内收肌也受到牵拉。

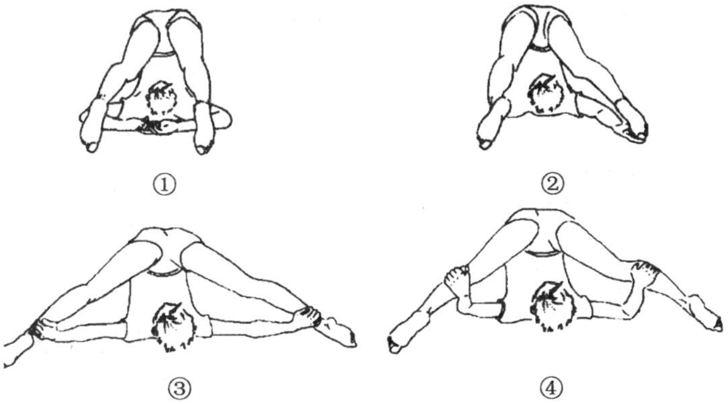

①　　②

③　　④

图 8-51　背部牵张练习（三）

（四）胸、腹部牵张练习

（1）练习（一）。两手撑地，使躯干后撑呈弓形，头尽量后仰，感到胸腹部受到牵拉后停留（图 8-52）。

（2）练习（二）。准备姿势如图 8-53①所示，双手握在踝关节处，将双足拉向头的方向，使身体呈弓形（图 8-53②），感到牵拉后停留。

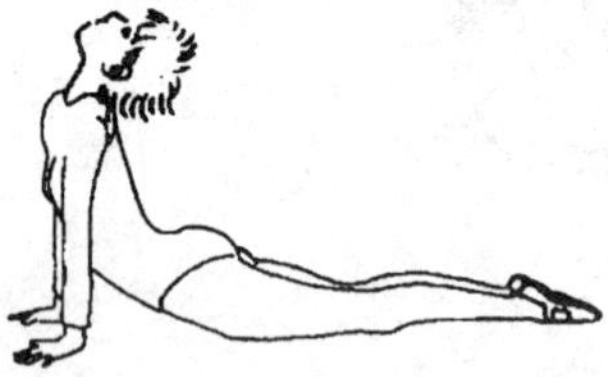

图 8-52 胸腹部牵张练习（一）

图 8-53 胸腹部牵张练习（二）

（3）练习（三）。跪立，两手放在腰部，上体后屈（图 8-54①）；柔韧性提高后，身体进一步后倒，两手撑地（图 8-54②），停留；柔韧性很好的人，可以达到（图 8-54③）的姿势。

（五）髋外侧、体侧牵张练习

（1）练习（一）。开始姿势如图 8-55①所示，身体侧倾（图 8-55②），感到牵拉后，停留。练习时，一定注意避免出现躯干前屈的动作。用同样方法做另一侧练习。

（2）练习（二）。由两臂体后撑地的半坐位开始，双腿屈膝，倒向一侧，尽量接近地面，感到牵拉时，停留（图 8-56）。向对侧做同样练习。

图 8-54 胸腹部牵张练习（三）

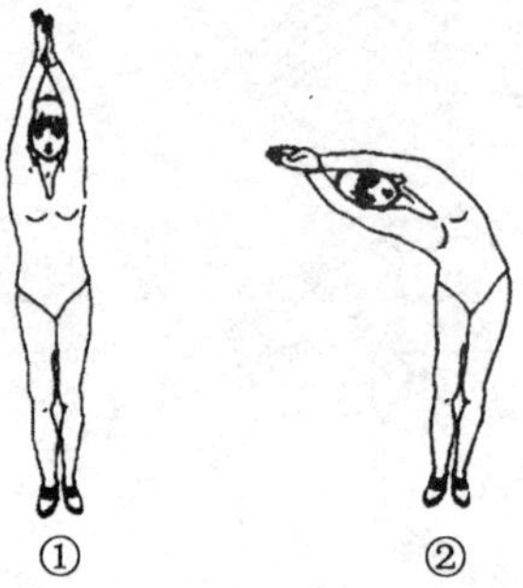

图 8-55 髋外侧、体侧牵张练习（一）

图 8-56 髋外侧、体侧牵张练习（二）

(3) 练习 (三)。坐位，将左脚放到右膝关节的右侧 (图 8-57①)；将右臂放在左膝关节的左侧，用右臂将左膝向右侧推，头尽量向左转，感到牵拉后，停留 (图 8-57②)。由侧面显示动作要点如图 8-57③。向相反的方向做同样练习。

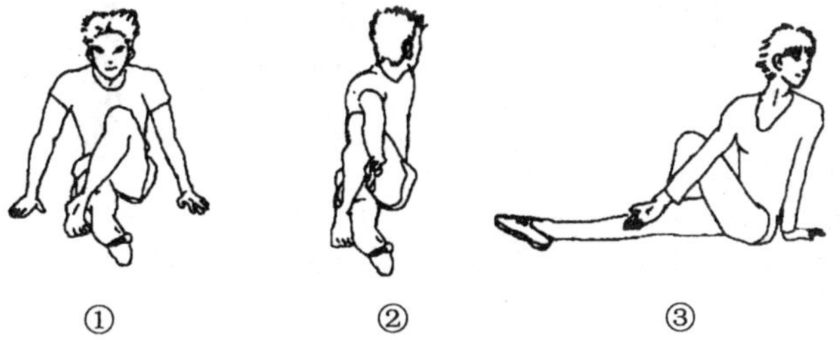

图 8-57　髋外侧、体侧牵张练习 (三)

(4) 练习 (四)。坐位，两腿尽量分开 (图 8-58①)，左手上举过头，同时身体尽量向右侧倾 (图 8-58②)，感到牵拉时，停留。柔韧性很好时，可以用左手触到右足 (图 8-58③)。这个练习常常需要助手帮助进行练习 (图 8-58④)。向另一个方向做同样练习。

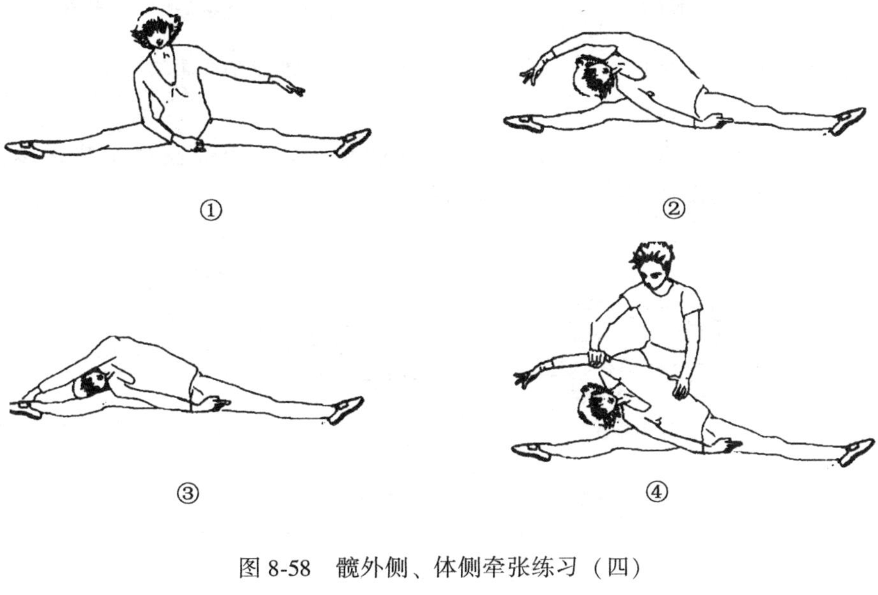

图 8-58　髋外侧、体侧牵张练习 (四)

(5) 练习 (五)。站立位，左下肢踏在高度适当的物体上 (图 5-59①)，右臂上举，同时上体左侧倾 (图 8-59②)，感到牵拉时，停留。向反方向做同样练习。

(六) 股四头肌 (图 8-60) 牵张练习

(1) 练习 (一)。用右手握住左脚，将左脚尽量拉向左臂部，感到股四头肌并没有受到牵拉后，停留 (图 8-61)。用同样方法做另一侧练习。

图 8-59 髋外侧、体侧牵张练习（五）

图 8-60 股四头肌牵张部位

图 8-61 股四头肌牵张练习（一）

（2）练习（二）。侧卧，准备姿势如图 8-62①，用左手握左足，并尽量向后牵拉（图 8-62②），停留。用同样方法做另一侧练习。

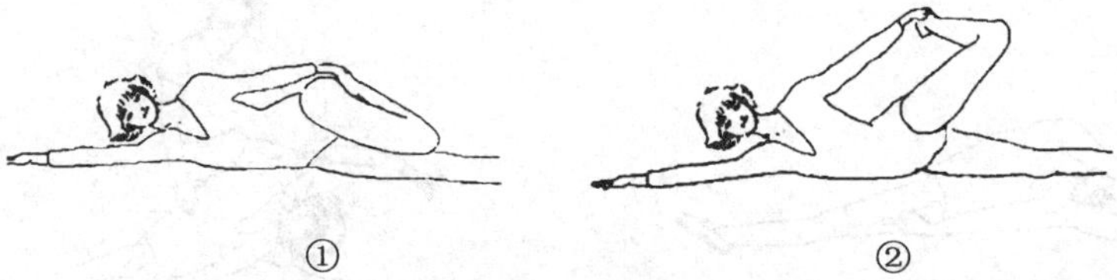

图 8-62 股四头肌牵张练习（二）

（3）练习（三）。与上个练习的要点相同，但准备姿势为站立位。柔韧性很好时，能够达到图 8-63③的姿势。用同样方法做另一侧练习。

（4）练习（四）。准备姿势如图 8-64①所示，右手向体后面移动（图 8-64②），上体慢慢向后躺到地板上，开始时允许左膝关节抬起（图 8-64③），最后要求左膝关节完全放在地板上（图 8-64④）。当感到牵拉时，用同样方法做另一侧练习。

（5）练习（五）。准备姿势如图 8-65①所示，两手慢慢后移，上体后倒，但膝关节始终保持平放在地板上（图 8-65②），最后应达到图 8-65③的姿势。感到牵拉时，停留。如已经能完成图 8-65③的姿势，右手将双足推向臀部，增加牵拉的力度（图 8-65④）。这是股四头肌牵张练习中难度比较大的练习。

① ② ③

图 8-63　股四头肌牵张练习（三）

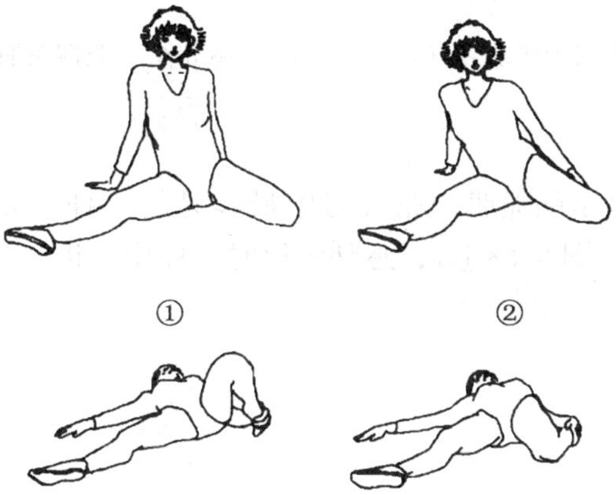

① ②

③ ④

8-64　股四头肌牵张练习（四）

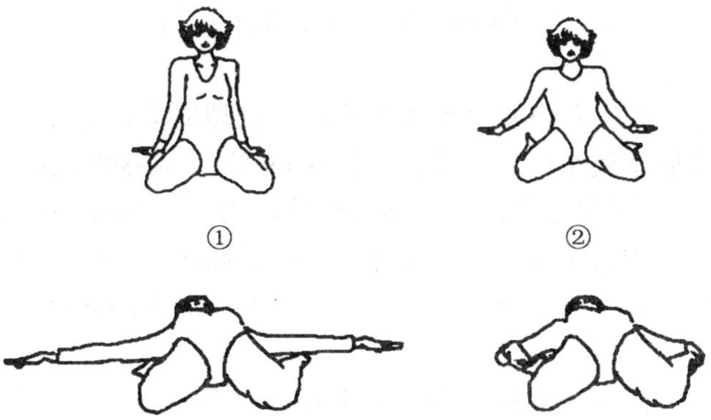

① ②

③ ④

图 8-65　股四头肌牵张练习（五）

（6）练习（六）。取弓箭步，上体正直。身体重心尽量下压。停留，放松（图 8-66）。左右交换进行。练习时如上体前倾，则达不到牵拉髋关节面关节囊、韧带的作用。用同样方法做另一侧练习。

（7）练习（七）。仰卧，臀部齐床沿，两腿屈膝屈髋，两手抱膝（图 8-67）。一侧腿保持屈曲，另一侧腿慢慢伸直，借重力作用尽量后伸，停留，还原。左、右交替进行。这个练习可在康复锻炼中使用。

图 8-66　股四头肌牵张练习（六）

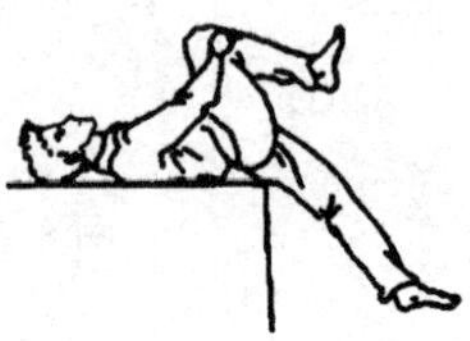

图 8-67　股四头肌牵张练习（七）

（七）绳肌

（1）练习（一）。这是腘绳肌牵张练习中最容易的一种。仰卧位，双手抱一侧膝关节，使其尽量靠近胸部（图 8-68①），感到牵拉时，停留；进一步使膝关节尽量接近头部（图 8-68②）。

① ② ③

图 8-68　腘绳肌牵张练习（一）

（2）练习（二）。准备姿势如图 8-69①所示，右脚尽量靠近身体；上体前屈，两手前伸，握住左足，腘绳肌感到牵拉后，停留（图 8-69②）。柔韧性提高后，上体可继续前倾（图 8-69③），两手交叉握住足部，可以加大牵拉的力度（图 8-69④）。如果完成图 8-67②的动作比较困难，可用带子或毛巾套在足底，两手握住带子或毛巾的两端，帮助上体前屈，也可请助手帮助在背部施加压力。练习时膝关节一定保持伸直。用同样方法做另一侧练习。

（3）练习（三）。仰卧，左腿屈曲，右腿伸直，双手（放在大腿处）拉右腿向躯干靠拢，感到牵拉后，停留（图 8-70①），如果踝关节背屈，可以增加对腘绳肌的牵拉；将双手移至小腿处，进一步牵拉（图 8-70②）；将左腿平放在地板上，牵拉右腿，使其尽量靠近头部（图 8-70③）。也可在助手帮助下完成练习（图 8-70④）。用同样方法做另一侧练习。

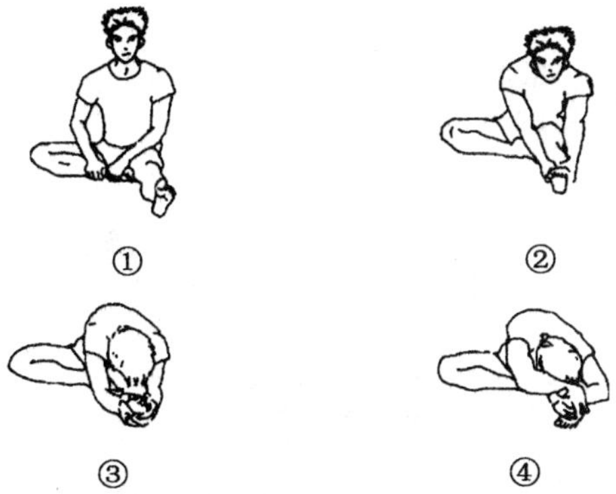

图 8-69 腘绳肌牵张练习（二）

图 8-70 腘绳肌牵张练习（三）

(4) 练习（四）。由坐位开始，利用不同程度躯干前屈，达到牵拉腘绳肌的目的，每当感到牵拉后，停留。柔韧性较差时，利用带子或毛巾帮助完成练习。图 8-71②、③显示不同的姿势，可以使腘绳肌受到不同程度的牵拉。如果双手在前脚掌处用力使踝关节背屈，则可进一步加强牵拉的力度（图 8-71④）。

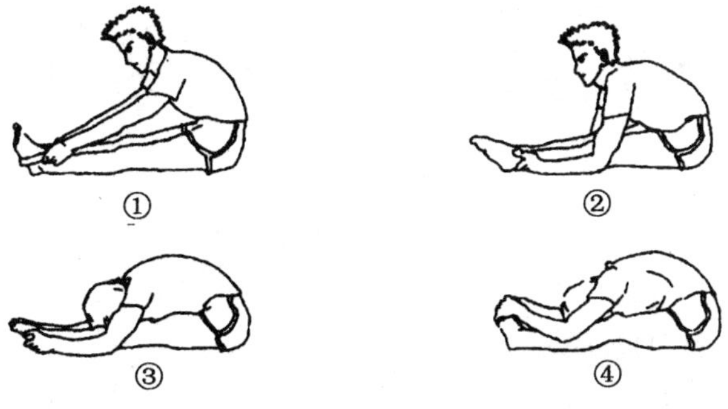

图 8-71 腘绳肌牵张练习（四）

（5）练习（五）。由站立位开始（图 8-72①）；体前屈，双手抱在膝关节后面，感到牵拉时，停留（图 8-72②）。两手逐渐下移，若能达到（图 8-72③）的姿势，说明柔韧性很好。

①　②　③

图 8-72　腘绳肌牵张练习（五）

（6）练习（六）。准备姿势如图 8-73①，左腿屈膝，左足放在右腿下面，左臂支撑身体，防止后倾，右手抱在右腿膝关节下方；右手用力使右腿靠近身体（图 8-73②），感到牵拉时，停留。进一步使右腿靠近身体（图 8-73③），提高牵拉的程度。图 8-73④与图 8-73③的区别是，右手由右腿内侧抱住小腿。用同样方法做另一侧练习。

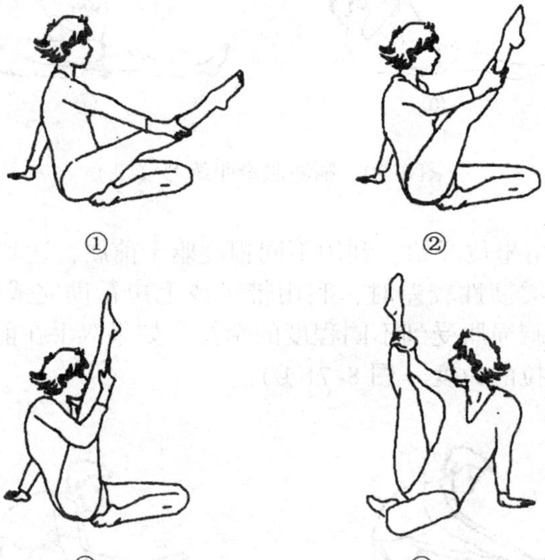

①　②　③　④

图 8-73　腘绳肌牵张练习（六）

（7）练习（七）。面对助手站立，由助手托住左腿足跟（图 8-74①）；上体由左腿内侧前屈，左臂伸向地板（图 8-74②），感到牵拉时，停留。右臂越过头部握住左足，可以加大牵拉力度（图 8-74③）。练习时两腿都必须保持伸直位。用同样方法做另一侧练习。

没有助手时，可将足跟放在适当的器械上。

①　②　③

图 8-74　腘绳肌牵张练习（七）

（8）练习（八）。开始姿势如图 8-75①所示，双手握右足，保持平衡；右腿屈曲（图 8-75②）到完全伸直（图 8-75③），感到牵拉时，停留。难度最大的姿势如图 8-75④所示，上体前屈，使头部靠近右腿。用同样方法做另一侧练习。

①　②　③　④

图 8-75　腘绳肌牵张练习（八）

（9）练习（九）。取跨栏坐的姿势，双手前伸，上体尽力前倾，感到牵拉时，停留（图 8-76）。争取达到双手可握到足部。用同样方法做另一侧练习。

（10）练习（十）。做站立位体前屈练习时，为避免膝关节弯曲，可采取双腿左右交叉的站立位姿势进行（图 8-77）。

图 8-76　腘绳肌牵张练习（九）

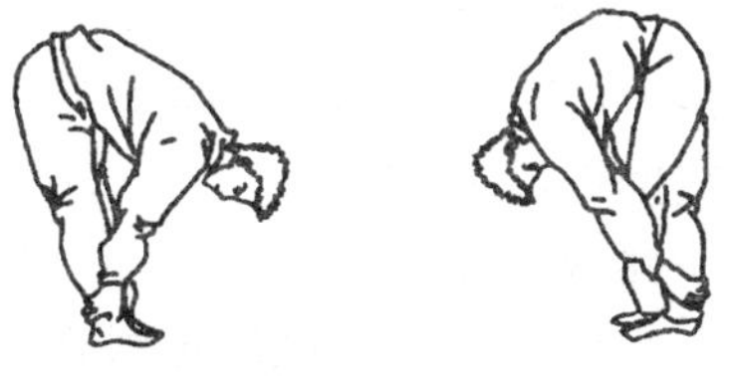

图 8-77　腘绳肌牵张练习（十）

(八) 腹股沟部牵张练习

(1) 练习（一）。准备姿势如图 8-78①所示，盘腿坐，两足底相对，足跟尽量靠近臀部；上前体前倾，大腿内侧感到牵拉后，停留（图 8-78②）。图 8-78③为助手帮助完成练习。

① ② ③

图 8-78 腹股沟部牵张练习（一）

(2) 练习（二）。由弓箭步开始，后腿足背着地；后腿慢慢向后滑动，上体向前下方压，感到牵拉后，停留（图 8-79）。左右交替进行。

(3) 练习（三）。准备姿势类似侧压腿（图 8-80①），右踝关节背屈，足跟着地，慢慢向外侧滑动，同时上体向下尽量接近地面（图 8-80②）。感到牵拉后，停留。用同样方法做另一侧练习。

图 8-79 腹股沟部牵张练习（二）

① ②

图 8-80 腹股沟部牵张练习（三）

(4) 练习（四）。站立时两腿尽量分开，体前屈（图 8-81①）；上体下压，感到牵拉时，停留（图 8-81②），上体进一步前屈，两手握踝关节（图 8-81③），两腿再慢慢向外分开，感到牵拉时，停留（图 8-81④）。练习时应注意防止因地面过滑而引起损伤。

(5) 练习（五）。两腿分开，上体前屈，两手撑地（图 8-82 ①）；两腿慢慢分开，身体重心下降，感到牵拉后，停留（图 8-82②）。柔韧性很好时，能够达到图 8-82③的姿势，上体完全接触地面。

(6) 练习（六）。由单腿跪立开始（图 8-83②）。最终达到“劈叉”的动作（图 8-83③）。左右交换练习。

(九) 小腿牵张练习

(1) 练习（一）。两手扶墙或扶在助手身上，动作要求为前腿屈膝，后腿伸直，足跟不得离地，上体与后腿保持成一直线，与地面呈大约 45°夹角，停留（图 8-84）。左右交替进行。

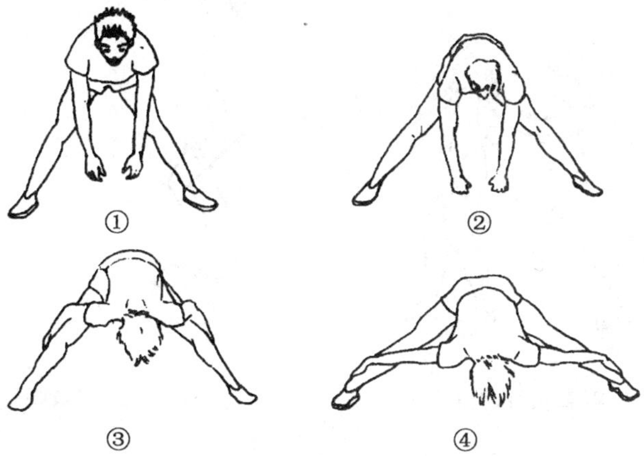

图 8-81 腹股沟部牵张练习（四）

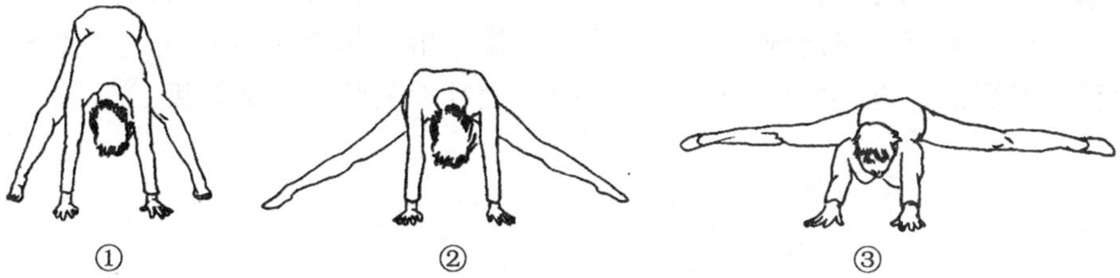

图 8-82 腹股沟部牵张练习（五）

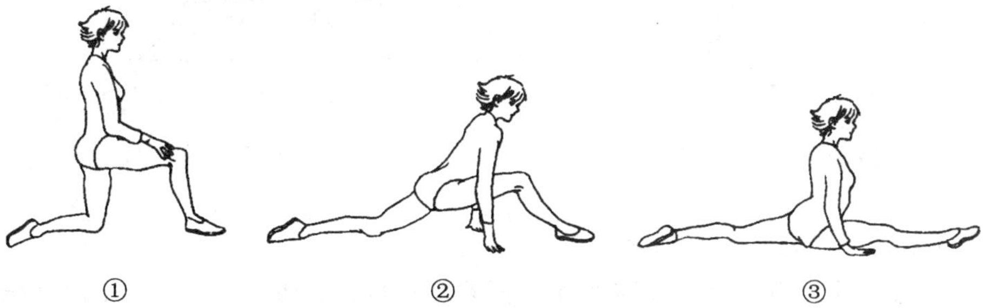

图 8-83 腹股沟部牵张练习（六）

（2）练习（二）。利用木块、砖头、台阶、楼梯等进行练习。将一个脚掌踏在选定的物体上（图 8-85①）；伸膝，身体重心向上，足跟向下（图 8-85②）。感到牵拉后，停留。用同样方法做另一侧练习。

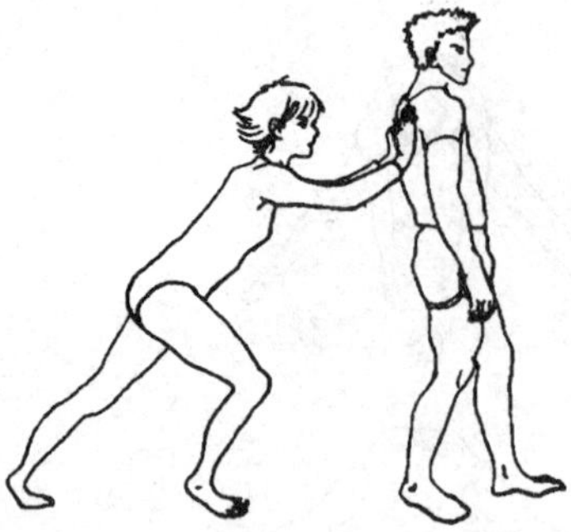

图 8-84　小腿牵张练习（一）

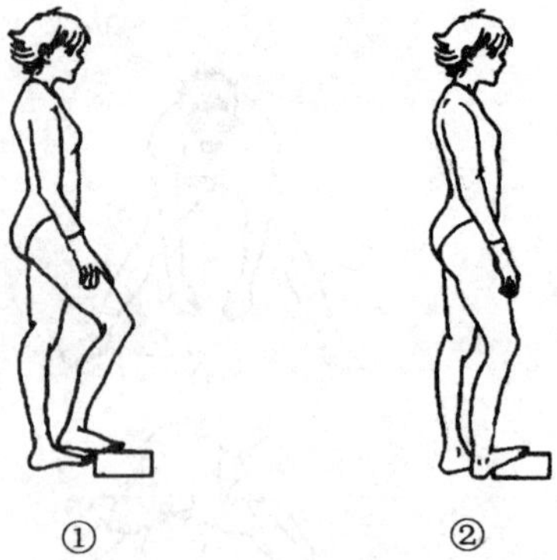

图 8-85　小腿牵张练习（二）

（3）练习（三）。背靠墙站立，足跟靠墙，足尖下垫一木块等物体，或垫一底面长、宽各 30cm，高 15cm 的三角木盒，停留 3~5min，休息（图 8-86）。练习时，三角木盒与墙之间的距离由远到近，牵张的力量则由小到大。

（4）练习（四）。康复锻炼中下肢不能负重时，可以采取坐位，两腿伸直，两手握毛巾两端，将毛巾中部套于患足前脚掌。两手用力拉毛巾，帮助患足背屈（图 8-87）。长期卧床、跟腱手术后的康复，常用这个练习保持或恢复踝关节的活动幅度。

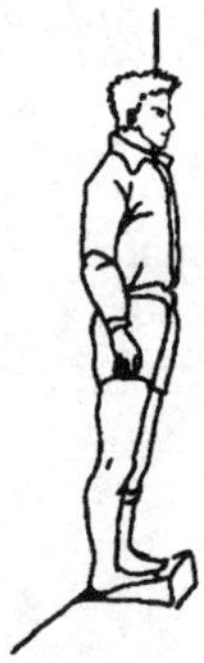

图 8-86　小腿牵张练习（三）

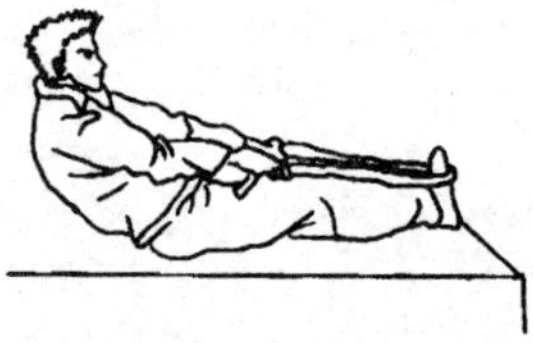

图 8-87　小腿牵张练习（四）

（十）加大膝关节活动幅度练习

下肢功能障碍康复者，常遇到需要加大膝关节屈曲的活动幅度。可采用以下练习。

（1）练习（一）。俯卧，用健侧足（右）在患侧足（左）上加力，帮助患侧膝关节屈曲。（图 8-88）

（2）练习（二）。俯卧，两手握毛巾两端，中间套在患侧踝关节处。手拉毛巾，帮助患侧膝屈曲（图 8-89）。适用于膝关节屈曲接近或超过 90°。

（3）练习（三）。跪立法，身体重心向下压，借自身重力帮助膝关节屈曲（图 8-90）。这个练习方法，只能用于膝关节活动幅度超过 90°以后。

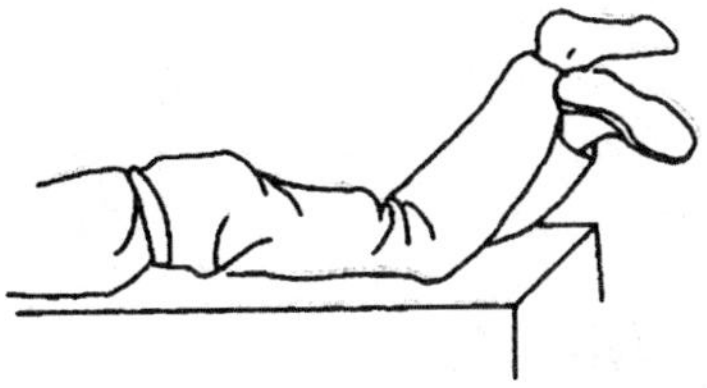

图 8-88　膝关节活动幅度练习（一）

图 8-89　膝关节活动幅度练习（二）

图 8-90　加大膝关节活动幅度练习（三）

第九章　运动处方

第一节　运动处方的基本理论

一、运动处方的概念

运动处方这一术语，自 20 世纪 50 年代被提出，20 世纪 60 年代末被世界卫生组织（WHO）采用，目前已得到广泛的认可。随着运动处方应用范围的扩大，运动处方的概念不断被修改和充实。根据 21 世纪初运动处方在国内外发展的情况，可以将运动处方（Exercise Prescription）理解为：由康复医师、康复治疗师（士）以及体育教师、社会体育健身指导员、私人健身教练等，根据患者或体育健身者的年龄、性别、健康状况、身体素质，以及心血管、运动器官的功能状况，结合主、客观条件，用处方的形式制订对患者或体育健身者适合的运动内容、运动强度、运动时间及频率，并指出运动中的注意事项，以达到科学地、有计划地进行康复治疗或预防健身的目的。

这一概念明确了运动处方的制订者、处方的对象、处方的依据、处方的内容以及处方的目的等，强调了应以处方的对象（患者或体育健身者）为中心，制订一个具有个性化的运动处方。

运动处方类似于临床医生为患者开的处方，它与临床医学中药物处方的对应关系见表 9-1。

表 9-1　**运动处方与药物处方的对比**

运动处方	临床医学药物处方
运动内容	药物名称
运动量：运动强度和持续时间	剂量/次
锻炼频率	次/日
锻炼注意事项	用药方法及注意事项

实践证明，按照运动处方进行科学锻炼，既安全可靠，又有计划性，可在短期内达到健身和疾病康复治疗的目的。

二、运动处方在康复治疗和预防健身中的作用

运动处方的产生源于实践的需要。旨在提高运动成绩的运动训练，由教练员为运动员

制订训练计划；旨在使学生掌握一定的运动技术、技能，提高身体素质的学校体育课，由体育老师根据学生实际情况按照教学计划、教学大纲制订教案。随着康复医学的形成和发展，运用运动疗法、医疗体育进行康复治疗时，则需要制订运动处方。

运动处方在康复治疗中的作用是，科学地指导康复锻炼者进行锻炼，以便更有效地达到预防功能障碍的形成、减轻功能障碍的程度、尽快恢复功能。实践证明，按照运动处方进行康复锻炼，可以使康复的效果比没有处方指导的“自由活动”明显提高。

随着生活水平的提高，不良生活方式引起的疾病增多，且有老年病年轻化的趋势，大众健身引起了人们的重视。运动处方在以提高国民体质、增进健康、预防慢性疾病的健身活动中能正确指导健身者科学地进行锻炼，以较短的时间、较轻的体力负荷，取得较大的锻炼效果。

第二节　运动处方的主要内容

根据处方对象的个人情况，明确了处方的目的，完成了相应的功能评定之后，就可以开始制订运动处方了。一个完整的运动处方应包括锻炼目标、锻炼内容、运动量和注意事项等内容。

一、锻炼目标

制订运动处方之前，首先应当明确锻炼的目标，或称“近期目标”。

耐力处方的锻炼目标，可能是提高心肺功能、减肥、降血脂，或防治冠心病、高血压、糖尿病等。

力量柔韧性处方的目标，应当具体到将要进行锻炼的部位，如加大某关节的活动幅度、增强某肌群的力量等。力量处方中还需要确定增强何种力量，如动力性力量还是静力性力量，向心力量还是离心力量，以便采取不同的练习方法。

在康复锻炼运动处方中，首先需要考虑康复锻炼的最终目标，或称“远期目标”。如达到可使用轮椅进行活动、使用拐杖行走、恢复正常步态、恢复正常生活能力和劳动能力、恢复参加运动训练及比赛等。在近期目标中，应规定当前康复锻炼的具体目标，如提高某个或某些关节的活动幅度，增强某块肌肉或某组肌肉的力量，需要增强何种肌肉力量等。

二、锻炼内容

锻炼内容即锻炼时应采用的手段和方法。为提高全身耐力，多选择有氧训练；肢体功能的锻炼，可采用力量练习、柔韧性练习、医疗体操和功能练习、水中运动等；偏瘫、截瘫和脑瘫患者需使用按神经发育原则采用的治疗方法，并且常常需要采用肢体伤残代偿功能训练、生物反馈训练等。

三、运动量

运动量的大小，取决于多种因素。以持续运动为主的耐力处方与力量处方、柔韧性处方的运动负荷有所区别。运动负荷的大小决定因素，综合起来有以下几个方面：

（一）运动强度

在有氧运动中，运动强度取决于走或跑的速度、蹬车的功率、爬山时的坡度等。在力量和柔韧性练习中，运动强度取决于给予助力或阻力的负荷重量。运动强度制订得是否恰当，关系到锻炼的效果及锻炼者的安全。应按照个人特点，规定锻炼时应达到的有效强度和安全界限。

（二）持续时间

在耐力处方中，主要采取“持续训练法”，应规定有氧运动应当持续的时间。力量处方和柔韧性处方中，则需要规定完成每个动作所需要的时间。

（三）重复次数、完成组数及间隔时间

力量处方和柔韧性处方中，应规定每个练习需重复的次数（次/组）、一共完成几组以及次与次、组与组之间间隔的时间。不同的锻炼方案将收到不同的锻炼效果。

（四）运动频率

指每日及每周锻炼次数。一般每日只需锻炼一次，每周锻炼 3~4 次，即隔日锻炼一次。有足够的休息时间，可使机体得到“超量恢复”，收到更好的锻炼效果。

四、注意事项

为保证安全，根据处方对象的具体情况，提出锻炼时应当注意的事项，如锻炼时心率不得超过靶心率、进行力量练习时注意预防意外事故等。

第三节　运动处方的分类及实施原则

随着运动处方应用范围的不断扩大，运动处方分类的方法也在不断改进，用不同的方法，可将运动处方分为不同的种类。根据处方对象分类，可将运动处方归纳为两类：康复治疗性运动处方、预防健身性处方。此外，在国外还有以提高运动员身体素质为目的的竞技训练运动处方。根据运动处方锻炼的作用分类，目前主要有：全身耐力运动处方、力量运动处方、柔韧性运动处方。在运动疗法领域内，使用辅助用具、穿戴假肢、步态训练、操纵轮椅的训练等，也都有相应的运动处方。

一、根据运动处方对象分类

（一）康复治疗性运动处方

康复治疗性运动处方的对象，是经过临床治疗达到基本痊愈，但遗留有不同程度身体机能下降或功能障碍的患者，如冠心病、脑卒中患者、手术后患者，以及已经得到一定控制的慢性病患者，如高血压、高血脂、糖尿病、肥胖症患者等。这类运动处方的目的是，通过运动疗法帮助患者提高身体机能，缓解症状，减轻或消除功能障碍，恢复肢体功能，尽量提高患者的生活自理和工作能力。康复治疗性运动处方主要用于综合医院的康复科、康复医疗机构，也用于社区康复工作中。康复治疗性运动处方主要由康复医师、康复治疗师（士）来制订，在社区中工作的高级健身指导员也会参与这方面的工作。

（二）预防健身性运动处方

预防健身性运动处方的对象是全民健身运动的参加者，包括身体基本健康的中老年人；长期从事脑力劳动，缺乏体育锻炼，处于亚健康状态的人群；中青年人和在校学生等。运动处方的主要目的是，指导人们采取适当的体育活动，科学地进行锻炼，以便更有效、更科学地提高健康水平、增强体质、提高“健康体适能”、预防某些疾病（如冠心病、高血压、高血脂、糖尿病、肥胖症等）的发生、防止过早衰老等。预防健身性运动处方广泛用于学校、社区、健身机构、疗养院、科研机构等处。预防健身性运动处方主要由体育教师、社会体育健身指导员、私人健身教练等人来制订。

二、根据运动处方锻炼作用分类

（一）全身耐力运动处方

全身耐力（区别于肌肉力量耐力）运动处方以提高心肺功能为主要目标。全身耐力训练早期用于发展身体的耐力素质，提高运动员的训练水平。20 世纪 70 年代以后，全身耐力运动处方在急性心梗患者被抢救成功以后的康复中，或心脏搭桥术后的康复锻炼中，发挥了明显的作用，按照运动处方进行系统的锻炼，可以缩短患者住院时间，更快地恢复工作能力，故被称为心脏康复运动处方。目前除用于急性心梗患者的康复之外，在国外已经广泛用于心血管系统慢性疾病（如冠心病、高血压）、代谢疾病（糖尿病、肥胖病）、长期卧床引起心肺功能下降等疾病的预防、治疗和康复。

在全民健身计划实行的过程中，全身耐力运动处方被用于科学地指导健身，以提高锻炼者的耐力素质、维持合理的身体成分、消除亚健康状态的症状，预防冠心病、高血压、高血脂、糖尿病等疾病的发生。

（二）力量运动处方

力量运动处方的主要作用是提高肌肉的力量耐力。在康复医学中，通过运动疗法，即患者主动的肌力锻炼，使“废用性”萎缩肌肉的力量得到提高，肌肉横断面和体积加大，起到改善肢体运动功能的作用。力量运动处方可用于因伤、病导致肢体长期制动、长期卧床等引起的废用性肌萎缩的康复，身体发育畸形的矫正等。

在全民健身运动中，力量运动处方用于指导健身者科学地进行增强肌力的训练，以达到提高力量素质，减缓中年以后肌肉萎缩的速度，预防骨质疏松等作用。

（三）柔韧性运动处方

柔韧性运动处方的作用是提高身体的柔软性素质。在康复医学中用“关节活动幅度”来衡量柔韧性的好坏。在康复医学中，通过各种主动、被动运动等，使因伤病而受累关节活动幅度尽量保持、增加或恢复到正常的范围，同样能起到改善肢体运动功能的作用。

在全民健身运动中，柔韧性运动处方用于指导健身者采用科学的手段和方法，提高身体的柔韧性素质，预防随年龄增长而导致的关节活动幅度下降。

全身耐力运动处方、力量运动处方、柔韧性运动处方对保持良好的健康体适能状态，都可起到良好的作用。

三、运动处方的实施原则

制订运动处方一般应当按照以下实施原则逐步执行：

（一）了解处方对象的体质和健康状况

在制订运动处方之前，一定要通过口头询问、问卷调查、医学检查、体质测定等途径，了解处方对象的体质和健康状况。需要了解的内容有身体发育、疾病史、目前伤病情况和治疗情况、近期身体健康检查结果、身体素质/健康体适能测定结果、运动史、近期锻炼情况等。详细内容，将在后面有关章节中介绍。

全面了解处方对象的体质和健康状况的目的是：

(1) 除外运动禁忌证。通过全面的了解，确定处方对象有无运动禁忌证或临时禁忌运动的情况；是否能够参加体育锻炼或康复锻炼，以保证在功能测试和锻炼过程中的安全。

(2) 确定运动处方的目的。通过对处方对象的全面了解，有助于确定运动处方的目的。

(3) 确定运动功能评定的方案。同一种性质的运动功能评定，有适合于不同年龄、性别、健康状况、运动习惯等情况的试验方案，需要根据处方对象的体质和健康状况选择适合的方案。

(二) 明确运动处方的目的

首先明确处方的目的是为了疾病或功能障碍的康复治疗，还是为了预防健身。其次确定锻炼的目的是为了提高心肺功能、增强肌力、提高柔韧性，还是为了减少多余的脂肪、控制血压、血糖、血脂、消除或减轻功能障碍等。目的不同，采用运动功能评定方法不同，制订运动处方的原则也不同。

(三) 进行相应的运动功能评定

运动功能评定是制订运动处方的依据。重点检查相关器官系统的功能状况。如处方目的是为提高心肺功能或控制体重、血压、血糖、血脂等，应做心肺功能检查评定。如果目的是为增强肌肉力量，需要做肌力的测定。目的是为提高柔韧性，则需做关节活动幅度的测定。以肢体功能障碍康复为目的时，需做临床医学检查、关节活动幅度评定、肌肉力量评定、步态分析等。

(四) 制订运动处方

功能检查的结果是制订运动处方的依据。制订运动处方时要区别对待，因人而异。除了考虑功能评定结果外，还需考虑处方对象的性别、年龄、健康状况、锻炼基础、客观条件等，安排适当的锻炼内容。

(五) 指导处方对象如何执行运动处方

在按照运动处方开始锻炼之前，应帮助处方对象了解处方中各项指标的含义，如何执行处方提出的要求。第一次按照处方锻炼时，应当在制订处方者的监督指导下进行，让锻炼者通过实践了解如何执行处方。有时需要根据锻炼者的身体情况，对处方进行适当的调整。进行慢性疾病、肢体功能康复锻炼时，最好在专业人员指导下进行，根据每次锻炼后的反应，及时调整运动处方。

(六) 监督运动处方的执行情况

通过检查锻炼日记、定期到锻炼现场观察或定期（每周一次或两周一次）到实验室在监测下进行锻炼，对运动处方的执行情况进行监督。有研究表明，在监督下进行锻炼，可取得较好的锻炼效果。在监督锻炼过程中，还可以随着功能的提高，及时调整处方，以取得更好的效果。

（七）定期调整运动处方

按照运动处方进行锻炼，一般在一定时间后可以取得明显效果。此时需要再次进行功能评定，检查锻炼的效果，调整运动处方，以进一步提高锻炼效果。

第四节　运动处方案例

一、不同年龄的人减肥运动处方

随着人们物质生活水平的提高，肥胖者日益增多，肥胖症已成为当今重要的流行病之一，严重威胁着人类的身体健康。于是各种各样的减肥方法应运而生。然而经过实践证明，防治肥胖症的最佳疗法还是运动。

（一）肥胖对人体的危害

肥胖是人体内的脂质代谢紊乱造成脂肪在皮下和脏器周围堆积所致。它对人体的危害很大，主要表现在肥胖者易发生冠心病、高血压、糖尿病等。据统计，我国心脏病患者中肥胖者是正常人的2.5倍；高血压患者中肥胖者是正常人的3倍；糖尿病和动脉硬化的病人中，平均每4人中就有3个胖子。

由于脂肪的大量沉积，增大了机体的负担和耗氧量，氧消耗较正常人高34%~40%；胸腹部大量脂肪的堆积，迫使膈肌上移，限制了胸廓和横膈的运动，进而妨碍心脏的舒缩活动，使其收缩机能降低，心搏出量减少，血流减慢，导致肥胖者头晕，头疼，乏力或冠心病；动脉粥样硬化，脂肪肝，胆结石，下肢关节炎，扁平足，反应迟钝等均与脂肪的大量沉积有关。胖子的平均寿命比正常人缩短10~12岁。

此外，肥胖给儿童带来的危害更大。据国外研究，10~13岁肥胖者到30岁时，女性中88%和男性中86%依然保持肥胖状态。肥胖儿一般体形欠佳、活动能力差。不少肥胖儿有平足膝内翻、下肢弯曲、脊柱损害、缺钙症等。有些肥胖儿童易患呼吸道或皮肤感染，甚至患“成人病”，如糖尿病、高血压、脂肪肝和心肌梗塞。肥胖还会影响儿童的智力发展，性器官的正常发育。多数肥胖儿有心理障碍，如自卑感强、孤僻、害羞等，缺乏在社会上竞争的自信心。

（二）运动减肥的机理

运动作为减肥的最有效方法之一，是因为：

（1）人体运动时主要能源来自糖和脂肪。有氧运动中，肌肉收缩活动初期能源为糖，当持续运动达120分钟以上时，游离脂肪酸供能达50%~70%之多。因此时肌肉对血中游离脂肪酸和葡萄糖的摄取和利用增多，导致脂肪细胞释放大量的游离脂肪酸，使脂肪细胞瘦小；同时使多余的血糖被消耗而不能转化为脂肪，结果体内脂肪减少，体重下降。

（2）研究表明，体育运动能改善脂质代谢。运动时肾上腺素、去甲肾上腺素分泌量增加，可提高脂蛋白酶的活性，加速富含甘油三酯的乳糜和低密度脂蛋白的分解，故而降低血脂而使高密度脂蛋白升高，最终加快游离脂肪酸的作用。

（3）经常从事耐力运动的人，外围组织，尤其是肌肉细胞膜上的胰岛素受体敏感性提高，与胰岛素的结合能力增强。胰岛素对脂肪的分解有很强的抑制作用，它的减少伴有儿茶酚胺和生长激素等的升高，最终加快游离脂肪酸作用。

(4) 肥胖者安静状态时的代谢率低、能耗少。经过系统的运动锻炼，使机能水平提高，特别是心功能的增强、内分泌调节的改善，使肥胖者在静息时的代谢水平提高，能耗增大。据报道，安静时肌肉组织的能量96%来源于游离脂肪酸的分解。

(5) 肥胖者进行适宜强度的运动训练后，常发生正常的食欲下降，摄食量减少，从而限制了热量的摄入，使机体能量代谢出现负平衡，引起体脂的减少。另外，运动后食物的特殊动力增强，有利于能源物质的分解。

(三) 运动处方的制订

制订运动处方的原则：①安全性。运动时所采用的运动强度或负荷量应依据肥胖程度、健康状况和心肺功能而定，注意区别对待，总之要在不损害身体健康或不影响儿童少年生长发育的情况下从事运动锻炼，一般以有氧锻炼为主。②可接受性。运动方式应使锻炼者感兴趣，能长久地坚持运动。特别是儿童的心理特点是好奇心强、忍耐性差，应不断变换锻炼方法、内容、路线。最好能顺其自然，自行其乐，切忌用成人的标准要求孩子。费用要低廉，一般家庭能承担得起。③预期效果。运动后应使体重和体脂下降到一定水平，心肺功能和体质健康状况有所提高，停止运动后的3~6个月内肥胖程度不应反跳到原来的水平。

(1) 肥胖儿童的运动处方：①运动项目：宜用以移动身体为主的运动项目，如长跑、散步游泳、踢球、跳绳、接力跑，骑自行车和娱乐性比赛。有条件者可在室内的跑步器或活动平板上锻炼。②运动强度：肥胖儿童由于自身的体重大、心肺功能差，运动强度不宜过大。以心率为标准，运动时应达到个人最高心率的60%~70%，开始运动时心率可稍低些，如100~110次/分；以耗氧量为指标，一般应取个人最大耗氧量的50%~60%作为有氧运动强度。③运动频率：对肥胖儿进行运动减肥，一是要减掉现在体内的脂肪；二是要培养其长期坚持运动的良好习惯，以致成年后达到理想的体重。适当的运动频率可使肥胖儿不至于对运动产生厌恶或害怕的心理而中止运动，一般每周锻炼3~4次为宜。④运动时间：根据肥胖儿的肥胖程度，预期减肥要求，以及运动强度和频率，来安排运动的持续时间，从数月至数年不等。每次运动的时间不应少于30分钟。运动前应有10~15分钟的准备活动，运动后应有5~10分钟的整理活动。此外，选择运动时机也很重要，由于机体的生物节律周期性变化，参加同样的运动，下午与晚间比上午多消耗20%的能量，故而晚餐前2小时进行运动锻炼比其他时间更能有效地减少脂肪。

(2) 青年肥胖者的运动处方：青年肥胖者相对于儿童和中老年肥胖者来说，体力好、对疲劳的耐受性强，因此运动强度和运动量可适当加大。①运动项目：长跑、步行、游泳、划船、爬山等，也可练习有氧体操，如健美操、迪斯科和球类运动等。②运动强度：一般运动强度可达本人最大吸氧量的60%~70%，或最高心率的70%~80%。③运动频率：由于青年肥胖者多有减肥的主观愿望，自觉性较强，为提高减肥效果，运动频率可适当增大，一般每周锻炼4~5次为宜。④运动时间：每次运动时间不少于1小时，持续时间可视减肥要求而定。晚饭前两小时运动最佳。

(3) 中老年减肥运动处方：由于年龄增大，中老年人的各器官机能相对衰退，肥胖者更是如此，特别是有些中老年肥胖者往往伴有不同的合并症，故而在制定中老年运动处方时更要注意安全性。①运动项目：长距离步行或远足、慢跑、骑自行车、游泳、爬山等，并辅以太极拳、乒乓球、羽毛球、网球、迪斯科健身操等。②运动强度：运动时心率为本人最高心率的 60%~70%，相当于 50%~60% 的最大摄氧量。一般 40 岁心率控制在 140 次/分；50 岁 130 次/分；60 岁以上 120 次/分以内为宜。③运动频率：中老年人，特别是老年人由于机体代谢水平降低，疲劳后恢复的时间延长，因此运动频率可视情况增减，一般每周 3~4 次为宜。④运动时间：每次运动时间控制在 30~40 分钟，下午运动最好。为了增强体质，提高健康水平，中老年人最好养成长年进行运动锻炼的良好习惯。

对于上述各个不同年龄阶段的减肥运动处方，在实施过程中，若能配合适当的节食（儿童除外），减肥效果会更佳。

二、青壮年健身跑运动处方

1. 运动目的：强身健体，提高有氧耐力，提高心肺功能，兼顾力量。

2. 运动方式：健身跑台跑、徒手力量练习。

3. 运动强度：以心率、脉搏调控运动强度时，运动时最高心率不超过 [220−年龄（岁）×0.7] 为宜。

4. 注意事项：

（1）在跑步时要调节好跑台速度，姿势、动作要正确；如感到吃力，可缩短快跑时间；跑完后进行深呼吸，呼吸均匀后再进行力量练习。

（2）有身体不适或感冒、发烧等症状时，请暂停实施运动处方。

（3）在锻炼时可根据自己的感觉（轻松或吃力），可稍微调节运动强度，以锻炼后第二天不感觉疲劳为宜。

（4）应选择良好的锻炼环境，避免在严寒、酷暑、风暴等恶劣环境下锻炼。

（5）锻炼前后应注意适宜补液，尤其是在天气炎热的夏天。

（6）根据能量平衡和膳食平衡的原则，调节好自己的饮食。

5. 1~12 周的运动处方

第一周运动处方：

（1）运动频度：2~3 次（隔天休息）。

（2）运动时间：30~40 分钟。

（3）运动强度：运动时心率：115~140 次/分。

（4）运动内容：

①低强度慢跑 5 分钟，在慢跑时或结束时做一些头颈、肩、腰、髋、膝等关节部位的轻微活动；

②强度低的慢跑与强度稍大的快跑轮换 20 分钟，可采用慢跑 4 分钟，接快跑 50 秒，轮换进行；

③俯卧撑：2~3 组，第一组 6 次，第二组 8 次，第三组 10 次，每组间歇 1~3 分钟；

④放松慢走 5 分钟，在放松慢走时或结束时做一些头颈、肩、腰、髋、膝等关节部位的活动。

第二周运动处方：

（1）运动频度：2~3 次（隔天休息）。

（2）运动时间：30~40 分钟。

（3）运动强度：运动时心率：115~140 次/分。

（4）运动内容：

①低强度慢跑 5 分钟，在慢跑时或结束时做一些头颈、肩、腰、髋、膝等关节部位的轻微活动；

②强度低的慢跑与强度稍大的快跑轮换 25 分钟，可采用慢跑 4 分钟，接快跑 50 秒，轮换进行；

③俯卧撑：3 组，第一组 6 次，第二组 8 次，第三组 10 次，每组间歇 1~3 分钟；

④放松慢走 5 分钟，在放松慢走时或结束时做一些头颈、肩、腰、髋、膝等关节部位的活动。

第三周运动处方：

（1）运动频度：2~3 次（隔天休息）。

（2）运动时间：30~45 分钟。

（3）运动强度：运动时心率：115~140 次/分。

（4）运动内容：

①低强度慢跑 5 分钟，在慢跑时或结束时做一些头颈、肩、腰、髋、膝等关节部位的轻微活动；

②强度低的慢跑与强度稍大的快跑轮换 30 分钟，可采用慢跑 5 分钟，接快跑 50 秒，轮换进行；

③俯卧撑：3 组，第一组 6 次，第二组 8 次，第三组 10 次，每组间歇 1~3 分钟；

④放松慢走 5 分钟，在放松慢走时或结束时做一些头颈、肩、腰、髋、膝等关节部位的活动。

第四周运动处方：

（1）运动频度：3~4 次（隔天休息）。

（2）运动时间：35~45 分钟。

（3）运动强度：运动时心率：115~140 次/分。

（4）运动内容：

①低强度慢跑 5 分钟，在慢跑时或结束时做一些头颈、肩、腰、髋、膝等关节部位的轻微活动；

②强度低的慢跑与强度稍大的快跑轮换 30 分钟，可采用慢跑 5 分钟，接快跑 55 秒，轮换进行；

③俯卧撑：3 组，第一组 6 次，第二组 8 次，第三组 11 次，每组间歇 1~3 分钟；

④放松慢走 5 分钟，在放松慢走时或结束时做一些头颈、肩、腰、髋、膝等关节部位的活动。

第五周运动处方：

（1）运动频度：3~4 次（隔天休息）。

（2）运动时间：35~45 分钟。

（3）运动强度：运动时心率：115~145 次/分。

（4）运动内容：

①低强度慢跑 5 分钟，在慢跑时或结束时做一些头颈、肩、腰、髋、膝等关节部位的轻微活动；

②强度低的慢跑与强度稍大的快跑轮换 30 分钟，可采用慢跑 5 分钟，接快跑 1 分钟，轮换进行，共轮换 5 次；

③俯卧撑：3 组，第一组 6 次，第二组 8 次，第三组 12 次，每组间歇 1~3 分钟；

④放松慢走 5 分钟，在放松慢走时或结束时做一些头颈、肩、腰、髋、膝等关节部位的活动。

第六周运动处方：

（1）运动频度：3~4 次（隔天休息）。

（2）运动时间：35~45 分钟。

（3）运动强度：运动时心率：115~145 次/分。

（4）运动内容：

①低强度慢跑 5 分钟，在慢跑时或结束时做一些头颈、肩、腰、髋、膝等关节部位的轻微活动；

②强度低的慢跑与强度稍大的快跑轮换 30 分钟，可采用慢跑 5 分钟，接快跑 1 分钟 10 秒，轮换进行，共轮换 5 次；

③俯卧撑：3 组，第一组 6 次，第二组 8 次，第三组 12 次，每组间歇 1~3 分钟；

④放松慢走 5 分钟，在放松慢走时或结束时做一些头颈、肩、腰、髋、膝等关节部位的活动；

第七周运动处方：

（1）运动频度：4~5 次（可采用运动两天间歇一天）。

（2）运动时间：30~45 分钟。

（3）运动强度：运动时心率：115~145 次/分。

（4）运动内容：

①低强度慢跑 5 分钟，在慢跑时或结束时做一些头颈、肩、腰、髋、膝等关节部位的轻微活动；

②强度低的慢跑与强度稍大的快跑轮换 30 分钟，可采用慢跑 5 分钟，接快跑 1 分钟 10 秒，轮换进行，共轮换 5 次；

③俯卧撑：3 组，第一组 6 次，第二组 8 次，第三组 12 次，每组间歇 1~3 分钟；

④放松慢走 5 分钟，在放松慢走时或结束时做一些头颈、肩、腰、髋、膝等关节部位的活动。

第八周运动处方：

（1）运动频度：4~5 次（可采用运动两天间歇一天）。

（2）运动时间：40~50 分钟。

（3）运动强度：运动时心率：115~150 次/分。

（4）运动内容：

①低强度慢跑 5 分钟，在慢跑时或结束时做一些头颈、肩、腰、髋、膝等关节部位的轻微活动；

②强度低的慢跑与强度稍大的快跑轮换 30 分钟，可采用慢跑 5 分钟，接快跑 1 分钟 20 秒，轮换进行，共轮换 5 次；

③俯卧撑：3 组，第一组 6 次，第二组 8 次，第三组 13 次，每组间歇 1~3 分钟；

④放松慢走 5 分钟，在放松慢走时或结束时做一些头颈、肩、腰、髋、膝等关节部位的活动。

第九周运动处方：

（1）运动频度：4~5 次（可采用运动两天间歇一天）。

（2）运动时间：50~60 分钟。

（3）运动强度：运动时心率：115~150 次/分。

（4）运动内容：

①低强度慢跑 5 分钟，在慢跑时或结束时做一些头颈、肩、腰、髋、膝等关节部位的轻微活动；

②强度低的慢跑与强度稍大的快跑轮换 40 分钟，可采用慢跑 5 分钟，接快跑 1 分钟 20 秒，轮换进行，共轮换 6~7 次；

③俯卧撑：3 组，第一组 6 次，第二组 10 次，第三组 14 次，每组间歇 1~3 分钟；

④放松慢走 5 分钟，在放松慢走时或结束时做一些头颈、肩、腰、髋、膝等关节部位的活动。

第十周运动处方：

（1）运动频度：4~5 次（可采用运动两天间歇一天）。

（2）运动时间：50~60 分钟。

（3）运动强度：运动时心率：115~155 次/分。

（4）运动内容：

①低强度慢跑 5 分钟，在慢跑时或结束时做一些头颈、肩、腰、髋、膝等关节部位的轻微活动；

②强度低的慢跑与强度稍大的快跑轮换 40 分钟，可采用慢跑 5 分钟，接快跑 1 分钟 20 秒，轮换进行，共轮换 7 次；

③俯卧撑：3 组，第一组 6 次，第二组 10 次，第三组 15 次，每组间歇 1~3 分钟；

④放松慢走 5 分钟，在放松慢走时或结束时做一些头颈、肩、腰、髋、膝等关节部位的活动。

第十一周运动处方：

（1）运动频度：3~4 次（隔天休息）。

（2）运动时间：40~50 分钟。

（3）运动强度：运动时心率：115~150 次/分。

（4）运动内容：

①低强度慢跑 5 分钟，在慢跑时或结束时做一些头颈、肩、腰、髋、膝等关节部位的轻微活动；

②强度低的慢跑与强度稍大的快跑轮换 30 分钟，可采用慢跑 5 分钟，接快跑 1 分钟，轮换进行，共轮换 6~7 次；

③俯卧撑：3 组，第一组 6 次，第二组 12 次，第三组 15 次，每组间歇 1~3 分钟；

④放松慢走 5 分钟，在放松慢走时或结束时做一些头颈、肩、腰、髋、膝等关节部位的活动。

第十二周运动处方：

（1）运动频度：2~3 次（隔天休息）。

（2）运动时间：30~40 分钟。

（3）运动强度：运动时心率：115~145 次/分。

（4）运动内容：

①低强度慢跑 5 分钟，在慢跑时或结束时做一些头颈、肩、腰、髋、膝等关节部位的轻微活动；

②强度低的慢跑与强度稍大的快跑轮换 30 分钟，可采用慢跑 5 分钟，接快跑 50 秒，轮换进行，共轮换 5~6 次；

③俯卧撑：3 组，第一组 6 次，第二组 8 次，第三组 15 次，每组间歇 1~3 分钟；

④放松慢走 5 分钟，在放松慢走时或结束时做一些头颈、肩、腰、髋、膝等关节部位的活动。

三、改善身体形态健身处方——游泳

项目简介：游泳是一项全身性运动，主要锻炼人体上肢与划水有关的胸背肌群，下肢与腰腹部肌肉也可受到相应锻炼。

运动特点：男女老少皆宜，适合于各类人群。初学者应在指导员的辅导下进行，并具备相应的保护措施与救生设备。

运动强度：全面体格练习，中等运动强度。运动心率控制在：220-年龄-11。

辅助运动：下水前先做 5~10 分钟热身准备活动，如呼吸、扩胸、弯腰、伸展关节、按压小腿等练习。

注意事项：由于游泳是在水环境中进行的，初期阶段需要采取一些安全措施，在教练员的指导下，慢慢学习，最终掌握各种游泳技能。

效果评价：水中的最大心率要比陆上锻炼的最大心率平均低 11 次/分，因此水中的目标心率应该每分钟低 7~11 次/分。

表 9-2　　**各年龄组游泳预备性运动处方（30 岁以下）**

周次	距离（米）	时间（分、秒）	每周次数	每周得分
1	90	2′30″	5	7
2	130	3′00″	5	6
3	180	4′00″	5	7.5
4	220	5′30″	5	10
5	220	5′00″	5	10
6	270	6′00″	5	12.5

表 9-3　　**各年龄组游泳预备性运动处方（30~39 岁）**

周次	距离（米）	时间（分、秒）	每周次数	每周得分
1	90	2′30″	5	4
2	130	3′15″	5	5
3	150	4′00″	5	6
4	180	4′30″	5	7. 5
5	220	4′15″	5	10
6	220	5′00″	5	10

表 9-4　　**各年龄组游泳预备性运动处方（40~49 岁）**

周次	距离（米）	时间（分、秒）	每周次数	每周得分
1	90	2′30″	5	4
2	130	3′15″	5	5
3	150	4′00″	5	6
4	180	4′30″	5	7. 5
5	180	4′15″	5	7. 5
6	220	5′00″	5	10

表 9-5　　**各年龄组游泳预备性运动处方（50 岁以上）**

周次	距离（米）	时间（分、秒）	每周次数	每周得分
1	90	2′30″	5	4
2	130	3′45″	5	5
3	150	4′15″	5	6
4	180	4′15″	5	7. 5
5	180	4′30″	5	7. 5
6	180	4′15″	5	7. 5

参 考 文 献

1. 郭晋武，谭晓东主编．大学生健康．武汉：武汉大学出版社，2005
2. ［英］弗浓·科尔曼著．身体的力量．合肥：安徽人民出版社，2004
3. 陈碧华主编．大学生健康教育．长沙：湖南人民出版社，2005
4. 杨静宜，徐峻华主编．运动处方．北京：高等教育出版社，2005
5. 张冠亚，张 伟编著．大学生体育健身指南．北京：华夏出版社，1996
6. 王月兰，高 芳编著．亚健康关怀手册．天津：天津科技翻译出版社，2003
7. ［加］罗伊·琼·谢泼德编著．体质评价——原理、实践和应用．北京：文化教育出版社，1983
8. 《国家学生体质健康标准》编委会编著．《国家学生体质健康标准》解读．北京：人民教育出版社，2007
9. 孙弘，戴剑松．大学生体质与生活方式的关系探析．南京体育学院学报，2004
10. 王革，卓莉．影响大学生健康的不良生活习惯的调查研究．韩山师范学院学报，2005
11. 中国居民营养与健康现状．中国营养学会第九次全国营养学术会议报告，2004
12. 胡佩瑾. 全国学生体质健康调研. 中华预防医学. 2005：11（39），7
13. 廖文科. 贯彻落实中央 7 号文件　做好全国学生体质健康调研工作. 中国学校卫生，2010：7（31），7